Anni und Alois Pötz, Johann Dormann

Gehmütliche Steiermark

Impressum

Bibliografische Information der Deutschen Nationalbibliothek
Die Deutsche Nationalbibliothek verzeichnet diese Publikation
in der Deutschen Nationalbibliografie; detaillierte bibliografische
Daten sind im Internet über http://dnb.d-nb.de abrufbar.

5020 Salzburg, Bergstraße 12

Lektorat: Markus Weiglein
Grafik und Produktion: Nadine Kaschnig-Löbel
Kartenmaterial: Arge-Kartografie
Coverfoto: Alois Pötz
Druck: FINIDR, s.r.o.
Gedruckt in der EU

ISBN 978-3-7025-1050-3

www.pustet.at

Alle Routenbeschreibungen sowie die Karten wurden nach gründlicher Recherche und aktuellem Wissensstand (Februar 2022) erstellt. Eine Haftung für die Richtigkeit der Angaben kann trotzdem nicht übernommen werden, da sich diese aus verschiedenen Gründen auch wieder ändern können. Die Verwendung dieses Wanderführers erfolgt deshalb ausschließlich auf eigenes Risiko und eigene Gefahr.

Bildnachweis:
Seite 81: Schloss Herberstein OG & Gilbert Kahlbacher; S. 101: Sissy Sichart; S. 175: Fritz Geissler; S. 187: Erwin Wurm, *Fat House*, 2003, Foto: Universalmuseum Joanneum; Belvedere, Wien, Bildrecht Wien; S. 188: Peter Weibel, *Die Erdkugel als Koffer*, 2004, Foto: Johanna Lamprecht; S. 189: Markus Wilfling, *-3m Brett*, 2004, Foto: Universalmuseum Joanneum, Bildrecht Wien; alle übrigen Fotos: Anni Pötz (davon S. 76: mit freundlicher Abdruckgenehmigung von Siegfried Gruber).

Anni und Alois Pötz
Johann Dormann

Gehmütliche Steiermark

**wandern
entdecken
genießen**

Joglland
Hartbergerland
Thermenland
Apfelland
Almenland
Graz/Umgebung
Schilcherland
Lipizzanerheimat

VERLAG ANTON PUSTET

Inhalt

Vorwort

Wandern mit Genuss

Die steirische Landeshymne preist in den ersten Textzeilen die attraktive Gebirgslandschaft im Norden („Hoch vom Dachstein an …“) und die idyllischen Weinberge im Süden („… bis ins Rebenland …“) der grünen Mark. Wie so oft im Leben findet man das Besondere in der Mitte – das trifft auch auf die Steiermark zu.

Nach der *Geh**mütlichen Obersteiermark*** im Norden und den Wanderungen durch das Grenzland im Süden (*Grenzenlos geh**mütlich***) begeben wir uns diesmal also in die Mitte der Steiermark. Diese wird im Norden und Westen vom Steirischen Randgebirge umschlossen und erstreckt sich nach Süden in das Grazer Becken und in das ost- und weststeirische Hügelland. Landschaftlich fehlen daher die ganz großen Höhenunterschiede, klimatisch ist die Region weitgehend schon vom milden Süden beeinflusst. Ideale Voraussetzungen dafür, die Strapazen klein zu halten, Landschaften und kulturelle Besonderheiten zu entdecken, wandertechnisch sowie kulinarisch auf die Genussseite zu wechseln und sich so abseits des Alltags zu erholen!

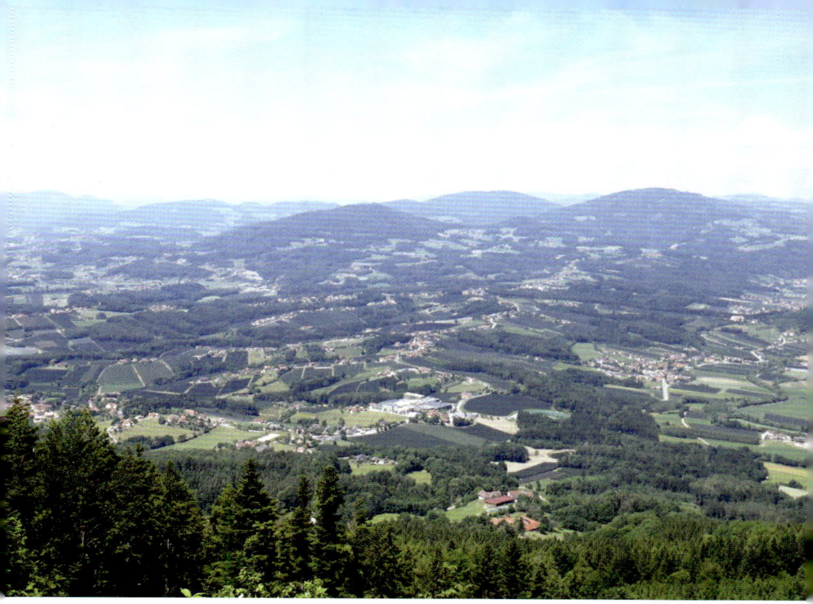

Die Mitte der grünen Mark – ein landschaftliches und kulturelles Schmankerl.

So wandern wir ge*h*mütlich durch das **Joglland**, in dem schon die kaiserlichen Hoheiten auf die Jagd gingen und ihre Freizeit verbrachten. Hier liegt auch das Stift Vorau, ein besonderes kulturelles Juwel.

Wir flanieren im **Hartbergerland**, erkunden eines der reizvollsten Städtereiseziele der Steiermark und machen im nahen Pöllau vom „Steirischen Petersdom" aus entlang des Hirschbirnenweges eine ausgedehnte Wanderung nach Pöllauberg.

Im **Thermenland** kann man nicht nur im wohlig-warmen Thermalwasser auf Tauchstation vom Alltag gehen, sondern auch einen Teil der Geschichte der

Steiermark entlang einer der ältesten Grenzen Europas kennenlernen.

Das **Apfelland** ist nicht nur das größte Obstbaugebiet Österreichs, hier gibt es zudem vom Kulm, dem „steirischen Rigi“, einen besonderen Blick auf die Oststeiermark.

Das **Almenland** zählt zu den größten zusammenhängenden Niedrig-Almweidegebieten Europas. Die Region ist wie geschaffen für das Wandern, doch sollte man den Tieren auf den Weiden mit Respekt begegnen.

Graz ist mit seiner Altstadt und dem Schloss Eggenberg nicht nur Teil des UNESCO-Welterbes, sondern auch eine Stadt, wo ein besonderer Geist der Kunst, des Wissens, der Literatur sowie der Technik lebt. Mit dem Grazer Bergland besitzt die Stadt auch ein besonders attraktives Umland zum Wandern.

Das nördliche **Schilcherland** ist mit Stainz nicht nur ein fixer Bestandteil des Styriarte-Festivals für klassische und alte Musik, ist doch etwa das nahegelegene St. Josef mit seinem „Theater am Bauernhof“ für eine der ältesten Volkstheatergruppen der Steiermark bekannt. Auf malerischen Wanderwegen kann man sich hier diesen Künsten nähern. Natürlich beflügelt durch das „Blut der Weststeirer“, den Schilcher!

Die **Lipizzanerheimat** ist die Kinderstube der weißen Pferde, die durch die Spanische Hofreitschule berühmt wurden. Und auch auf den Spuren eines historischen Bergbaugebietes lässt sich vieles entdecken.

Die vorgestellten 40 Routen bieten eine Vielfalt von landschaftlichen und kulturellen Schmankerln und natürlich zahlreiche Möglichkeiten, gut zu essen und zu trinken. So sind die Etappen, wo nötig, mit Karten und immer mit einem Einkehrtipp versehen. Zudem sind fast alle Routen mit öffentlichen Verkehrsmitteln zu erreichen (www.verbundlinie.at). Dort, wo weder Bahn noch Bus fahren, gibt es verbreitet Sammeltaxis (https://istmobil.at). Im Rahmen der Routen des Apfellandes sind zudem über den Hearonymus-Audioguide nützliche Infos und Hörbeispiele abrufbar.

Gutscheine im Anhang sollen Appetit auf die bunte Vielfalt kulinarischer Angebote oder auf einen Museumsbesuch machen.

Viel Freude beim ge*h*mütlichen Genusswandern wünschen Anni und Alois Pötz sowie Johann Dormann!

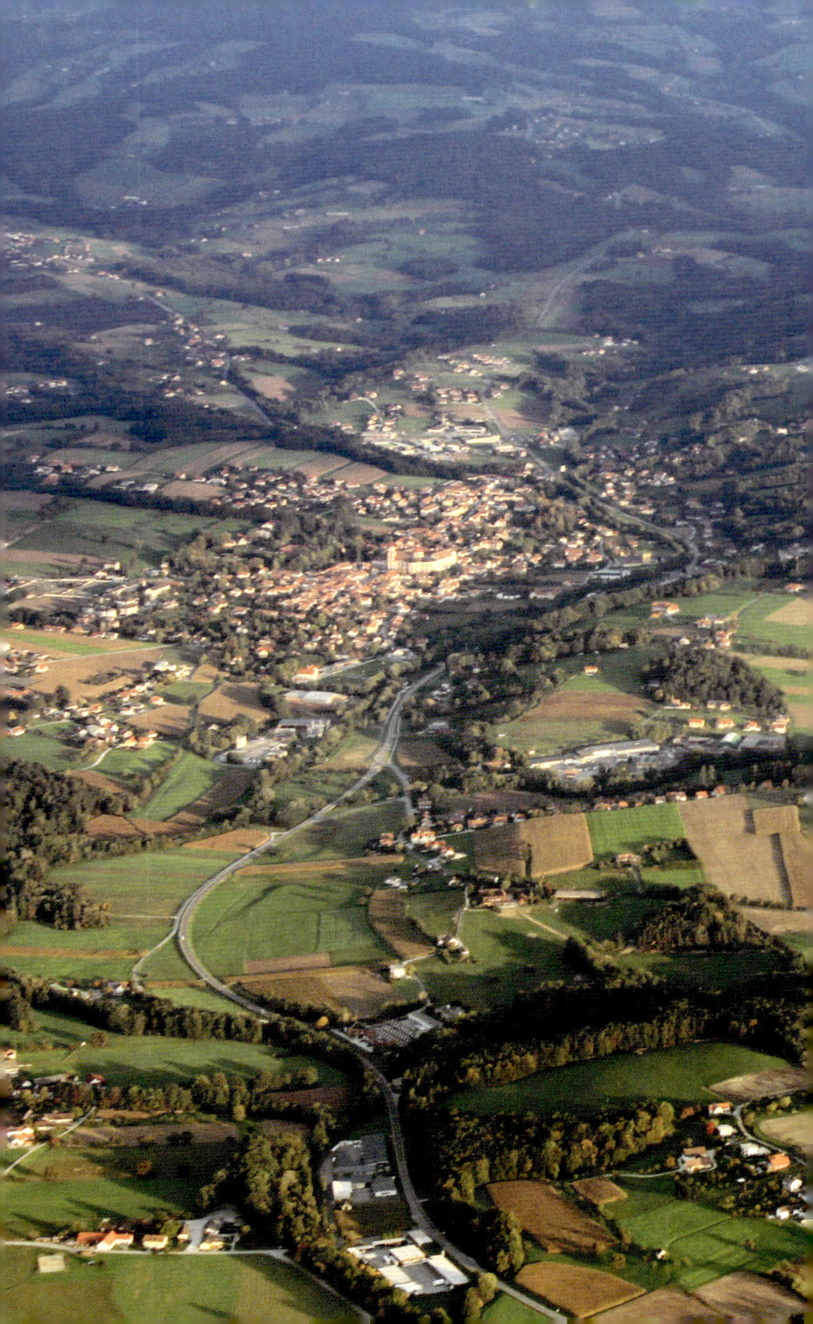

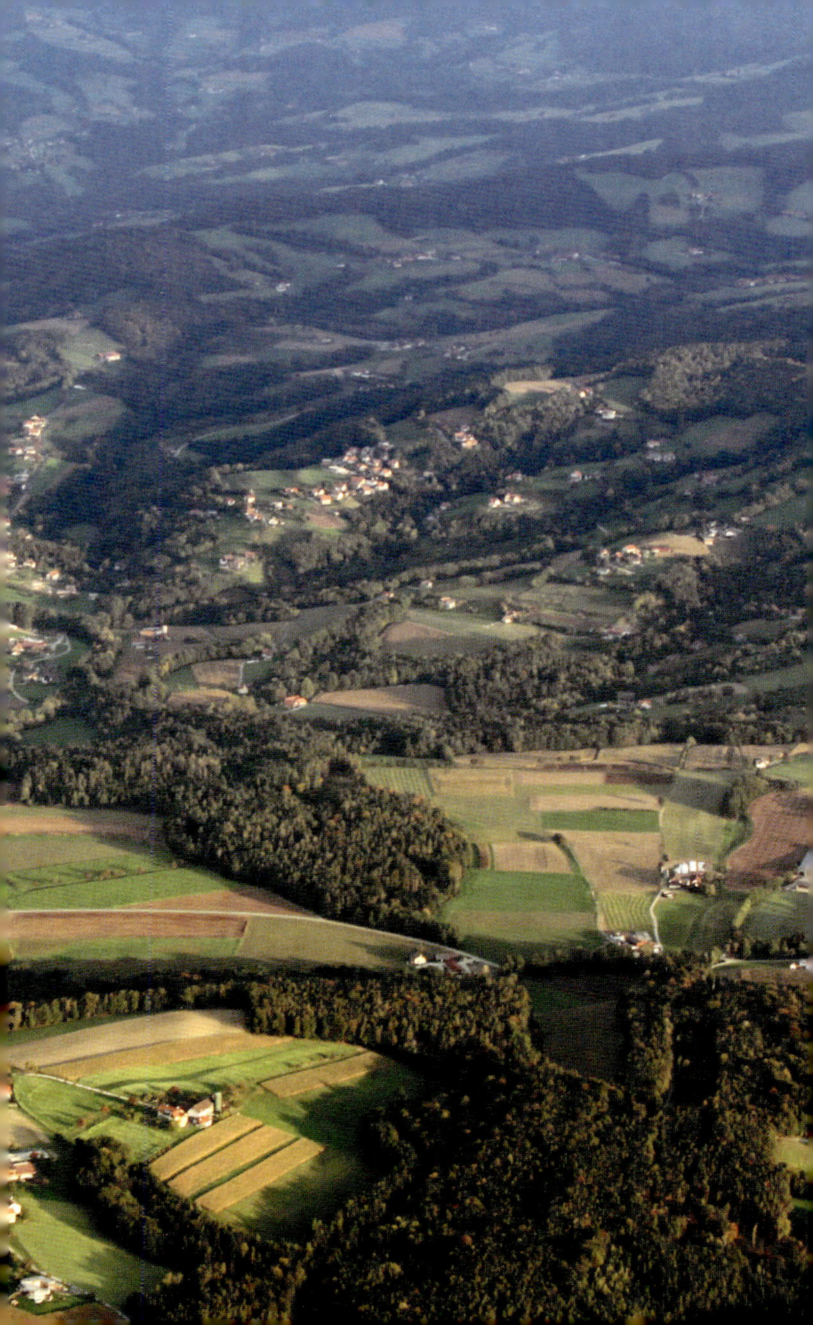

1

St. Jakob im Walde

Auf den Spuren des Kaisers im Joglland

Der Beginn des Rundweges liegt beim Gasthof Orthofer, im Herzen des Joglandes, wo vor knapp 100 Jahren noch ein Jagdhaus der Habsburger stand. Ein Ort(hofer) mit Geschichte!

Auch der geographische Begriff Joglland hat eine Verbindung zu den Habsburgern – zumindest eine anekdotische. So ranken sich zahlreiche Geschichten um Kaiserin Maria Theresia, die diese Region einmal besucht haben soll und dabei die Einheimischen kennenlernen wollte. Sie habe von der Kutsche aus den erstbesten Menschen auf der Straße angesprochen und gefragt, wie er denn heiße. „Jogel" nenne man ihn, habe sie zur Antwort bekommen. Immer wieder habe sie die Leute nach deren Namen gefragt und ständig dieselbe Erwiderung bekommen: „Jo, Jogel hoaß i." Zurück in Wien habe sie einem Minister berichtet, sie sei bei ihrer letzten Reise im „Joglland" gewesen. Der Name Joglland lässt sich allerdings auch vom Heiligen Jakob – man denke an den Ortsnamen St. Jakob im Walde – ableiten.

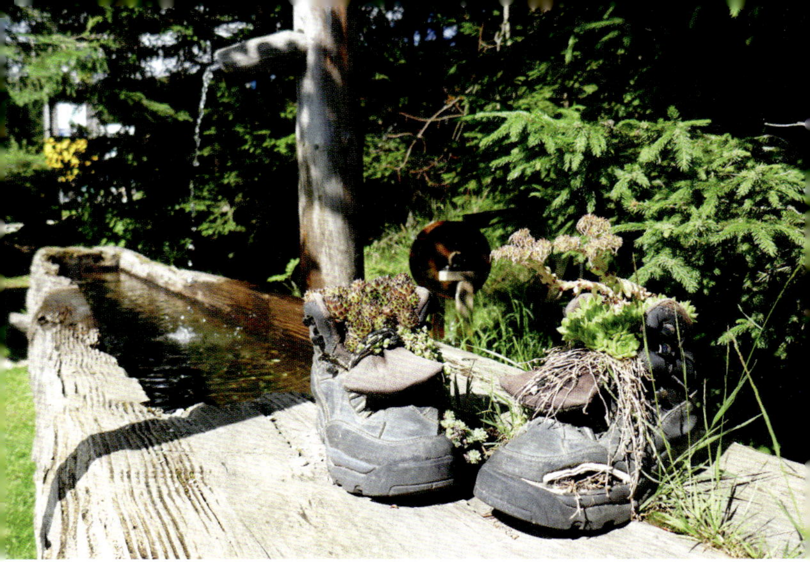

Zerrissene Wanderschuhe als originelle Pflanzengefäße.

Machen wir uns nun auf die Spuren des Kaisers. Mit Blick auf den Gasthof sehen wir rechter Hand die grüne Beschilderung „Kaiser-Karl-Rundwanderweg“ bzw. den Wegweiser „Wanderweg 12“ und folgen dieser Beschilderung über eine Wiese leicht bergauf. Unterhalb eines Speicherteiches wandern wir an einem holzgeschnitzten Kreuz mit eindrucksvollem Korpus vorbei und gehen geradeaus weiter. Auf Waldwegen erreicht man bei der „Riegler Kohlstatt“ eine Lichtung mit schönem Blick Richtung Süden – sogar der Schöckl ist bei schönem Wetter zu sehen.

Weiter der Beschilderung des Rundwanderweges folgend, geht es nun links auf einem Forstweg weiter, bis man halbrechts in einen Waldpfad einbiegt. Eine Tafel verweist auf die Stelle, wo Erzherzog Karl, der spätere Kaiser Karl I., 1902 unter Beisein des Jagdleiters Orthofer seinen ersten Auerhahn erlegte. In dieser ruhigen Landschaft kann man mit ein wenig Glück wildlebende Tiere beobachten und bei einem der zahllosen Ameisenhaufen diesen fleißigen Tieren bei der Arbeit zusehen. Da der Lebensbereich eines Ameisenstaates ebenso tief in den Boden wie in die Höhe ragt, ist von hunderttausenden dieser Insekten auszugehen, die in dieser stillen, aber belebten Landschaft ihre beeindruckende Arbeit verrichten. Der Waldpfad mündet wieder in einen Forstweg, der uns zu einer Wegkreuzung führt. Geradeaus geht es zur nahegelegenen Plenzerhütte, wir wandern aber scharf links den kaiserlichen Rundwanderweg weiter. Zeitweise gibt der Wald auf der rechten Seite einen Blick auf die Windparks Pretul und Steinriegel frei. Bei einer T-Kreuzung schwenken wir nach links und erreichen bergauf ein „Arma-Christi-Kreuz". Derart bezeichnet man ein mit den Leidenswerkzeugen (lat. Arma Christi) ausgestattetes Kreuz. Dieses sakrale Zeichen steht an einer Waldlichtung mit Blickrichtung Waldheimat. Der Weg bergauf mündet in eine Schotterstraße, die knapp vor dem Gasthof Orthofer in eine schmale Asphaltstraße übergeht.

Kurze Zeit später erreichen wir wieder den Ausgangspunkt unserer Wanderung. Neben dem heutigen Gasthaus stand einst das Jagdhaus, welches Erzherzog Carl

Ludwig, ein Bruder von Kaiser Franz Joseph, für Mitglieder des Kaiserhauses bauen ließ. Diese genossen oft ihre Sommerfrische in St. Jakob und gingen mit den Orthofers als Jagdleiter zur Zeit der Rehbrunft und Hahnenbalz jagen. Das Kaiserhaus scheint sehr volksnah gewesen zu sein, so wird von lustigen Lausbubenstreichen des Erzherzogs Karl I. berichtet. Auch sollen sich Kaiserin Zita und Kaiser Karl im einstigen Jagdhaus kennengelernt haben. Unglücklicherweise brannte das Jagdhaus 1922 ab und man konnte nur den „Kaisertisch“ retten, der heute noch im Gasthof zu sehen ist. Hier ist der Wald Quelle vieler köstlicher Wild-, Kräuter- und Pilzspezialitäten und manches Gericht wird wie

Genussvolles Wandern auf dem nach Kaiser Karl I. benannten Rundwanderweg.

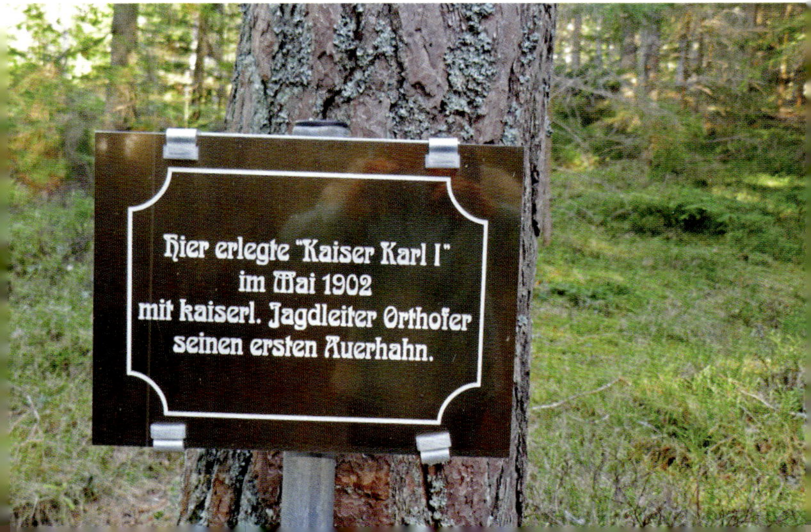

noch zu Kaisers Zeiten auf einem Holzofen zubereitet. Unbedingt sollte man den Kaiserschmarrn mit selbstgemachtem Kompott verkosten.
Im Dorf St. Jakob befindet sich zudem die sehenswerte Ausstellung „Kräftereich“. In 18 spektakulären Themenräumen mit interaktiven Stationen geht es z. B. um die Kraft der Erde, um Schlaf und Traum oder um den Glauben. Ebenso gibt es hier einen Kräuter- und Naschgarten und einen Kosmotorik-Parcours.

Armata-Christi-Kreuz (Passionskreuz) in mystischem Licht.

1

Schwierigkeit	mittel
Länge	6 km, 180 hm
Gehzeit	2 Stunden
Anreise	mit der Verbundlinie nach St. Jakob (www.verbundlinie.at, Tel. +43 (0)50 678910); mit dem Auto zum Parkplatz Gasthof Orthofer (N47°28'44" E15°45'04")
Kulinarik	Gasthaus Orthofer, Tel.+43 (0)3336 8237, www.orthofer.at
Info	Kräftereich St. Jakob im Walde, Tel. +43 (0)3336 20257 www.kraeftereich.at

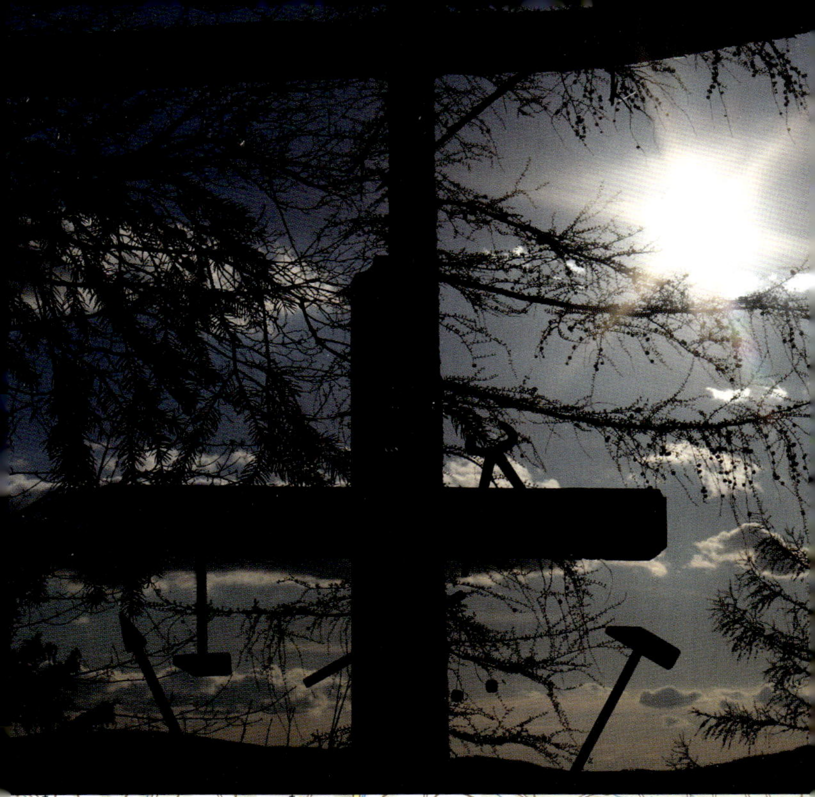

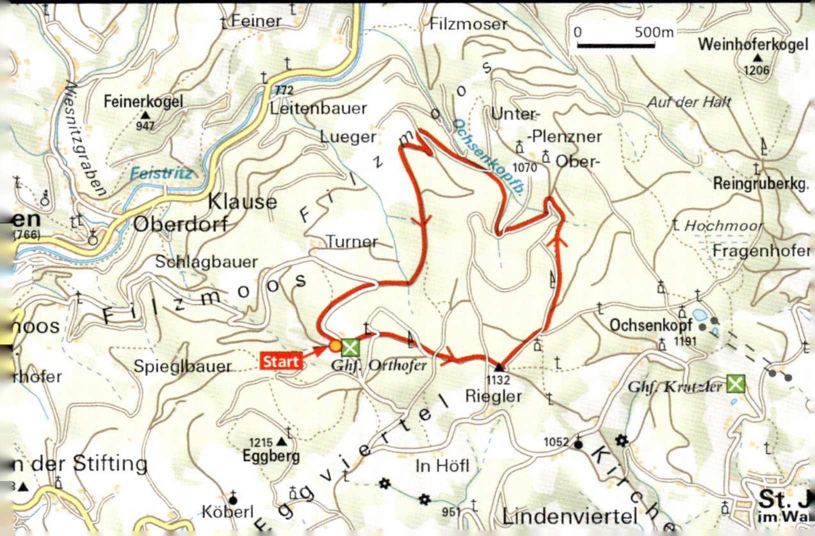

Feiner
Filzmoser
0 500m
Weinhoferkogel
1206
Feinerkogel
947
772
Leitenbauer
Lueger
Unter-
-Plenzner
Ober-
1070
Ochsenkopfb.
Auf der Halt
Reingruberkg.
Niesnitzgraben
Feistritz
Klause
Oberdorf
(766)
Filzmoos
Turner
Schlagbauer
Hochmoor
Fragenhofer
Ochsenkopf
1191
Start
Ghf. Orthofer
Spieglbauer
1132
Riegler
Ghf. Krutzler
1215
Eggberg
1052
In Höfl
Köberl
951
Lindenviertel

2 *Wenigzell – Strallegg – Miesenbach*

Das Joglland aus der Vogelperspektive

Diese Wanderung verspricht einen traumhaften Ausblick auf waldreiches Gebiet und gibt einen Einblick in eine Besonderheit der regionalen Siedlungsgeschichte.

Die Route mit dem Ziel Wildwiese, immer dem Wanderweg 3 folgend, beginnt beim Wegweiser-Pfahl am Dorfplatz in Wenigzell. Vorbei an Pfarrkirche und Gasthof Prettenhofer geht man bis zum „Heimathaus“, schwenkt dort nach links und folgt dem hier auch als Nr. 920 ausgeschilderten Weg Richtung „Toter Mann“ bergauf bis zum Anwesen vulgo Brunnschneider. Hier nehmen wir zuerst geradeaus einen Feldweg und dann den Pfad durch den Wald. Nun kommen wir ins „Walddörfl“ und wandern, uns oberhalb eines Gehöftes leicht links haltend, bis zum Waldrand. Dort gehen wir nicht den Forstweg geradeaus weiter, sondern schwenken nach rechts (weiter auf dem Wanderweg 3 bzw. 920).
Durch den Wald erreichen wir den „Toten Mann“, einen Bildstock auf dem Gemeindegebiet von Strallegg. Zahlreiche Sagen ranken sich um den ungewöhnlichen Namen und bringen den „Toten Mann“ auch in Verbindung mit dem „Toten Weib“ in Frein im Mürzer Oberland.

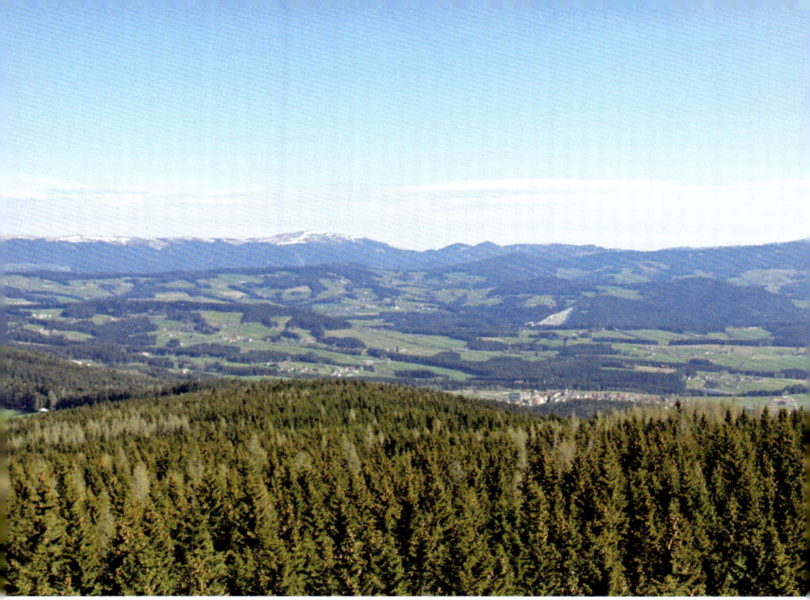

Blick von der Wildwiesenwarte auf Wenigzell, Pretulalpe und Stuhleck.

Sprachlich leitet sich der Begriff „Toter Mann“ wohl aus dem Keltischen („tota“ = Volk; „magos“ = Feld) ab und bezeichnet eine Höhenkuppe, auf der mehrere Straßen zusammentreffen.

Wir gehen nun ca. 300 Meter auf der Römerstraße Richtung Kreuzwirt weiter und biegen dann rechts ab, dem Wegweiser zur Wildwiese folgend. Waldwege und Pfade bringen uns schließlich auf die Wildwiese (1 254 m), die zur Gemeinde Miesenbach gehört und sich zwischen dem Feistritz- und Lafnitztal befindet. Die 147 Stufen auf die Aussichtsplattform lohnen sich allemal – von der Warte aus hat man einen außergewöhnlich schönen Blick auf das Joglland und die Waldheimat! Nach dieser Lockerungsübung für die Beine kann man beschwingt in der Wildwiesenhütte einkehren. Gleich neben dieser Gaststätte befindet sich die Waldhauser- oder Wildwiesenkapelle, in welcher der legendenhafte „Waldhauser", ein großer Sünder, der sich aber bekehrt hatte, begraben sein soll. Früher stand hier ein Wetterkreuz, das sich im Zuge von Zeugnissen über Gebetserhörungen zu einer vielbesuchten Wallfahrtsstätte entwickelt hatte.

Nun gehen wir denselben Weg nach Wenigzell zurück und erreichen beim Heimathaus – früher eine Mühle, heute ein Museum – wieder den Ortsrand. Das Heimathaus, das gegen Voranmeldung zugänglich ist, zeigt die Ausstellung „Vom Samenkorb zum Brot" sowie bäuerliche Arbeitsgeräte und Volkskunst.

Wir spazieren nun zur Pfarrkirche, in deren Vorhalle ein einfaches, altes Kreuz hängt. Es ist der einzige Rest der einst prächtigen Rokoko-Ausstattung. Wenigzell war in den letzten Tagen des Zweiten Weltkriegs im April 1945 von Kriegshandlungen zwischen den russischen Truppen und der deutschen Wehrmacht besonders betroffen. So wurde der Ort mit Kirche und Pfarrhof bis auf die Grundmauern zerstört, auch viele umliegende Bauernhöfe gingen in Flammen auf. Die Kirche wurde wiederaufgebaut und in mehreren Phasen neubarock

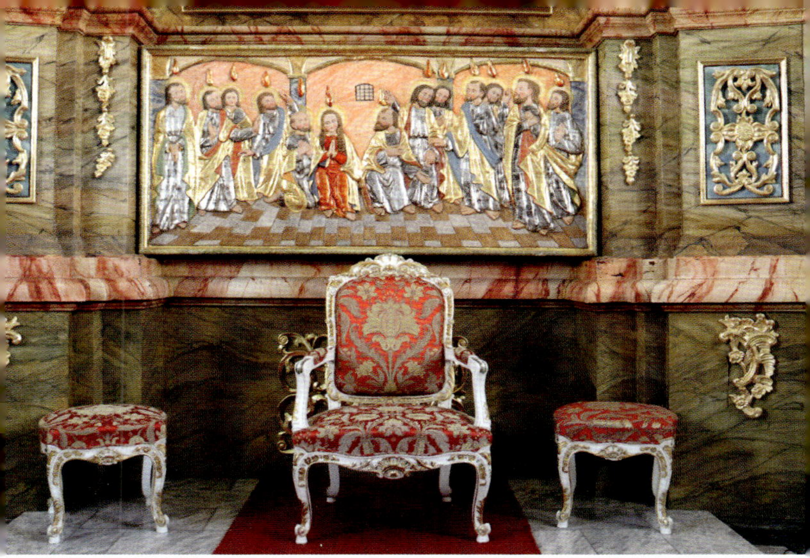

Neobarocke Ausstattung der Pfarrkirche.

ausgestattet. Aus der Moderne stammen ein Taufstein aus Serpentinit und einige Werke von Franz Weiß (1921–2014), so z. B. die Türflügel des Portals. Die Schweizer Gemeinde Elgg, der eine Gedenktafel am benachbarten Dorfplatz gewidmet ist, hat mitgeholfen, Wenigzell wieder aufzubauen – ein gelebtes Beispiel europäischer Solidarität! Im Rahmen eines Spazierganges durch das Dorf kann man auch die Wenigzeller – die „Schwaben der Oststeiermark" – kennenlernen. Es wird ihnen seit jeher nachgesagt, dass sie besonders arbeitsam, selbstbewusst, Neuem gegenüber sehr aufgeschlossen und wirtschaftlich besonders erfolgreich seien. Diese Zuschreibung ist nicht weit hergeholt, wurde das heutige Wenigzell doch

von Graf Wolfrad von Treffen um 1142 mit Kolonisten aus seiner schwäbischen Heimat besiedelt – eine Besonderheit der Siedlungsgeschichte der Region. Derartige historische Details und vieles mehr über Wenigzell kann man sich bei einer Einkehr in den Gasthöfen des Ortes, z. B. beim Fast, auf der Bratlalm, in der Buchtelbar oder beim Restaurant Joglland Hotel Prettenhofer, erzählen lassen. Hier serviert man regionale, saisonale, immer frisch zubereitete Speisen.
Etwas außerhalb des Dorfes liegt mit SANDICCA der erste Sanddorngarten Österreichs. Die Produkte von Sanddorn, eine Art „Superfood", können im hauseigenen Laden erworben werden.

Die sagenumwobene Waldhauserkapelle.

2

Schwierigkeit	mittel
Länge	9 ½ km, 426 hm
Gehzeit	3 ½ Stunden
Anreise	mit der Verbundlinie nach Wenigzell (www.verbundlinie.at, Tel. +43 (0)50 678910); mit dem Auto zum Parkplatz vor der Volksschule (N47°25'31" E15°47'05")
Kulinarik	Restaurant Prettenhofer, Tel. + 43 (0)3336 2206, www.jogllandhotel.at
Info	SANDICCA, Tel. +43 (0)660 5270488 www.sandicca.com

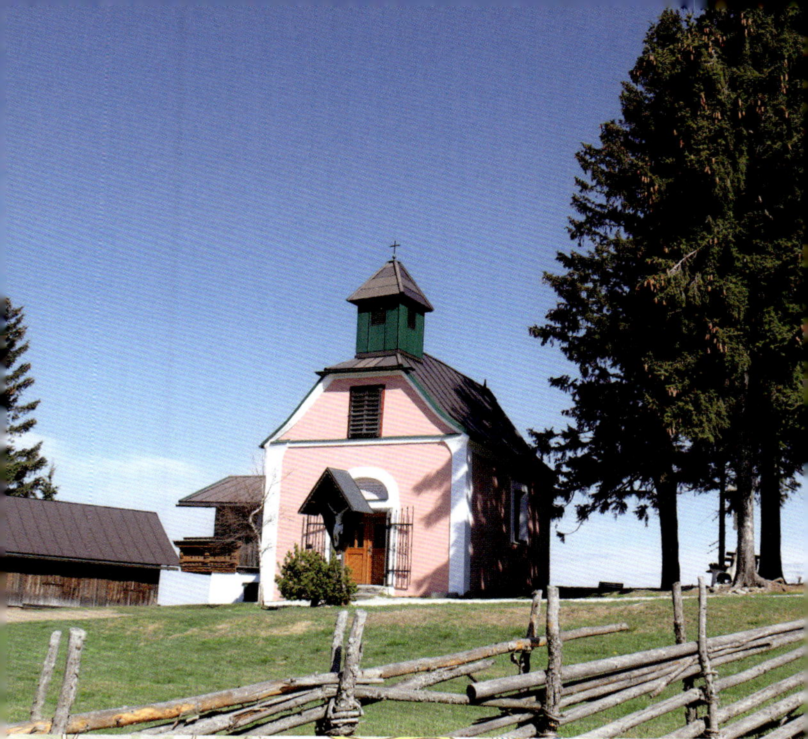

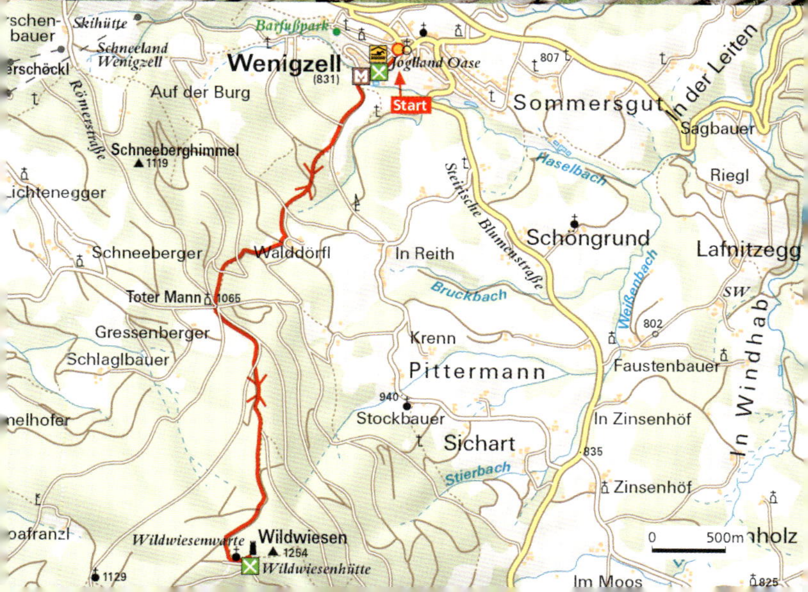
Skihütte
Barfußpark
Schneeland Wenigzell
Wenigzell
(831)
Joglland Oase
807
Start
Sommersgut
In der Leiten
Sagbauer
Römerstraße
Auf der Burg
Schneeberghimmel
1119
Haselbach
Riegl
Lichtenegger
Steirische Blumenstraße
Schöngrund
Lafnitzegg
Schneeberger
Walddörfl
In Reith
Toter Mann
1065
Bruckbach
Weißenbach
SW
Gressenberger
Krenn
802
Schlaglbauer
Faustenbauer
Pittermann
In Windhab
940
Stockbauer
In Zinsenhöf
Sichart
835
Stierbach
Zinsenhöf
Wildwiesenwarte
Wildwiesen
1254
Wildwiesenhütte
1129
0
500m
Im Moos
825

3

Waldbach – Mönichwald

Ein landschaftliches Erlebnis am Wechsel

Der Höhenzug des Wechsels bietet an klaren Tagen einen ausgezeichneten Panoramablick vom Steirischen Randgebirge bis zu den Wienerwaldbergen und über weite Teile der Oststeiermark. Bei Wetterglück sieht man sogar die Kleinen Karpaten, die westliche ungarische Tiefebene und slowenische Berge.

Das Wetterkoglerhaus am Hochwechsel, den Startplatz der Wanderung, erreicht man über eine Mautstraße. Vom Parkplatz bei der Alpenvereinshütte nehmen wir den Wanderweg 902 bzw. 907 Richtung Mönichkirchen. Zuerst führt ein Pfad über einen stark steindurchsetzten Abhang, der aber bald in eine sanfte, almwirtschaftlich genutzte Weidelandschaft übergeht. In dieser Senke zwischen Hochwechsel und Niederwechsel ragen immer wieder markante, felsenartige Gesteinsinseln auf, deren Aussehen sich auch für geologische Laien vom benachbarten Schneeberg oder der Rax deutlich unterscheiden. Tatsächlich liegt das Wandergebiet in der kristallinen Formenwelt von Glimmerschiefer und Gneisschichten. Diese Gesteinsinseln haben vor allem bei Nebel einen fast mystischen Reiz, vermitteln sie bei entsprechender

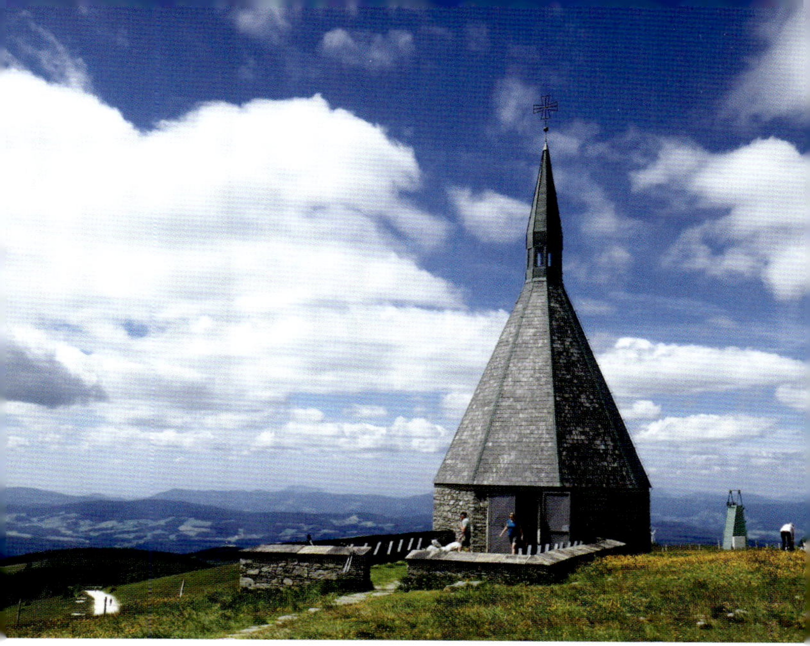

Die Kapelle am Hochwechsel ist eine weithin sichtbare Landmarke.

Wetterlage oft den Eindruck von merkwürdigen Fabelwesen. Die rot-weiß-rote Markierung auf den Steinen ermöglicht auch bei nicht optimaler Witterung eine ausreichende Orientierung.

Bei einer Weggabelung an der Höhenkote 1647 entscheiden wir uns nicht gleich für den Weg zur Vorauer Schwaig, sondern wandern geradeaus zum Niederwechsel weiter. Der Verlauf dieses Pfades erlaubt mehrmals einen schönen Blick auf die Ausläufer des südlichen Wiener Beckens. Bei einer Gedenkstätte für die im Jahre 1945 hier gefallenen Soldaten erreichen wir den

Niederwechsel. Gegen Ende des Zweiten Weltkriegs kam es im Wechselgebiet zu erbitterten und blutigen Kämpfen, deren leidvolle Auswirkungen sich heute noch in zahlreichen Soldatenfriedhöfen in der Region manifestieren.

Vom Niederwechsel nehmen wir schließlich Richtung Süden den Pfad zur Vorauer Schwaig, die wir in etwa 20 Minuten erreichen. Die von Juni bis September bewirtschaftete, auf 1 509 Meter gelegene Hütte lädt zur gemütlichen Einkehr bei Schweinsbraten oder Rehragout ein. Am ersten Samstag im September gibt es den traditionellen Almabtrieb, der auf der Vorauer Schwaig immer mit einem fröhlichen Fest verbunden ist. Von hier machen wir uns Richtung Nordwesten auf und nehmen den Wanderweg 924 zum Hochwechsel. Nun wandern wir inmitten einer wunderschönen Almlandschaft, die seit Jahrhunderten ein gepflegter Teil des Wechselgebietes ist. Auffallend viele Jungtiere verbringen hier mit den Mutterkühen auf der Alm eine Art Sommerfrische. Wenn es manchmal auch verlockend wäre, direkt auf dem Almboden – weich wie auf einer Matratze – zu wandern, gebietet es doch der Respekt vor Tieren und Bewirtschaftern, die offiziell ausgewiesenen Wanderwege zu benutzen. Auch von diesen aus kann man den Lebensraum ortstypischer Pflanzen und Tiere beobachten. Der Wechsel ist zudem ein beliebtes Jagdgebiet. So

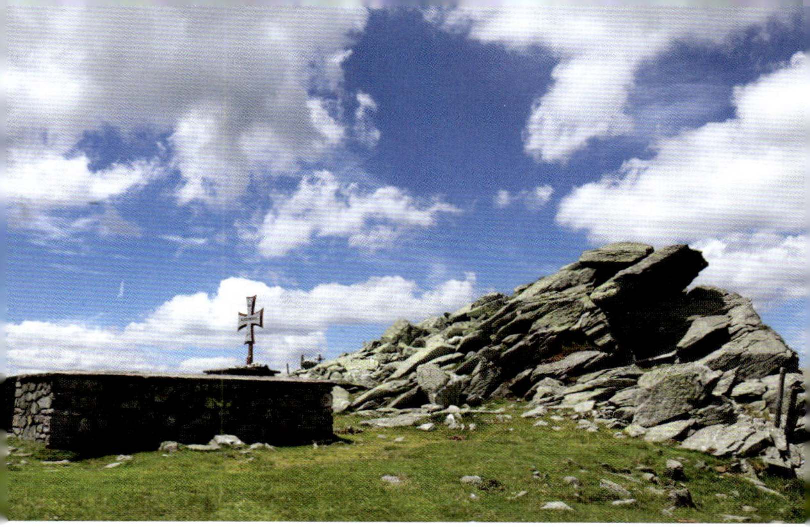

Gedenkstätte am Niederwechsel.

erinnert ein Gedenkstein für einen Jagdgast – mit ernstem Inhalt, aber augenzwinkernd und in Reimform – an das jähe Ende einer Jagd am Hochwechsel. Er ermutigt auch die Wandersleute, die Wanderung auf der Alm in all ihren Facetten – darunter etwa auch die Einblicke in die anzutreffende Tier- und Pflanzenwelt – zu genießen. Schließlich treffen wir wieder auf die Weggabelung Vorauer Schwaig/Niederwechsel und gehen bergauf auf die markante, achteckige Kapelle zu, die vom höchstgelegenen Soldatenfriedhof Österreichs umgeben ist. Ihr Inneres ist mit beeindruckenden Malereien von Franz Weiß ausgestattet. Das benachbarte Wetterkoglerhaus, eine Schutzhütte des Alpenvereins, bietet neben einem 360°-Rundblick eine gute, bodenständige Küche.

Nimmt man nun die Straße vom Hochwechsel nach Waldbach, zweigt unmittelbar nach der Rabl-Hütte ein Fußweg ab, der zum Dietl-Kreuz führt. Dieses erinnert im Ortsteil Breitenbrunn an den Flugzeugabsturz des auch in Kriegsverbrechen verwickelten Generaloberst Eduard Dietl (1890–1944).
Zurück im Lafnitztal liegt nördlich von Bruck an der Lafnitz die Festenburg, deren Rittersaal zur Pfarrkirche umgestaltet wurde. Die Sakralräume sind im Spätbarock mit Fresken von Johann Cyriak Hackhofer (1675–1731) ausgestaltet worden. Es gibt auf dieser Burg – das ist besonders für Kinder interessant – auch eine Rüstkammer mit Schwertern, Hellebarden und Ritterrüstungen.

3

Schwierigkeit	mittel
Länge	8 km, 380 hm
Gehzeit	3 Stunden
Anreise	mit der Verbundlinie nach Mönichwald oder Waldbach (www.verbundlinie.at, Tel. +43 (0)50 678910), von dort mit dem SAM (Sammeltaxi Oststeiermark) auf den Hochwechsel; über die Mautstraße von Mönichwald oder Waldbach mit dem PKW zum Parkplatz vor dem Wetterkoglerhaus (N47°31'59" E15°54'50").
Kulinarik	Mönichwalderhof, Tel. +43 (0)3336 4481, www.moenichwalderhof.at

Sucht man hier im Tal die Möglichkeit nach einer Einkehr, ist der Mönichwalderhof zu empfehlen. Traditionelle und innovative Küche sind in einem Haus möglich, das beweisen die herzlichen Gastgeber Gerlinde und Bernd.

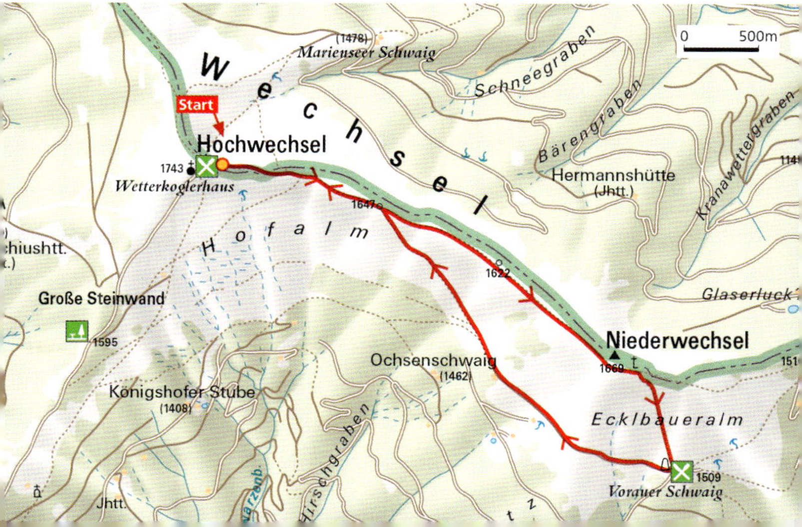

4

Vorau

Ein Barockjuwel und eine spannende Novelle

Diese Route gewährt einen herrlichen Ausblick auf das Vorauer Becken, macht die Sinnesfreude des Barockstils erlebbar und erweckt eine mittelalterliche Handschrift zu neuem Leben.

Vom Parkplatz des Stiftes Vorau aus folgen wir Richtung Osten dem bestens beschilderten Wanderweg 8 in die „Brühl" bergab zum Voraubach. Unter dem Begriff „Brühl" verstand man im Mittelalter eine grundherrschaftliche Wiese, im weiteren Sinne auch ein Feuchtgebiet. Die Bezeichnung findet sich heute noch mancherorts als Siedlungs- oder Flurname.

Es geht kurz den Bach entlang, den man schließlich nach links auf einer Eisenbrücke überquert. Nun führt ein Weg durch den Wald bergauf, bis man leicht rechts in einen Pfad abbiegt, der direkt auf die Erzherzog-Johann-Höhe zustrebt. Oben angekommen, hat man einen wunderschönen Blick auf das Vorauer Becken, den Wechsel und das Stift.

Von der Anhöhe aus geht es weiter bis zu einer Asphaltstraße, bei der wir, noch immer der Beschilderung „Erzherzog Johann Weg 8" folgend, nach rechts schwenken.

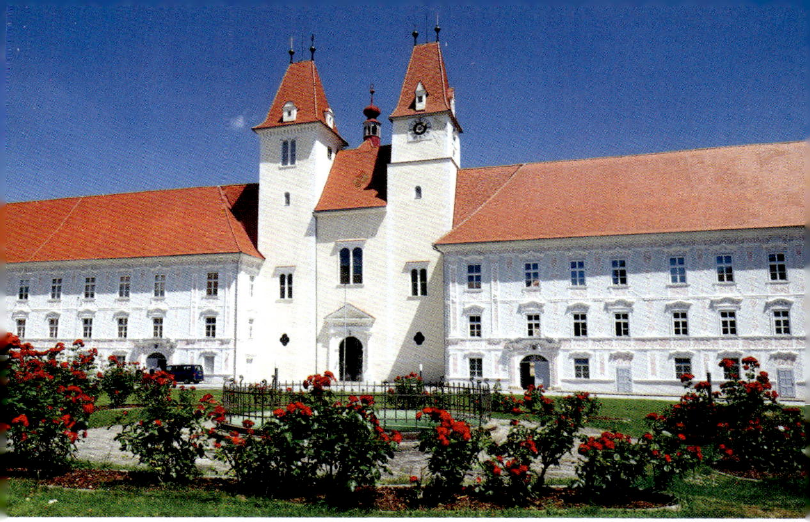

Hinter den Stiftsmauern verbergen sich großartige Kunstschätze.

Es geht bergab und hierauf nach einem Bildstock auf einem Schotterweg weiter. Nach einigen Metern folgen wir nicht mehr dem Wanderweg 8 nach links, sondern gehen den Schotterweg weiter bergab, bis wir zu einer Brücke kommen. Diese überqueren wir und wandern über den Augustinusweg bergauf zum Stift zurück.

Am Stiftsparkplatz beginnt nun der Vorauer Literaturpfad, einer der Themenwege des Netzwerks „Steirische Literaturpfade des Mittealters". Hier werden Schriften aus dem 13. Jahrhundert, die hinter Klostermauern eher unbemerkt bleiben würden, zum Leben erweckt. Die „Vorauer Novelle" präsentiert in meisterhafter Sprache das Leben zweier ehemaliger Klosterschüler in der weiten Welt. Die in der auffallenden Farbe Lila gehaltenen

Infotafeln erleichtern das Auffinden der fünf folgenden Stationen. Ein „Torbogen“ markiert den Eingang zum Pfad, von dem aus es Richtung Marktzentrum geht. Auf der Höhe der Musikschule wird bei Station I der Aufbruch der beiden Zöglinge beschrieben, die der Härte und der Langeweile der Klosterschule entfliehen wollen. Station II in der Nähe des Kutscherwirtes erzählt von der Verführung der beiden Klosterflüchtlinge durch ein „teuflisches Buch“, von dem sie sich spannendes Wissen und glückliches Leben erhoffen. Schließlich kommen wir bei der Nepomukstatue am Griesplatz zu Station III. Die

Am Startpunkt des Vorauer Literaturpfades.

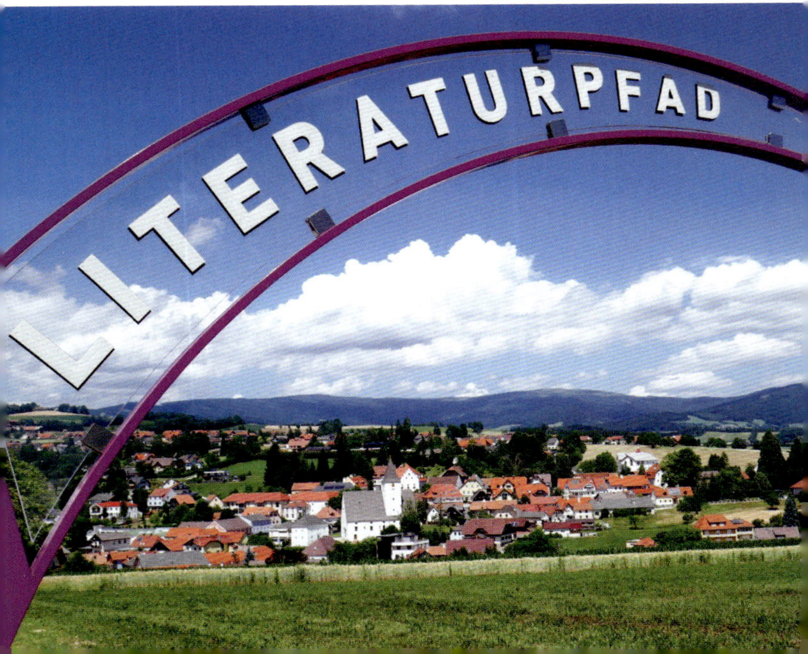

beiden Ex-Mönche sind heiter, genießen das Leben und hören nicht auf ihr Gewissen. Gleich gegenüber liegt der Vorauerhof, wo man sich mit regionalen Spezialitäten nach alten Rezepten und mit neuen Kreationen kulinarisch verwöhnen lassen kann. Nach dem Gasthof geht es bei der Kreuzung nach links, dann nehmen wir die Stufen hinauf zur Marktkirche (Station IV). Einer der Mönche ist körperlich und seelisch am Ende, was in drastischen Worten geschildert wird: „Kom des grimmen todes slak. Und zarret im das herze entzwain.“ (Da kam der schreckliche Schlag des Todes und riss ihm das Herz entzwei.)

Nun folgen wir der Hauptstraße und nehmen die Stufen zum Rathausplatz. An dieser letzten Station des Literaturpfades erzählt der Verstorbene von seinem Schicksal in der Hölle und warnt seinen Freund. Dieser zeigt Reue und so wird ihm von Gott verziehen.

Nach dieser aufregenden Begegnung mit der Welt des Mittelalters wandern wir auf demselben Weg wieder zum Stift zurück. Vom Parkplatz aus kann man bei einem Spaziergang im Uhrzeigersinn auf dem „Chorherrenweg“ das turmreichste Kloster Österreichs umrunden und auf Schautafeln Näheres über seine Geschichte und die Augustiner Chorherren erfahren, bevor wir einen individuellen Rundgang durch das Stift unternehmen. Die Gründung des Klosters geht auf das 12. Jahrhundert zurück, die heutige Anlage stammt im Wesentlichen aus dem Hochbarock des 17. Jahrhunderts. Besonders sehenswert ist die Kirche mit ihren unzähligen Fresken, vergoldeten Holzskulpturen und dem prachtvollen Hochaltar als Ausdruck der Sinnesfreuden des Barock. Das malerische Werk von Johann Cyriak Hackhofer verweist in der Sakristei durch einen „Höllensturz“ auf die Vergänglichkeit des Genusses.

Die Bibliothek des Klosters zählt zu den größten Sehenswürdigkeiten der Steiermark. Unter den besonderen Schätzen findet sich die „Vorauer Volksbibel“ mit 550 Miniaturen aus dem Jahre 1467, die 2018 als Weltkulturerbe der UNESCO aufgenommen wurde. Eine Attraktion im Bibliothekssaal sind die parabolisch gehöhlten Schallmuscheln, die sogar ein Flüstern auf der gegenüberliegenden Seite hörbar machen. Alle diese Schätze kann man im Rahmen einer Stiftsführung näher kennenlernen.

Interessant ist auch das nahe der Stiftsgärtnerei gelegene Freilichtmuseum. Hier sind unter anderem alte bäuerliche Objekte, eine alte Hausapotheke, eine voll

4

Schwierigkeit	mittel
Länge	7,5 km, 250 hm
Gehzeit	2 ½ Stunden
Anreise	mit der Verbundlinie nach Vorau (www.verbundlinie.at, Tel. +43 (0)50 678910), mit dem Auto zum Parkplatz Stift Vorau (N47°24'07.4" E15°53'19")

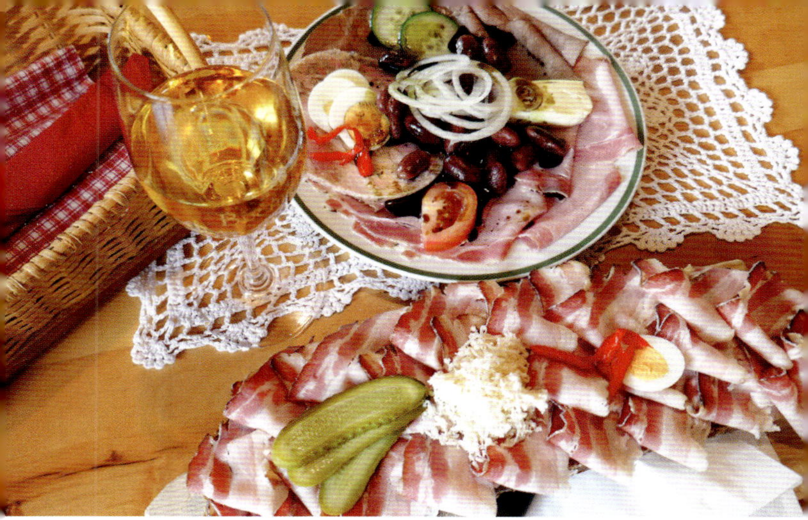

In den Mostschenken in und um Vorau schmeckt man die Region.

eingerichtete Rauchstube und seit 2021 das wahrscheinliche kleinste Museum Österreichs, erbaut vom Tiroler Krippenbauer Walter Peer, zu besichtigen.
Eine aufregende Besonderheit sind die unterirdischen Gänge von Vorau (Sub Terra), die im Rahmen einer Führung aufgesucht werden können.

Kulinarik	Gasthof Vorauerhof, Tel. +43 (0)3337 2329, www.vorauerhof.at
Infos	Freilichtmuseum Vorau, Tel. +43 (0)3337 3466, www.freilichtmuseum.vorau.at Stift Vorau, Tel. +43 (0)3337 2351, www.stift-vorau.at Sub Terra Vorau, Tel. +43 (0)664 3118884, www.subterravorau.at

5

Hartberg

Erholsame Natur und reizvolle Altstadt

2009 wurde Hartberg in das „Città Slow"-Netzwerk und 2020 in die österreichische Vereinigung „Kleine historische Städte" aufgenommen. Hier lässt sich eine Wanderung auf den Hausberg mit Flanieren in der kleinen (aber feinen) Altstadt verbinden.

Der Hauptplatz der Stadt ist ganzjährig – vom weihnachtlichen Adventmarkt über das Frühjahr bis zum Winzerfest im Herbst – heimeliger Ort für Veranstaltungen. Wir beginnen hier bei der Mariensäule die Wanderung hinauf auf den Ringkogel. Die Säule mit den Wappen der Familien Paar und Talmberg wurde von Maria Gräfin von Paar und ihrer Tochter Maria Anna Gräfin von Talmberg im 17. Jahrhundert gestiftet. Wir spazieren nun in die Hofgasse und biegen danach rechts in die Herrengasse ein. Schon sehen wir das Zufahrtstor zum Schloss Hartberg mit dem Wappen der früheren Besitzer Haim und Paar. Die Anlage, heute im Besitz der Stadt, wurde im 12. Jahrhundert erstmals erwähnt und im 16. Jahrhundert im Stil der Renaissance umgebaut. Im zweiten Obergeschoß befindet sich ein schöner Rittersaal mit Resten von Wandmalereien.

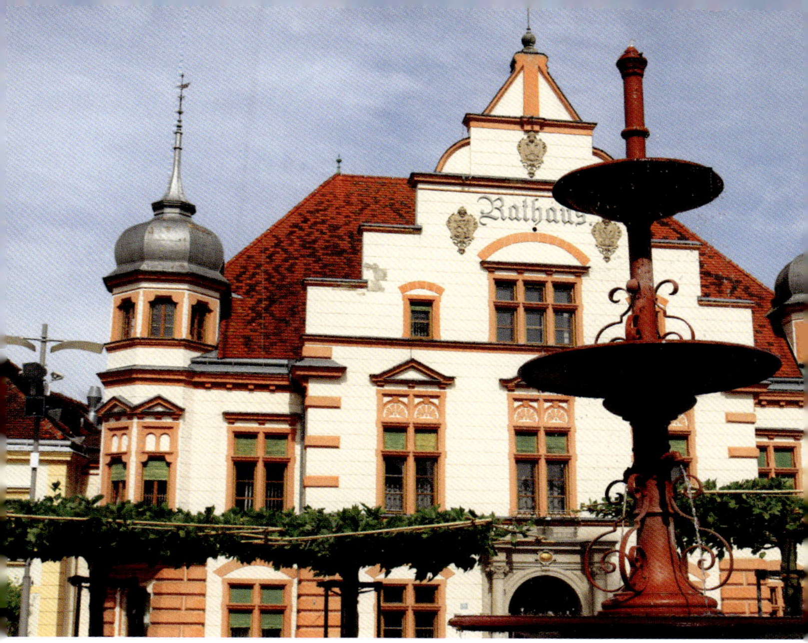

Ein Stadtspaziergang voller Geschichte, Kunst und Kultur.

Wir verlassen durch das obere Tor das Schloss, kommen in die Klostergasse und biegen nach wenigen Metern halblinks in die Brühlgasse ein. Nun geht es am Gehsteig etwa 300 Meter bis zu einer Kreuzung, wo wir rechts den Fußweg zum Ringkogel nehmen. Die als „Brühlweg" bestens beschilderte Route bietet einen landschaftlichen Genuss, den schon Peter Rosegger im Essay *Die neue Weltstadt Hartberg* beschrieben hat. Der Weg wird vom kleinen Laßnitzbach durchflossen, der unter der Stadt verschwindet und schließlich an deren Ende wieder zum Vorschein kommt. Klammartige Landschaftsformen, kleine Wasserfälle, die Nähe des plätschernden Baches sowie Vogelgezwitscher machen die Wanderung hier zu einem erholsamen Naturerlebnis. Man geht auf Wald- und Wiesenpfaden bergwärts und überquert mehrmals auf Stegen den Bach. Schließlich erreichen wir auf der Höhe der Spielstätte die Ringstraße, überqueren sie und biegen halbrechts Richtung Ringkogel (789 m) ein. Vorbei an der Hubertuskapelle halten wir uns leicht links am gut beschilderten Pfad und wandern bis zur Ringwarte. Der Gipfel, Teil des Masenbergmassivs, war schon früh besiedelt. Es gibt Reste einer jungsteinzeitlichen Siedlung und auch einen keltischen Ringwall, der dem Berg seinen Namen gibt. Ein archäologischer Lehrpfad mit Schautafeln informiert über die Geschichte des Berges. Der 30 Meter

Ein besonderes Naturerlebnis ist die Wanderung durch die Brühl.

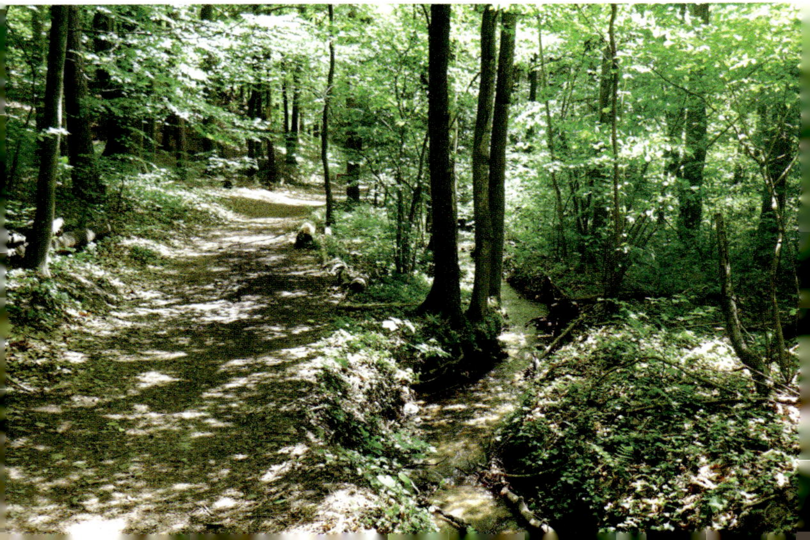

hohe Aussichtsturm mit 99 Stufen eröffnet einen besonderen Blick auf das oststeirische Hügelland, auf Teile des steirischen Randgebirges und bis in das Günser Bergland (Ungarn). Bei dieser tollen Rundsicht ist es nicht verwunderlich, dass dieser Höhenzug einst auch militärische Bedeutung hatte, so z. B. im Zuge der Kuruzzeneinfälle als Signalberg mit Kreidfeuer (Warnfeuer).
Nun machen wir uns auf den Rückweg ins Stadtzentrum nach Hartberg und nehmen dafür Richtung Südosten den mit grünen Tafeln beschilderten Laterndlweg. Der erste Teil des Weges führt recht steil bergab und so kommen wir durch den Wald schließlich knapp unterhalb von Schreiners Berghof zur Ringstraße. Hier schwenken wir links und wandern etwa 500 Meter die Straße entlang, bevor wir wieder nach rechts abbiegen. Zwischen Feldern und den nördlichsten Weinkulturen der Steiermark geht es bergab Richtung Stadtzentrum. Immer wieder bietet sich ein schöner Blick auf die Stadt, bis wir an der Kreuzung Weinberggasse/Brühlgasse den Rand der Altstadt erreichen. Wir nehmen die Klostergasse zum Schloss und spazieren an den Resten der alten Stadtmauer bis zum Reckturm. Dieser war im Mittelalter ein gefürchtetes Gefängnis, leitet sich sein Name ja von der Foltermethode „Recken und Strecken“ ab. Durch einen Torbogen geht es in die Reckgasse, an deren Ende sich im historischen Steinpeißhaus das sehenswerte Museum Hartberg befindet. Von hier spazieren

wir die Herrengasse bergab, schwenken links in die Kirchengasse und erreichen wieder den Hauptplatz.
Im spätromanischen Karner aus Schildbacher Muschelkalk, einem kunsthistorischen Juwel, befindet sich im Untergeschoß ein Beinhaus, im Obergeschoß sehen wir beeindruckende Fresken aus der Zeit um 1200. Diese spannenden, manchmal vieldeutigen Malereien lässt man sich am besten bei einer Führung genauer erklären.
Die Pfarrkirche mit ihrem besonders schönen Turmhelm, errichtet auf den Grundfesten eines römerzeitlichen Baues, hat romanische Wurzeln, im Langhaus ein gotisches Sternrippengewölbe und eine barocke Einrichtung.
Auch sollte man es nicht versäumen, das Hauptplatzensemble mit dem Rathaus gemütlich zu betrachten und sich die schönen historischen Häuser im Umfeld des Hauptplatzes anzusehen (Kirchengasse 2, Wiener Straße 7, …). Einzigartig ist auch der „Steinerne Fluss" der Bildhauerin Ulrike Truger (* 1948), der den unterirdisch fließenden Stadtbach in der Fußgängerzone der Wiener Straße andeutet.

5

Schwierigkeit mittel
Länge 8 km, 430 hm
Gehzeit 3 ½ Stunden
Anreise mit der Verbundlinie nach Hartberg (www.verbundlinie.at, Tel. +43 (0)50 678910); mit dem Auto zum Parkplatz Kloster in Hartberg (N47°16'44" E15°57'55")

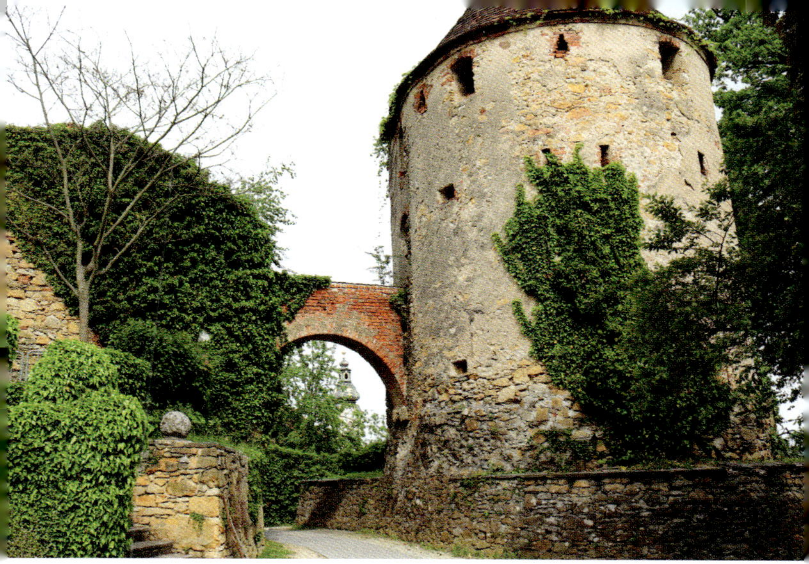

Der Reckturm hat mittlerweile seinen Schrecken verloren.

Nun ist es wohl an der Zeit, im Gasthof „Zum Brauhaus" – Familie Großschedls traditionelles Wirtshaus mit viel Geschichte – einzukehren. Falls die Füße vom Wandern allzu schwer geworden sind, kann man hier auch übernachten.

Kulinarik Gasthof „Zum Brauhaus" Familie Großschedl, Tel. +43 (0)3332 62210, www.brauhaus.co.at

Infos Hartbergerland, Tel. +43 (0)3332 603300, www.hartbergerland.at
Museum Hartberg, Tel. +43 (0)3332 66001, www.museum.hartberg.at

6

Pöllau

Etwas fürs Auge, für die Seele und für den Gaumen

Im Pöllauer Tal gehen Natur, Kultur und kulinarischer Genuss eine wunderbare Symbiose ein.

Wenn im Frühjahr und im Sommer alles blüht, ist der Schlosspark von Pöllau eine besondere Augenweide. Vom Parkcafé aus nehmen wir den Weg nach Pöllauberg (Wanderweg 942) und folgen bis zur Wallfahrtskirche immer den Wegweisern „Wallfahrerweg Pöllauberg" bzw. „Hirschbirnenweg Pöllauberg". An der Nordseite des Schlosses vorbei wandern wir über die Schmiedgasse zum Kreisverkehr bei der Raiffeisenbank. Hier gehen wir ein paar Meter nach links, überqueren die Straße und folgen weiter der Beschilderung. Bald erreichen wir über Kalvarienbergstationen die einsam gelegene Kalvarienbergkirche aus dem 17. Jahrhundert und nehmen wenig später rechts den Steg über den Zeiler Bach. Nun geht es auf einem wurzeldurchsetzten bzw. manchmal steinigen Weg durch den Wald bergauf. Schließlich, die Wallfahrtskirche Pöllauberg schon in Sichtweite, kommen wir auf Feldwegen in die Siedlung Goldsberg.
Immer den Wegweisern folgend, erreichen wir auf weiteren Waldpfaden die Wallfahrtskirche. Die Wallfahrten

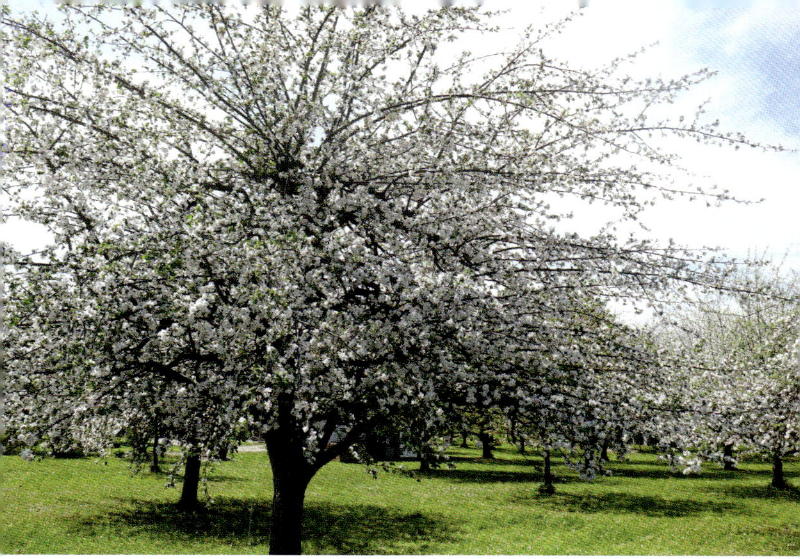

Zur Zeit der Obstbaumblüte hat das Pöllauer Tal etwas Märchenhaftes an sich.

nach Pöllauberg setzten mit der Verehrung eines Marienbildes im 12. Jahrhundert ein, die in der Folge den Bau einer größeren Kirche (14. Jahrhundert) notwendig machten. Von der Aussichts- und Sonnenterrasse vor der Kirche hat man einen traumhaften Blick über große Teile des Oststeirischen Hügellandes. Über eine Treppe erreicht man die mit Strebepfeilern und reichhaltiger Dekoration gestaltete Westseite der Wallfahrtskirche. Nicht ganz zu dieser Schauwand passt der frühbarocke Turm mit Zwiebelhelm, der ursprüngliche gotische Turm wurde bei einem Brand 1674 zerstört. Im Inneren des zweischiffigen Langhauses befindet sich am

barocken Hochaltar eine gotische Marienstatue – das Ziel der Pilger. Im mit ausdrucksstarken Köpfen und Blattwerk gestalteten gotischen Chorumgang hinter dem Altar hängen beeindruckende Votivbilder als Zeichen tiefer Religiosität. Näheres zur Baugeschichte, zur prächtigen Orgel sowie den Glocken der Kirche kann man über die App „Hearonymus" erfahren (Pöllauberg, Tastatur 17, 1701, 1703, 1704).
Nun spazieren wir Richtung Dorfzentrum, wo im Nahbereich mehrere Themengärten und Gasthöfe zum Verweilen einladen. So finden sich auf der Speisekarte des Berggasthofes König Köstlichkeiten wie eine Pöllauberger Mostsuppe, ein Rieslingsbeuschel vom Kalb, geschmorte Rinderwangerl oder ein Pöllauer Hirschbirnenparfait. Auch für Top-Weine ist „der König" bekannt. Der weitere Weg führt uns am Kaufhaus Töglhofer vorbei Richtung Volksschule, wo wir nach ein paar Metern scharf rechts den Hirschbirnweg bergab nehmen. Bei der Buschenschank Haubenwallner schwenken wir nach links und kommen über den Panoramaweg zur Hotelanlage Retter. Hier in der „Wiege der Hirschbirn" (den Herbst bezeichnet man im Dialekt als „Hiascht") kann man sich umfassend über diese Obstsorte informieren. Der Hirschbirnenbaum steht meist auf Streuobstwiesen, wird bis zu 16 Meter hoch und kann 200 Jahre alt werden. Die Bäume blühen Ende April/Anfang Mai, was zu dieser Zeit der Landschaft ein märchenhaftes Aussehen gibt. Die Frucht

wird zu Dörrobst, Saft, Most und Bränden verarbeitet, die man hier natürlich auch verkosten kann.
Wir nehmen nun vom Retter die Straße ca. 200 Meter bergab, biegen dann nach rechts Richtung Pöllau (Wanderweg 8) ab und schwenken kurz danach bei einem verlassenen Haus noch einmal nach rechts. Die weiß-rot-weiße Markierung leitet uns über die schmale Asphaltstraße und einen kurzen Waldweg bis knapp vor das Gasthaus Kerschhofer, wo wir links den Waldpfad bergab nehmen. Am Talboden erreichen wir wieder den Kreisverkehr bei der Raiffeisenbank und gehen zurück ins Ortszentrum von Pöllau.

Der „Steirische Petersdom" und die Wallfahrtskirche Pöllauberg sind Zeugen von Religiosität und Kunst.

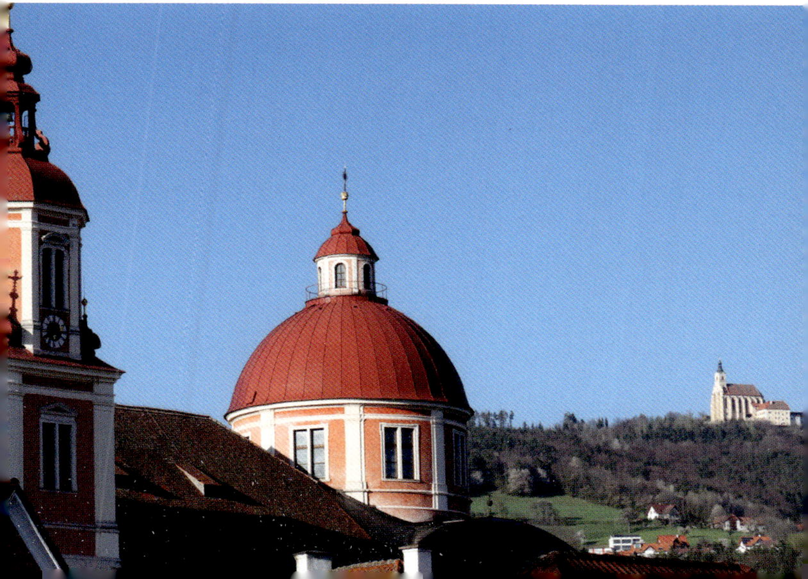

Nun ist es an der Zeit, durch den historischen Markt zu spazieren und sich das Schloss und die ehemalige Stiftskirche anzuschauen. Die Siedlung Pöllau, deren Ortsname sich vom slawischen Wort „polje“ (Feld) ableitet, entwickelte sich an der Kreuzung zweier Handelswege. Hier stand einst auch eine Burg, die 1504 in ein Augustiner-Chorherrenstift umgewandelt wurde. Der mächtige Kuppelbau der Stiftskirche aus dem frühen 18. Jahrhundert ist 62 Meter lang und hat mit dem Petersdom ein berühmtes Vorbild. Die Kirche wird deshalb auch als „Steirischer Petersdom“ bezeichnet. Beeindruckend sind vor allem die Fresken sowie die größte Barockorgel der Steiermark. Alljährlich finden hier im

6

Schwierigkeit	mittel
Länge	9 km, 400 hm
Gehzeit	3 ½ Stunden
Anreise	mit der Verbundlinie nach Pöllau (www.verbundlinie.at, Tel. +43 (0)50 678910); mit dem Auto zum Parkplatz Pöllau Schlosspark (N47°8'08" E15°49'49")
Kulinarik	Berggasthof König, Tel.: +43 (0)3335 2311, www.berggasthof-koenig.at
Infos	Echophysics, Tel. +43 (0)3335 2433 Naturpark Pöllauer Tal, Tel. +43 (0)3335 4210, www.naturpark-poellauertal.at Ölmühle Fandler, Tel. +43 (0)3335 2263, www.fandler.at

Sommer Konzerte für Alte Musik statt. Eine Führung durch das Schloss und die ehemalige Stiftskirche ist absolut lohnenswert, man kann natürlich mit Hilfe von „Hearonymus“ (Pfarrkirche Pöllau, Tastatur 15, 1501, 1503, 1504) auch im Rahmen einer individuellen Besichtigung Interessantes erfahren und hören. Sehenswert im Schloss ist ebenso „Echophysics“, das Europäische Zentrum für Physikgeschichte.
Etwa einen Kilometer nördlich des Ortszentrums befindet sich zudem die Ölmühle Fandler, die sich auch besichtigen lässt. Man kann hier die Verarbeitungsprozesse kaltgepresster Speiseöle kennenlernen und diese kosten.

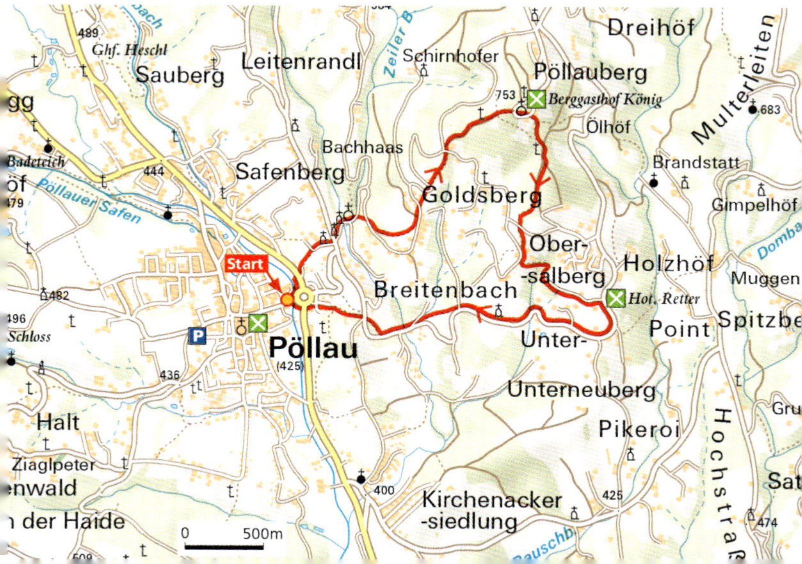

7 *Burgau*

Vielfalt des Lebens im ländlichen Raum

Ein Schloss, eine Wallfahrtskirche, eine Tschartake, eine Tabaktrockenscheune und ein Bauernhof, der das Tierwohl über alles stellt: Diese Route verbindet ländliche Kultur, Geschichte und Tierhaltung mit Zukunft.

Wir beginnen die Wanderung am höchsten Punkt des Marktortes bei der Pfarrkirche Maria Gnadenbrunn. Der Name der Kirche bezieht sich auf eine ehemalige Quelle unter der Sakristei, der religiöse Mittelpunkt der heutigen Kirche ist eine geschnitzte Madonna aus dem 15. Jahrhundert.

An der Nordseite der Kirche nehmen wir den Pfarrweg bergab zur Hochstraße, die wir bis zur Kreuzung mit der Straße Hartberg/Fürstenfeld knapp vor dem Spar-Markt weitergehen. Wir überqueren die Straße und nehmen dann den Gehweg an einem Fischteich vorbei, geradeaus Richtung Burgauberg. Einige Bankerl laden zum Rasten ein.

Vor der Lafnitzbrücke bei der Ortstafel Burgauberg biegen wir rechts in einen Feldweg ab (Wegweiser Bike & Hike 65), der uns entlang des rechten Lafnitzufers führt. Dieser Weg mit seinen Mäandern, Flussaltarmen und

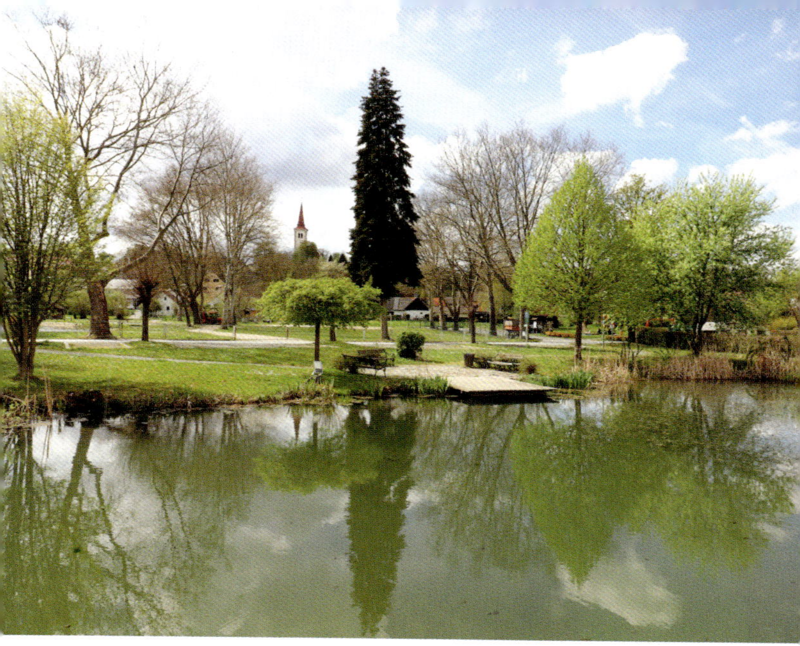

Zwischen Schloss und Pfarrkirche kann man sich bestens erholen.

dem fast urwüchsigen Baumbestand ist ein besonders naturnah erhaltener Flussabschnitt. Im Gegensatz zur heutigen landschaftlichen Idylle war das Leben hier früher von Überschwemmungen und der Lage an der Grenze bestimmt. An der Lafnitz (vorslaw. Albantia, dann Labonca = Weißenbach), einem der ältesten Grenzflüsse Europas, ereigneten sich im Laufe der Zeit oft Angriffe und Überfälle aus dem Osten (Türken, Kuruzzen).

Weiter flussabwärts folgen wir dem Kuruzzenwanderweg. Dieser hat seinen Namen von den Kuruzzen – das Wort ist ungarisch-türkischen Ursprungs und bedeutet

„Aufständische" – es handelte sich um eine Rebellengruppe aus der Bauernschaft und dem niederen Adel, die gegen die Habsburger aufbegehrte. Wir stoßen schließlich auf eine sogenannte Tschartake (pers. Tschahar Taq = vier Holzstämme), einem Nachbau eines Grenzwächterturms. Ein solcher diente seit den Türkeneinfällen und den Kuruzzenaufständen der Beobachtung, der Abgabe von Warnschüssen sowie der Weitergabe von optischen Signalen, um das Herannahen von feindlichen Truppen anzukündigen. Einst Grenze zwischen dem Kaiserreich Österreich und dem Königreich Ungarn, ist hier die Lafnitz seit 1921 die Landesgrenze zwischen dem im selben Jahr von Westungarn abgetrennten Burgenland und der Steiermark.

Von der Tschartake geht es am Lafnitzufer abwärts bis zu einer Asphaltstraße. Wir gehen nach links über die Lafnitzbrücke und biegen beim Gasthaus Loatawagerl nach rechts auf den Gehweg Richtung Rohrbrunn ab. Auf der Höhe des Wegweisers nach Rohr überqueren wir die Fahrbahn und wandern am Feldweg parallel der Straße bis zum Ortsbeginn von Rohrbrunn. Im Ort biegen wir bei der Kirche rechts Richtung Sportplatz (Kapellenweg) ab. Der Kapellenweg führt links am Sportplatz vorbei und endet als Feldweg bei einem modernen Wegkreuz. Hier schwenken wir nach rechts, überqueren wieder die Lafnitz und wandern über einen Schotterweg bis zu einer T-Kreuzung. Geradeaus geht es zur Buschenschank Kleinschuster (Weinseißmühle); rechts führt der Weg, den wir nehmen, nach Burgau zurück. Auf den angrenzenden Flächen kann man noch Schweine beobachten, die ihr Leben bei freiem Auslauf glücklich auf den Feldern verbringen können – bis zur stressfreien hofeigenen Weideschlachtung. Die Endprodukte dieser Lebens- und Wirtschaftsphilosophie können später im Labonca-Verkaufslokal am Hauptplatz erworben werden.

Gleich nach dem Weideschlachthaus steht eine Tabaktrockenscheune, die an die Blütezeit des österreichischen Tabakanbaues im Raum Fürstenfeld/Burgau erinnert. Hier wurden einst Tabakblätter, nachdem man sie aufgefädelt hatte, effizient getrocknet. Dieses

Die Tschartake an der Brücke über die Lafnitz.

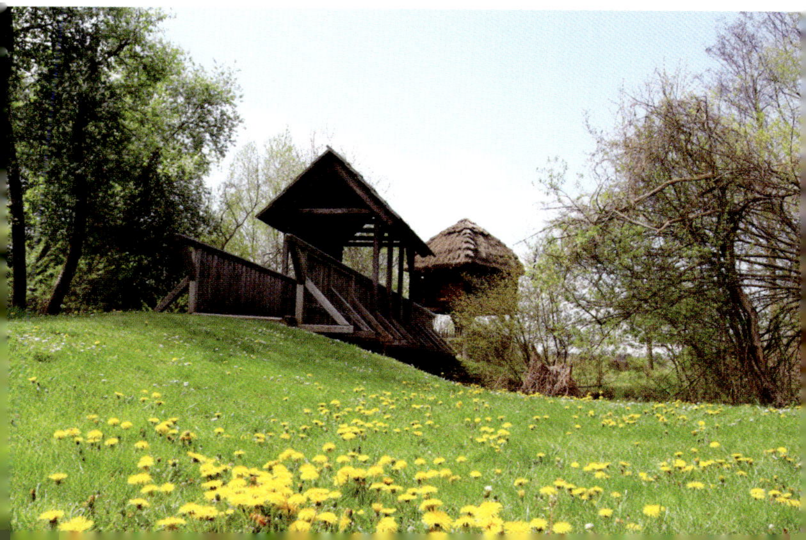

kulturhistorisch bedeutende Baudenkmal mit schmalen Lüftungsklappen und einzigartigen Luft- und Lichtverhältnissen im Inneren wurde glücklicherweise vor einem Abbruch bewahrt.
Nach der Tabakhütte biegen wir links in die Parkstraße ein. Wir spazieren über eine Brücke, schwenken rechts in die Roseggerstraße, dann nach links in die Bahnhofstraße und erreichen den Hauptplatz. Von hier sind es über den Schlossweg nur mehr wenige Meter zur „Burg in der Au“ (heute in Gemeindebesitz). Die Anlage besteht aus einer zweigeschoßigen Vorburg und einem dreigeschoßigen Wohnschloss. Dieser zentrale Gebäudekomplex des Marktortes hatte im Laufe der Geschichte verschiedene Besitzer, unter anderem die Grafen von Batthyány, die 1779 hier die erste Baumwollspinnerei der Monarchie errichteten. Dem letzten privaten Besitzer der Burg, Graf Lajos Batthyány, ist eine Büste im

7

Schwierigkeit	leicht
Länge	9,5 km, Steigung unerheblich
Gehzeit	2 ½ Stunden
Anreise	mit der Verbundlinie nach Burgau (www.verbundlinie.at, Tel. +43 (0)50 678910); mit dem Auto zum Parkplatz Schloss Burgau (N47°08'42" E16°05'55")
Kulinarik	Gasthof Janits, Tel. +43 (0)3383 2221, www.janits.at
Infos	Biohof Labonca, Tel. +43 (0)3383 3349, www.labonca.at

Schlosshof gewidmet. Er war nicht nur Schlossherr in Burgau, sondern auch erster Ministerpräsident des Königreichs Ungarn und wurde als Anführer des Aufstandes gegen die Habsburger 1849 hingerichtet. Nach Besichtigung der schönen Säulenarkaden im Innenhof des Wohnschlosses lädt der „Utopientisch" im äußeren Hof zum Verweilen und zum freundschaftlichen Dialog über Grenzen hinweg ein.

Nach dieser ausgiebigen Wanderung kann man ein kühles Bad im Naturbadesee nehmen bzw. im Gasthof der Familie Janits die gutbürgerliche Küche im ruhigen Gastgarten im Innenhof genießen. Ein besonderes Merkmal des Hauses sind Spezialitätenwochen.

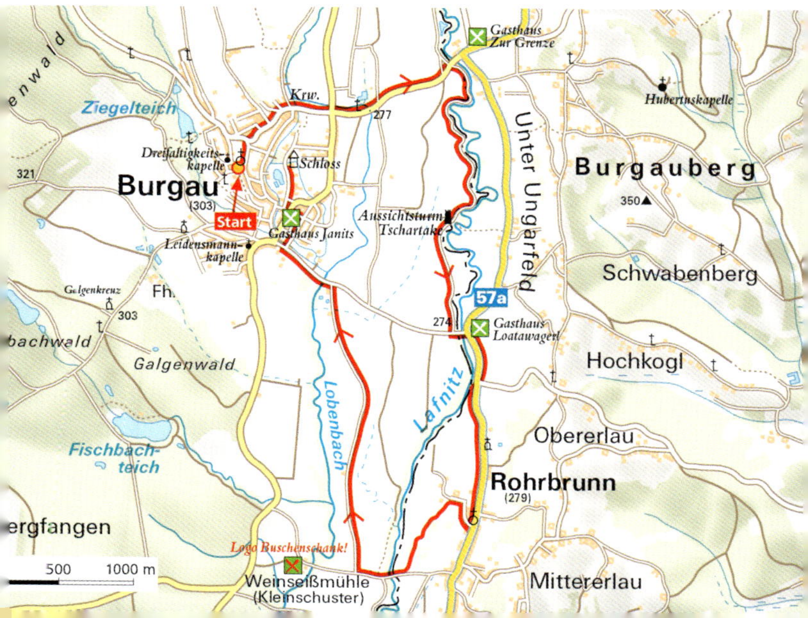

8

Bad Blumau

Natur und Architektur in inspirierender Symbiose

Dass hier einmal nach Erdöl gesucht und stattdessen heißes Wasser gefunden wurde, entpuppte sich als besonderer Segen. Mit dem von Friedensreich Hundertwasser gestalteten Rogner Bad Blumau gab man einen Anstoß für Möglichkeiten zukünftigen Lebens.

Schon am Wanderweg „Zukunft spazierendenken", der beim Gemeindeamt beginnt, lassen sich Ideen sammeln, wie man heute und in Zukunft leben möchte. Mit Blick auf das Amtsgebäude nehmen wir den Pfad rechts, kommen an einem Kräutergarten vorbei, überqueren auf einer Holzbrücke die Safen (slow. zaba = Frosch) und schwenken danach gleich links in den Pfad flussaufwärts ein. Dieser Abschnitt mit Äpfel- und Birnbäumen sowie einer Blumenwiese verbindet die Therme mit dem alten Ortskern.
Bald kommen wir zu einem Taubenschlag und zu einer Flüsterspiegel-Anlage – sie besteht aus zwei parallel gegenüberstehenden Parabolspiegeln und weist somit auf die gesellschaftliche Bedeutung der Kommunikation hin. Auf dem weiteren Weg kann man sich bei einer Station in Form eines interessanten Frage- und Antwortspiels mit

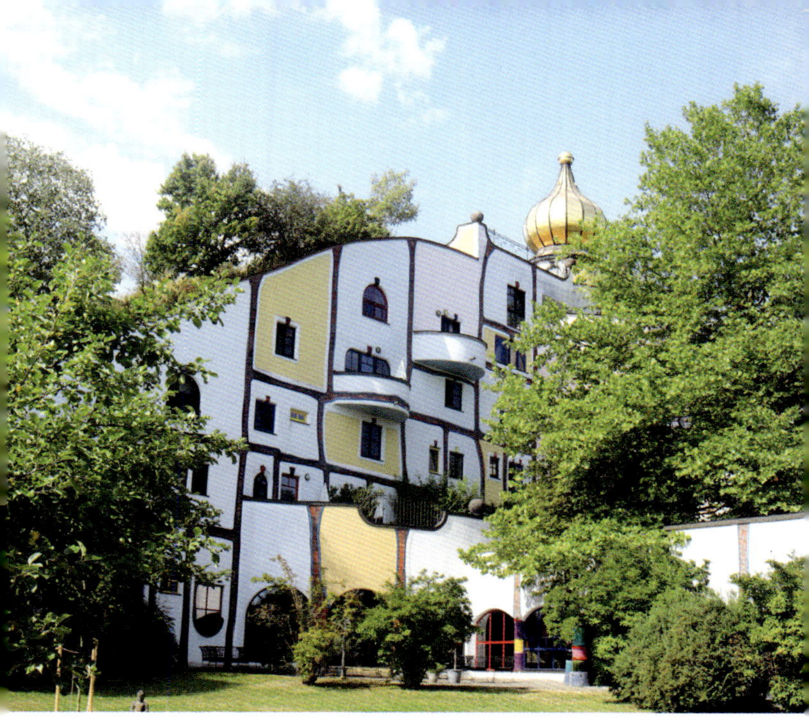

Die Therme ist ein in die Natur eingebettetes Gesamtkunstwerk.

dem Lebensraum Dorf beschäftigen. Schließlich überqueren wir eine Straße und stehen bald darauf vor der „Säule der Welternährung“. Hier findet man Anregungen, sich über das eigene Konsumverhalten und dessen Auswirkungen Gedanken zu machen. Geradeaus weiter erreicht man ein „Türl“ der Umzäunung der Therme. Man kann nun nach rechts die Therme bis zum Besucherparkplatz umrunden oder entlang der Beschilderung „Zukunft spazierendenken“ Richtung Therme nach links gehen. Spaziert man hier zudem noch über die Brücke des Safenbaches, ist auch ein Blick auf die Thermenlandschaft möglich, die von Friedensreich Hundertwasser als ein in die Natur eingebettetes Gesamtkunstwert entworfen wurde. Die farbenfrohen Häuser, auf deren Dächer Bäume wachsen, haben meist asymmetrische Fassaden. Das „Ziegelhaus" wurde aus Ziegeln von alten Bauernhäusern gebaut, das Waldhofhaus liegt unter der Erde, ist aber durch einen Innenhof lichtdurchflutet. Sowohl der Weg durch das Thermengelände als auch jener rund

Zwei Visionäre an einem Tisch: Baumeister Robert Rogner und Künstler Friedensreich Hundertwasser.

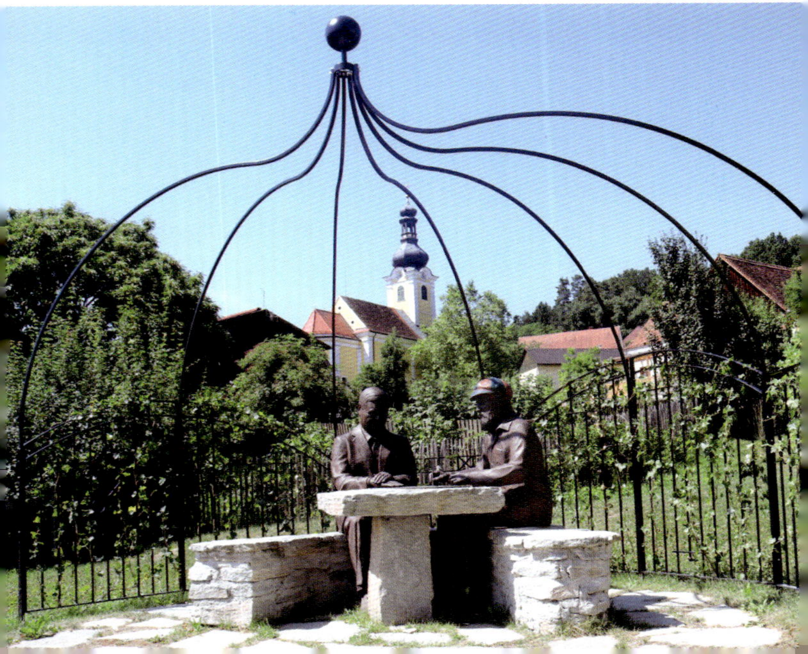

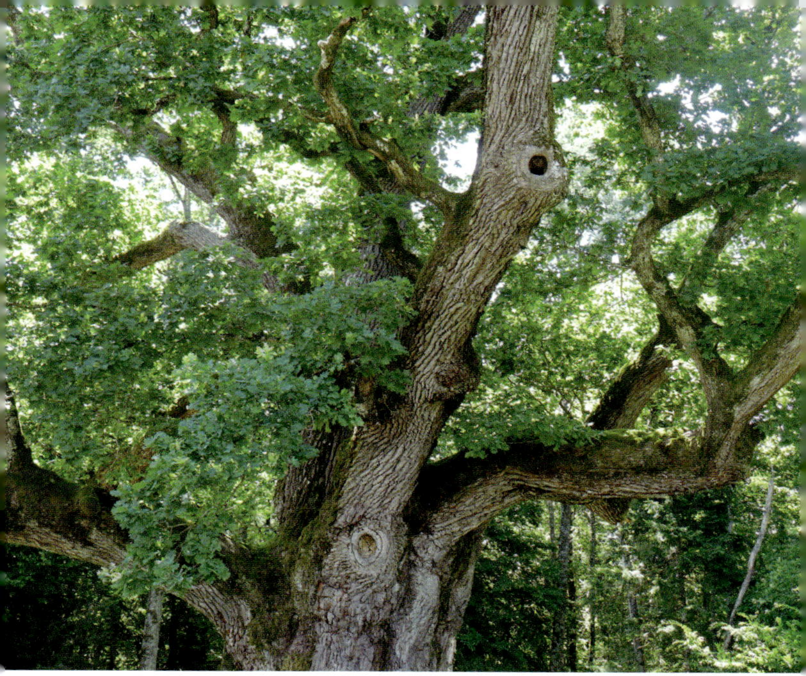

In Bierbaum steht mit der „dicken Oachn“ eine der ältesten Eichen Europas.

um die Therme führt schließlich zum Besucherparkplatz. Diesen überqueren wir und gehen den Wanderweg zwischen den Tennisplätzen und der „Wassergöttin“ Richtung Schwarzmannshofen weiter. Vor der Brücke nach Schwarzmannshofen befindet sich ein Naturstein als geomantischer Punkt. Die Geomantie (griech. gē = Erde; manteia = Weissagung) versucht, gewisse Gesetzmäßigkeiten hinsichtlich des Lebens des Menschen im Einklang mit der Natur zu erfassen – die Landschaft „zu spüren“ – und die gewonnenen Erkenntnisse in der

Raum- und Landschaftsplanung zu berücksichtigen. Hier schwenken wir nach links, gehen über die Brücke, spazieren bis zu einem Bildstock, biegen wieder links ab und nehmen vor der Ortsendetafel den Weg rechts zum Waldrand.

Der Waldweg bringt uns zu einer Eiche, einem in vielen Mythen, Sagen und Religionen heiligen Baum. Hier kann man auf kreative und lustige Weise Umfang und Höhe des Baumes berechnen. An einem Waldspielplatz vorbei erreichen wir die Durchzugsstraße Richtung Fürstenfeld, gehen ein paar Meter auf dem Gehsteig und biegen dann rechts zur Pfarrkirche Blumau ab. Nahe der Kirche bei der Station mit dem kreativen Wortspiel „Kraut-Funding & Seed Bombing" beschäftigt man sich mit dem Hausgarten der Zukunft.

Nun geht es in einer Linkskurve leicht bergab zur Hauptstraße, die wir nach rechts weiterwandern. Nach etwa

8

Schwierigkeit	mittel
Länge	6 km, 40 hm
Gehzeit	2 Stunden
Anreise	mit der Verbundlinie nach Bad Blumau (www.verbundlinie.at, Tel. +43 (0)50 678910); mit dem Auto zum Parkplatz Bad Blumau vor der Gemeinde (N47°06'56" E16°03'09")

500 Metern entlang der Straße biegen wir bei einem Bildstock links in einen Feldweg ab. Hier landet man auf einer Wiese, die Lebensraum und „Speisesaal" für Störche und andere Tiere ist. An ihrem Ende schwenken wir nach links und erreichen über den Gartenweg eine Streuobstwiese (BIO-Apfel con Funghi). Solche Wiesen sind im Unterschied zu Monokulturen ein besonderes Genreservoir für unterschiedliche Obstsorten. Der Gartenweg endet beim Hofladen Hauptmann, einem Vierseithof mit schönem Arkadeninnenhof. Hier gehen wir links und erreichen über die Hauptstraße schließlich wieder unseren Ausgangspunkt beim Gemeindeamt. Auf dem Weg dorthin lädt der Dorfwirt Adria, eine Gaststätte mit historischen Räumen, in der sich österreichische und kroatische Küche begegnen, zur Einkehr. Hier ist auch ein kleines Museum der Naturheilkunde untergebracht.

Kulinarik Dorfwirt Adria, Tel. +43 (0)650 8581868, www.dorfwirt-adria.at

Infos Im Ortsteil Bierbaum befindet sich die „1000-jährige Eiche", möglicherweise eine der ältesten in Europa (N47°06'18" E16°02'59").
Tourismusverband Bad Blumau, Tel. +43 (0)3383 2377, www.bad-blumau.com

9

Fürstenfeld

Austropop, Tabak und Festungsstadt

Fürstenfeld ist mehr als nur heimatlicher Sehnsuchtsort im gleichnamigen STS-Song. Es ist auch eine Festungsstadt, war Standort einer der ersten Tabakfabriken der Welt und besitzt ein mit dem Österreichischen Museumspreis ausgezeichnetes Stadtmuseum.

Die auf einer Terrasse über der Feistritz gelegene Siedlung war als Grenzstadt gegen den Osten oft in kriegerische Auseinandersetzungen verwickelt. Zur Sicherung der Reichsgrenze baute man ab 1555 unter Baumeister Domenico dell'Allio Befestigungsanlagen, die heute ab der Pfeilburg auf einem „Festungsweg" mit 13 Info-Stationen erwandert werden können. Kann man es sich zeitlich einteilen, ist eine geführte Wanderung zu empfehlen. Dabei macht man eine spannende Reise vom Mittelalter bis zum Zweiten Weltkrieg. Hans Pfeilberg, der Namensgeber der Pfeilburg (Station 1), kaufte 1490 das Gebäude. Der Schwarzturm (12. Jahrhundert), einer der Türme der Stadtmauer, ist der älteste Teil der Anlage und heute ein Museum. Wir nehmen die Passage rechts der Museumskassa und gehen geradeaus einige Stufen zum sogenannten „Kavalier" (Station 2) hinauf.

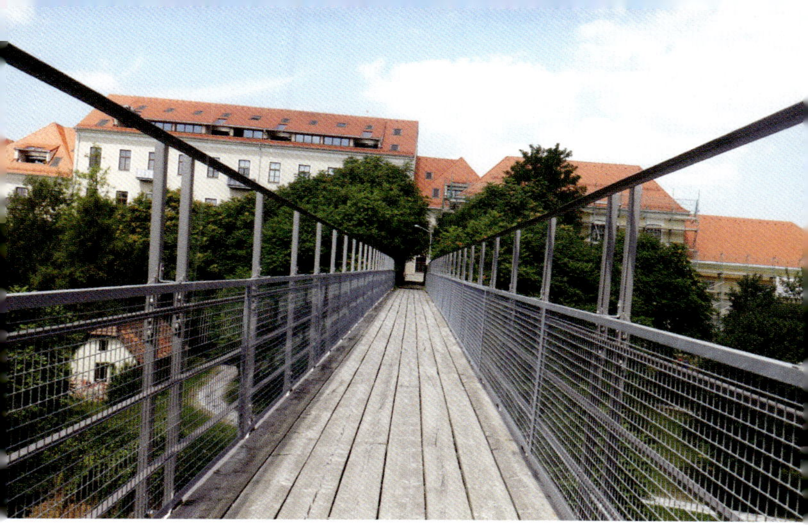

Eine beeindruckende Aussicht von der denkmalgeschützten Eisenbrücke auf den Stadtgraben.

Diese Einrichtung ermöglichte einst, das Vorgelände der Befestigung besser zu kontrollieren. Nun nehmen wir die Stufen hinunter zum Kinderspielplatz und erreichen in wenigen Metern die Ecke Realschulstraße/Wallstraße, wo wir auf den Aussichtspunkt „Kurtine" (Station 3), einem geböschten Wall zwischen zwei Bastionen, treffen. Wir spazieren die Wallstraße weiter und nehmen auf der Höhe Hundeggergasse nach links die Gasse zur mächtigen Ungarbastei (Station 4). Gegen Ende des Zweiten Weltkrieges wurde dieser Festungsabschnitt auch als Luftschutzbunker genutzt. Am Eurospar vorbei biegen wir nach links in die Hauptstraße ein und erreichen den Platz des ehemaligen Ungartores (Station 5), das mit Gesimsen, Kapitellen und Schießscharten ausgestattet war. Der an dieser Stelle befindliche Türkenbrunnen erinnert an die Überfälle der Türken, Ungarn und Kuruzzen. Geht man von hier ein paar Meter die Ungarstraße stadteinwärts, kommt man zur Aussichtsplattform Ungarbastei (Station 6). Fürstenfeld war seit dem 13. Jahrhundert gemeinsam mit Radkersburg, Hartberg und Friedberg sowie den Burgen der Oststeiermark als Bollwerk gegen die Angriffe aus dem Osten ausgebaut.

Wir wandern wieder zur Hauptstraße zurück, folgen dieser stadtauswärts bis knapp vor dem Stadt-Zug-Platz. Hier lädt das gemütliche Fürstenbräu zu einer Einkehr ein. Man kocht steirisch, österreichisch, aber auch vegetarisch und vegan. Natürlich darf zum Essen ein hauseigenes Bierchen nicht fehlen. Am Platz präsentiert der beeindruckende Thermenlandbrunnen Fürstenfeld als „Thermenhauptstadt", er sprüht in drei verschiedenen Wasserstrahlenniveaus und ist mit einer computergesteuerten Beleuchtungstechnik ausgestattet. Hier folgen wir nach links der Burgenlandstraße bis zum JUFA-Hotel und nehmen an der Nordwestecke des Gebäudes die historische Eisenbrücke über den Stadtgraben. Diese Stahlkonstruktion ist ein schöner Aussichtspunkt auf Stadtgraben und Schlossbastei (Station 8). Letztere wurde 1565 am Gelände des ehemaligen Schlosses Stein, seit 1170 Hauptburg in Fürstenfeld, gebaut. 1776 wurde an dieser Stelle eine Tabakfabrik errichtet, die mit deren Lagern jenseits des Grabens 1884 durch die Eisenbrücke verbunden wurde. In der Blütezeit der Fabrik um 1900 fanden hier an die 2 300 Menschen eine Beschäftigung. Wir gehen über die Brücke, nehmen nach rechts die Stufen in den Schlossgraben hinab und biegen dort links in die Feistritzgasse ab. Dieser folgen wir bis zur Feistritzbrücke, öffnen das Zauntor und wandern den idyllischen Feistritzauen entlang. Nach einer kleinen „Bergwertung“ beim Feistritzwall (Station 9) erreichen wir am Beginn der Kommendegasse den Hauptplatz. Diese Gasse führt ins „Kirchenviertel“ zur Stadtpfarrkirche sowie zur Johanniter-Ordenskommende. Letztere wurde nach 1200 gegründet und war damit die älteste im ganzen

Der gleichnamige Song machte Fürstenfeld
im gesamten deutschsprachigen Raum bekannt.

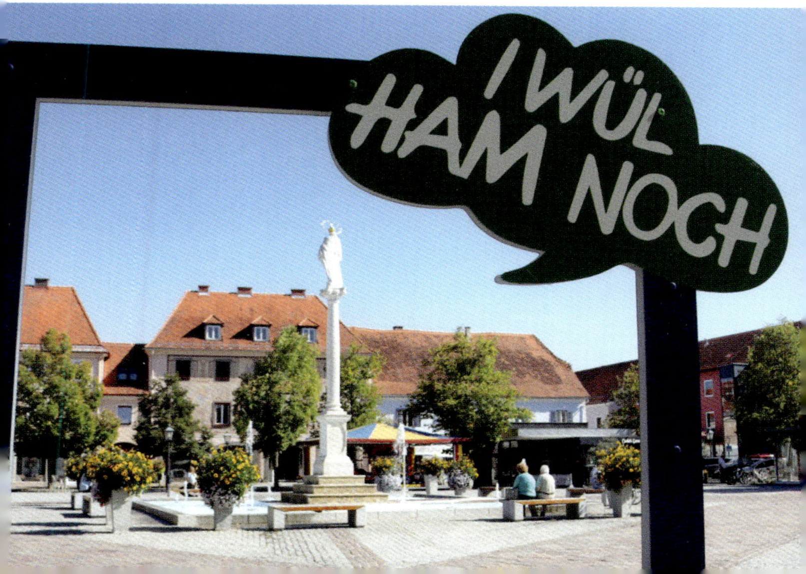

Habsburgerimperium. Am Hauptplatz, mit einem Ausmaß von 100 x 100 Metern einer der größten der Steiermark, steht unübersehbar inmitten eines 10 x 10 Meter großen Brunnenbeckens die Mariensäule. Sie wurde 1668 anlässlich der Abwendung der Türkengefahr vier Jahre nach der Schlacht von Mogersdorf (1664) aufgestellt. Unweit davon erinnert ein „Fotofenster" an den legendären Song *Fürstenfeld* der Pop-Rock-Gruppe STS. Von hier spazieren wir durch eine Passage (Eingang Hauptplatz 2) über die Theatergasse zum Augustinerplatz. Dort schwenken wir rechts und bei der Post links in die Santnergasse, wo wir auf der Höhe eines Parkplatzes die Mühlbastei (Station 11) erreichen. Auch dieses ehemalige Bollwerk wurde gegen Ende des Zweiten Weltkrieges als Bunker verwendet. Ein paar Meter weiter kommen wir zum Grazertor (Station 12), dem westlichsten Teil der ehemaligen Festungsanlage. Stadtseitig befindet sich die Plastik des „B'soffenen Türken", der eigentlich „B'soffener Kroate"

9

Schwierigkeit	leicht
Länge	4 km, Steigung 20 hm
Gehzeit	2 Stunden
Anreise	mit der Verbundlinie nach Fürstenfeld (www.verbundlinie.at, Tel. +43 (0)50 678910); mit dem Auto zum Parkplatz Stadthalle (N47°02'55" E16°04'28")

heißen sollte: Im Jahr 1480 zogen ungarische Truppen nach Fürstenfeld, die zu Hilfe gerufenen Kroaten suchten auf der Strecke von Graz nach Fürstenfeld einen Weinkeller nach dem anderen auf und betranken sich – viele von ihnen wurden dann von den Ungarn erschlagen.
Nun nehmen wir vom Grazer Tor die Stufen hinab zur Augustinerbastei (Station 13). Wir wandern durch die schöne Parkanlage und biegen dann nach links wieder in die Wallstraße ein, wo wir der Beschilderung zum Museum Pfeilburg folgen. Nun ist es an der Zeit, die beiden sehr sehenswerten Ausstellungen zu besuchen, die mit modernster Präsentationstechnik ausgestattet sind. Die Bezeichnung „Kruzitürken-Museum" leitet sich von dem alten Fluch ab, der an die Bedrohung der Oststeiermark durch Türken und Kuruzzen erinnert. Das Tabakmuseum zeigt mit über 300 Exponaten am Platz der ersten Tabakfabrik Österreichs die jahrhundertelange Verbindung der Stadt mit dem Tabak.

Kulinarik	Braugasthaus Fürstenbräu, Tel. +43 (0)3382 55255, www.fuerstenbraeu.at
Infos	Museum Pfeilburg, Tel. +43 (0)3382 55470, www.museum-pfeilburg.at Tourismusbüro Fürstenfeld, Tel. +43 (0)3382 554700, www.thermenhauptstadt.at

10

Puch bei Weiz

Äpfel und eine mystische Gemeinschaft

Puch, die größte Obstbaugemeinde Österreichs, ist nicht nur zur Zeit der Apfelblüte ein wahres Paradies.

Wir steigen in den gut beschilderten Wanderweg „Tramway" mit 40 Stationen beim Gemeindeamt ein und gehen zur Kirche hinauf. Auf der Innenseite der Friedhofsmauer wird an eine Wanderung Peter Roseggers zum Schulmeister Eustach Weberhofer, die ihn über den Kulm nach Puch „ins Paradies" brachte, erinnert. Mit Blickrichtung Kirchenwirt wandern wir an der linken Seite des Gasthofes vorbei und kommen auf einen Feldweg, der entlang einer Obstanlage bergab führt. Am Talboden angekommen, kann man bei einer Station die Füße für die weitere Wanderung erfrischen bzw. die Fußreflexzonen stimulieren. Dann geht es über einen Steg auf die gegenüberliegende Hangseite, man schwenkt nach links und kommt nach einem Waldabschnitt durch ein Gittertor in den Obstgarten des Hofes Knaller. Gegen Ende April, zur Zeit der Apfelblüte, durchwandert man ein Meer von weißroten Apfelblüten und im Herbst zur Zeit der Ernte leuchten die Bäume grün, rot und gelb. Im Hofladen

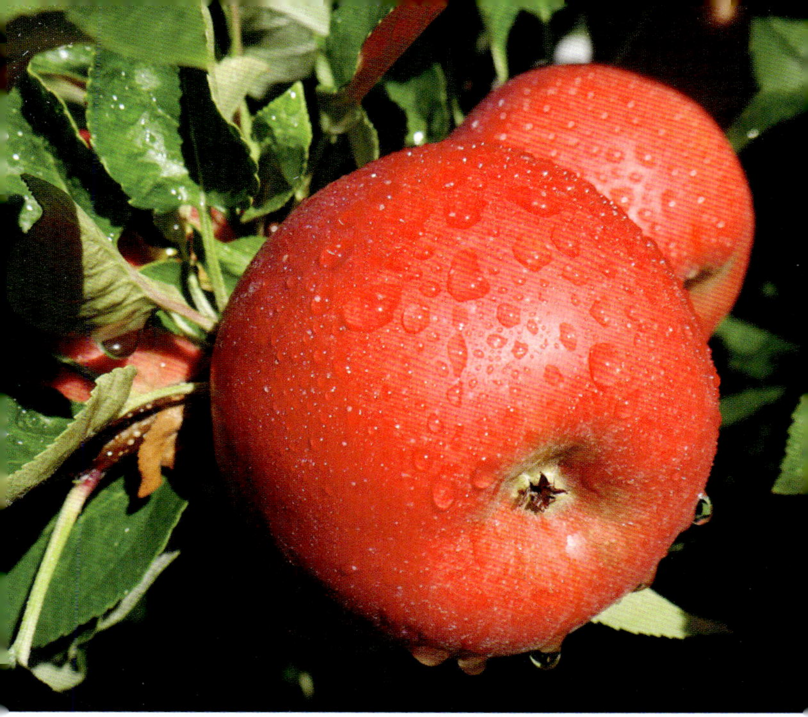

Der steirische Apfel lässt sich in seiner Heimat mit allen Sinnen genießen.

vom „Knaller" gibt es frisches Obst, Most, Säfte und Edelbrände.

Nun geht es ein paar Meter bergauf bis zum Waldrand, wo sich bei der Station 12 ein besonderer Kraftpunkt befindet. Der schöne Ausblick auf die Gartenlandschaft um Puch und der Blick auf die Pfarrkirche und die Ilzbergkapelle schaffen einen spürbaren Kontrast zum Alltag. Danach folgen wir den Wegweisern durch den Wald mit weiteren Stationen, z. B. einer Anleitung zur einer Baummeditation. Nach diesem Waldabschnitt eröffnet sich ein schöner Blick auf den Schöckl (1 446 m) oder den Hohen Zetz (1 264 m). In der Folge kommt man zu einem asphaltierten Siedlungsweg, wo man nach links schwenkt und bergab bis zur Hoadnbauer-Kapelle wandert. Nun überqueren wir die Straße, spazieren nach rechts am Gehsteig ca. 300 Meter bis zum Obstlager

Rastplatz in Puch zur Zeit der Apfelblüte.

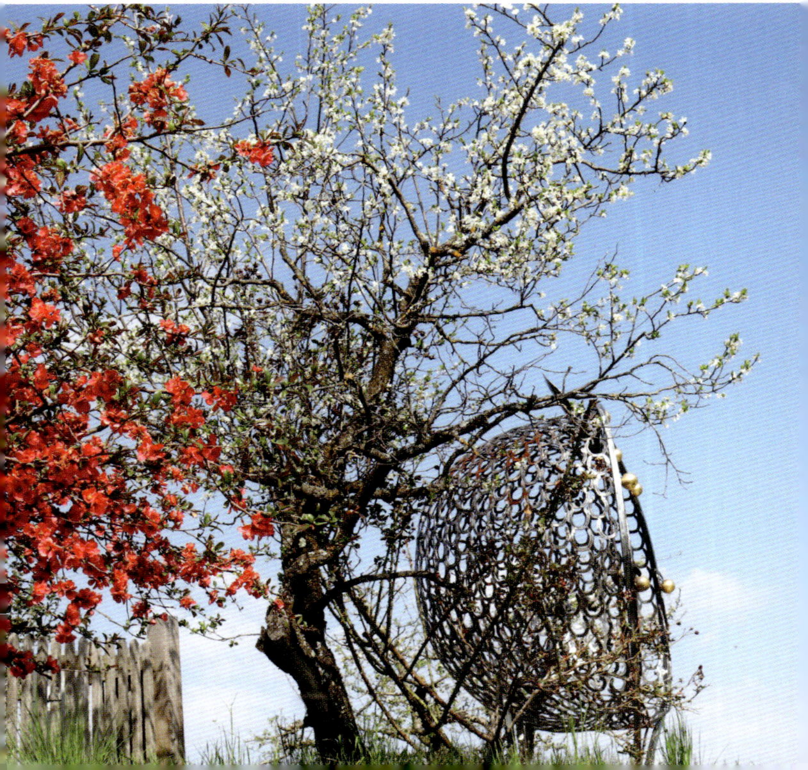

Gössl, wo wir nach links zum Obstbauernhof Planner weitergehen. Bei diesem Bauernhof gibt es nicht nur einen Hofladen, man kann hier auch den Abakus, den einzigartigen Apfelschnaps aus Puch, verkosten. Eine verschworene Gemeinschaft von „Apfelmännern" destilliert 1 444 Flaschen pro Jahrgang, die auf Lehmziegeln des Keltenberges Kulm reifen. Am besten lässt man sich aber alles über die Apfelmänner und deren Rituale „beim Planner" oder im „Haus des Apfels" erzählen.

Vom Bauernhof wandern wir nun durch eine Obstanlage zu einem Gittertor und anschließend durch ein Waldstück zurück ins Ortszentrum von Puch zur Kirche. Gegenüber dem Gotteshaus kann man es sich im „Hochgartl" auf einer Hörgenuss-Liege bequem machen und mittels eines QR-Codes Geschichten aus dem Apfelparadies anhören.

Zuletzt sollte man es nicht versäumen, im Gasthaus Meißl einzukehren. Hier gibt es Köstlichkeiten rund um den Apfel, selbsterlegtes Wild und köstliche Backhendln. Will man noch tiefer in die Welt der Äpfel eintauchen, ist ein Besuch im „Haus des Apfels", etwa 2 Kilometer außerhalb des Ortszentrums, empfehlenswert. Hier kann man viel Wissenswertes über Äpfel und Obstbau (Pflanzenschutz, Hagelabwehr, Erntearbeit usw.) erfahren. Im Außenbereich des Hofes gibt es einen „Wetterturm". Seine Funktion war es einst, durch Glockengeläute aufziehendes Wetter zu vertreiben. Nach

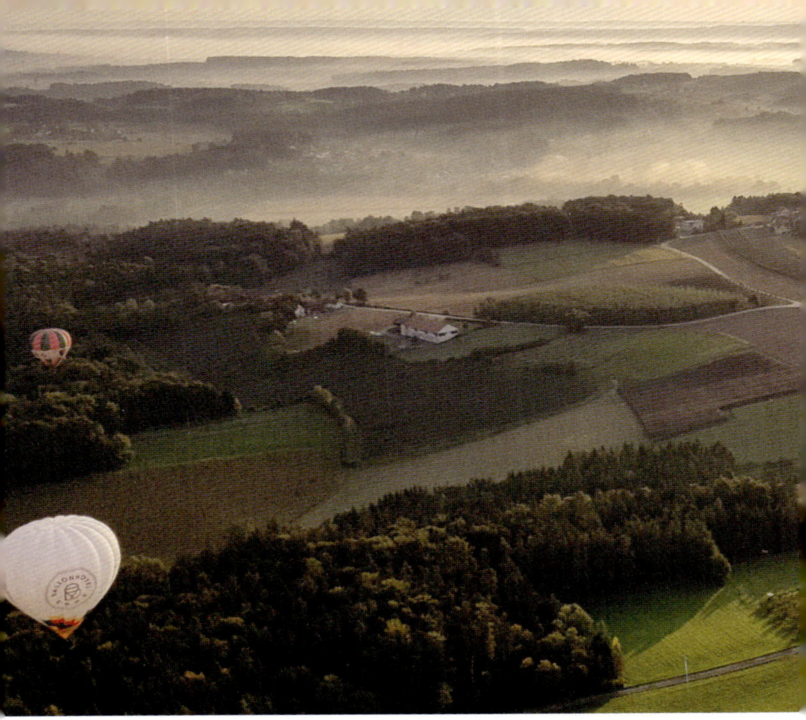

einem Besuch dieses Obstbaumuseums verlässt man gleichsam als Pomologe (lat. pomum = Baumfrucht), also als Fachmann oder als Fachfrau für Obst, das Haus.

10

Schwierigkeit leicht
Länge 4 km, 150 hm
Gehzeit 1 ½ Stunden
Anreise mit der Verbundlinie nach Puch (www.verbundlinie.at, Tel. +43 (0)50 678910); mit dem Auto zum Parkplatz in Puch vor dem Gemeindeamt (N47°13'29" E15°43'32")

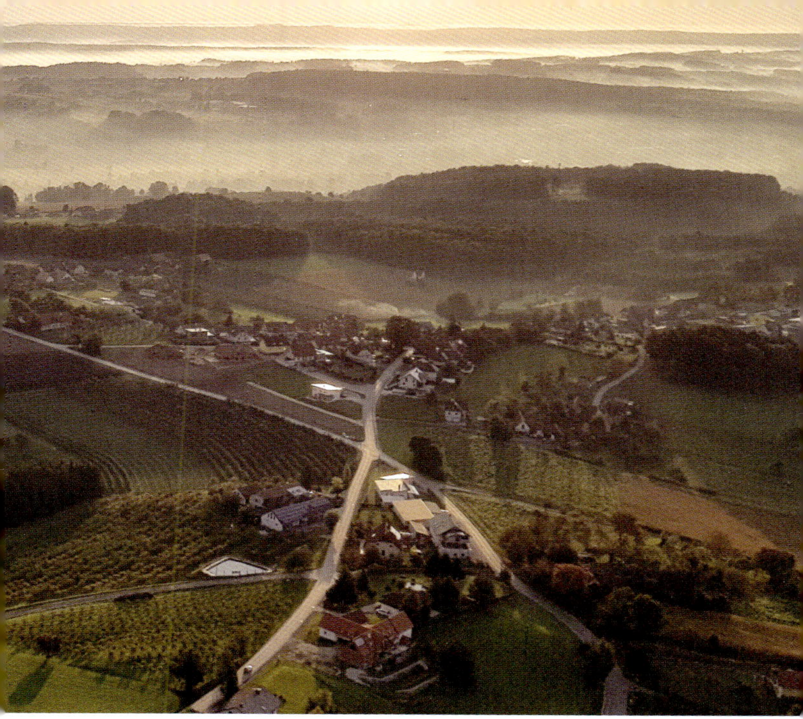

Tipp: Ein besonderes Erlebnis sind Ballonfahrten im Apfelland ab Puch bei Weiz oder Schloss Schielleiten.

Kulinarik	Wirtshaus Meißl, Tel. +43 (0)3177 2205, www.wirtmeissl.at
Infos	Haus des Apfels, Tel. +43 (0)3177 3117, www.mostschank-kelz.at Ballonfahrten Flaggl, Tel. +43 (0)3176 8801, info@apfelwirt.at

11

Puch bei Weiz – Pischelsdorf am Kulm

Ein Traumblick vom „Steirischen Rigi"

Sucht man in Puch eine etwas sportlichere Herausforderung, entscheidet man sich am besten für eine Wanderung auf den Kulm.

Das Wort Kulm kann man vom Lateinischen „culmen" (Gipfel, Kuppe), dem Slawischen „chlum" (bewaldeter Hügel) bzw. Altnordischen „Holm" (Felsklippe, Inselberg) ableiten. Tatsächlich präsentiert sich der Kulm als eine inselartige Erhebung in der Landschaft.

Wir beginnen die Wanderung bei der Pfarrkirche. Mittelpunkt des einfachen Inneren der Kirche ist der Hochaltar aus 1768, dessen Altarbild den Heiligen Oswald zeigt und wo im Hintergrund die Oststeiermark mit dem Kulm – unserem Routenziel – zu sehen ist. Mit der App „Hearonymus" bekommt man noch weitere Informationen zur Kirche und kann sich deren Glockengeläut anhören (Pfarrkirche Puch, Tastatur 6 und 601). Ob man zum Start der Wanderung über 500 Höhenmeter hier in der Pfarrkirche um Kraft für den Aufstieg bittet oder am Kulmgipfel für die genossene himmlische Aussicht dankt, bleibt den Wandersleuten selbst überlassen.

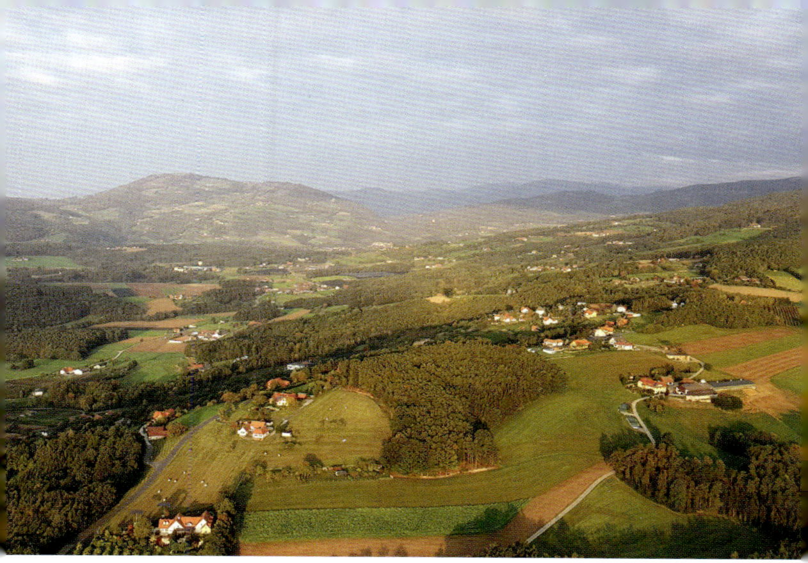

Vom „Steirischen Rigi“ bietet sich ein Panoramablick über Teile der Oststeiermark bis in das Pannonische Tiefland.

Der erste Streckenabschnitt ab der Pfarrkirche bzw. dem Kirchenwirt bis zum Obstbauernhof Knaller ist ident mit dem Wanderweg „Tramway“ (siehe Route 10). Von diesem Anwesen aus geht es wenige Meter bis zum Waldrand, wo wir – mit einem schönen Blick zurück nach Puch, zum Schöckl (1 446 m) und zum Hohen Zetz (1 264 m) – dem Wanderweg 9 (weiß-grün-weiße Markierung) Richtung Rosenkogel bis zu einer schmalen Asphaltstraße folgen. Hier schwenken wir nach rechts und ca. 100 Meter später nach links, dem Wegweiser „Kulm“ folgend. Bald kommen wir zur Straße auf den Kulm, der wir nach rechts rund 1,5 Kilometer bis zum Ackerwirt folgen. Knapp unterhalb des Wirtshauses befindet sich mit dem „Kulmkeltendorf“ das erste urgeschichtliche Freilichtmuseum der Steiermark. Archäologische Funde belegen eine Siedlungstätigkeit in dieser Region von der Stein-Kupferzeit (4400–2300 v. Chr.) über die Bronzezeit (900–700 v. Chr.) bis zur römischen Kaiserzeit. In zehn rekonstruierten Hütten kann hier die Siedlungsgeschichte in Form eines palisadenbewehrten Dorfes erlebt werden. So kann man sich eine Vorstellung von einem Wohnhaus der Hallstattzeit (um 800 v. Chr.), von einer latènezeitlichen Schmiede (um 200 v. Chr.) oder von einem keltischen Herrenhaus (um 100 v. Chr.) machen.

Nun nimmt man vom Ackerwirt die Straße ein paar Meter weiter Richtung Kulm und biegt dann links in

Tourguides machen die Zeitreise im „Kulmkeltendorf“ zu einem Erlebnis.

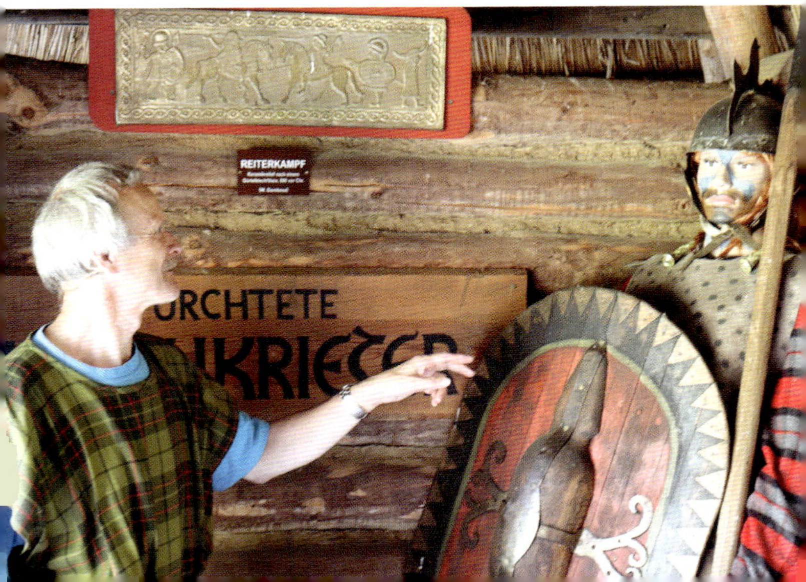

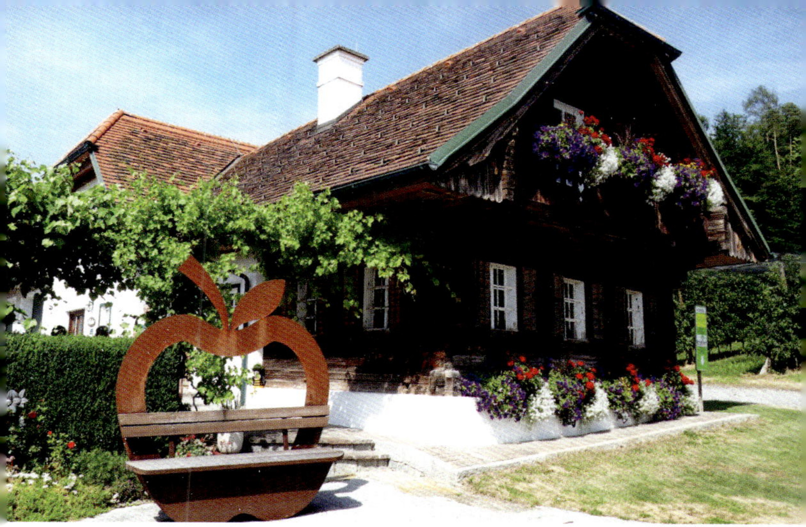

Historische ländliche Bausubstanz ist ein wertvoller Teil unseres kulturellen Erbes.

einen steilen Feldpfad (Wegweiser „Kulm“) ab. Bereits hier gibt es einen traumhaften Blick vom Schöckl über die Koralm bis in das oststeirische Riedelland.
Wir treffen auf einen Forstweg, schwenken nach rechts und gehen am Hochbehälter vorbei. Dann folgen wir der weiß-grün-weißen Markierung immer geradeaus bis zu einer Wegkreuzung, wo wir uns links halten, bis wir das Drehkreuz Ost am Kulm erreichen. Wenig später stehen wir bei den Kalvarienbergstationen am Gipfel dieses markanten Berges mit reicher Geschichte. In der Zeit der Türkenkriege war der Kulm eine Kreidfeuerstation und ab dem 18. Jahrhundert bekam er mit Kalvarienberg und der Kapelle Marienbrunn eine christliche Funktion. Als meditativer Platz wurde das Bergplateau

auch vom Schriftsteller, Musiker und Mystiker Jakob Lorber (1800–1864) genutzt. So umstritten wie er war, sprach Lorber bereits im 19. Jahrhundert umweltbedingte Problemstellungen (Klimaveränderung, Luftverschmutzung, Entwaldung) an. Man ist hier mit einem traumhaften Panoramablick auf Teile der Oststeiermark dem Himmel nah.

Nun steigen wir ab zur Kapelle, zu deren Geschichte man Näheres wiederum via „Hearonymus" erfahren kann (Kapelle Mariabrunn am Kulm, Tastatur 6). Über den Parkplatz und der anschließend asphaltierten Zufahrtsstraße erreichen wir den Startplatz des Para- und Hängegleiterclubs, wo man einen besonders schönen Blick auf den Stubenbergsee hat. Ca. 200 Meter weiter bergab, knapp vor dem Schnitzelwirt, nehmen wir links bei

11

Schwierigkeit	mittel
Länge	9,5 km, 520 hm
Gehzeit	4 Stunden
Anreise	mit der Verbundlinie nach Puch (www.verbundlinie.at, Tel. +43 (0)50 678910); mit dem Auto zum Parkplatz vor der Kirche (N47°13'34" E15°43'38")
Kulinarik	Kirchenwirt, Tel. +43 (0)3177 2247, www.kirchenwirt-puch.at
Infos	Kulmkeltendorf, Tel. +43 (0)699 11999052, www.kulm-keltendorf.at

einer Schranke den Pucher Panoramaweg 9 nach Puch. Zuerst geht es recht eben bis zu einem Gittertor weiter. Nun schwenken wir rechts in den Kulmsteig ein, der steil bergab führt. Von einer rot-weiß-roten Markierung (WH) und dem Weg 12 (Rosenkogel/Kulmgipfelweg) lassen wir uns bis zur Kulmstraße leiten, der wir rechts ca. 100 Meter bergab folgen. Wir nehmen nun die asphaltierte Seitenstraße nach links und biegen sofort rechts in einen Pfad bergab Richtung Puch (Wanderweg 12) ab. Knapp nach dem ersten Siedlungshaus schwenken wir nach links in den Feldweg der Tramway-Route, die uns über den Obstbauernhof Knaller wieder zur Pfarrkirche zurückbringt. Nun steht einer Einkehr beim Kirchenwirt nichts mehr im Wege. Eine Küche mit besten Zutaten aus der Region lässt keine Wünsche offen.

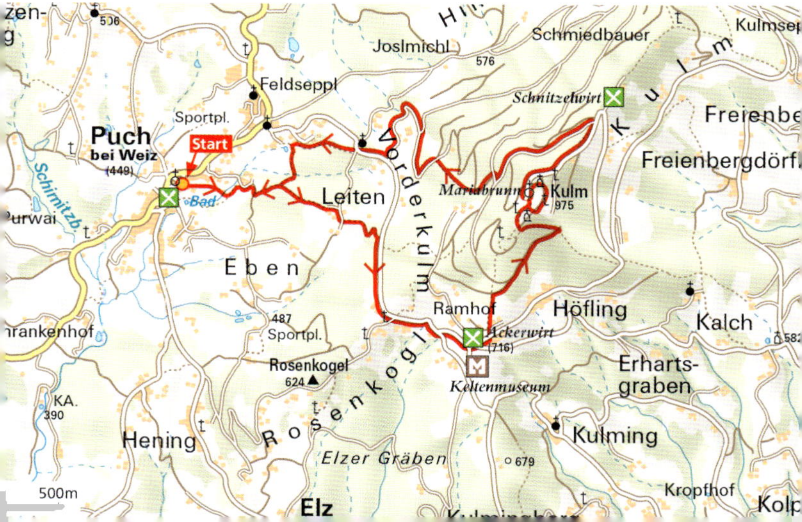

12

Stubenberg und St. Johann bei Herberstein

Natur, Tierwelt, Kunst und Kultur

Die Wanderung führt in eine ganz besondere Natur- und Kulturlandschaft, in der die Adelsgeschlechter Stubenberg und Herberstein viele Spuren hinterlassen haben.

Vom Parkplatz des Tierparks Herberstein nehmen wir den Radweg R8, der auch als Wanderweg Richtung St. Johann führt – er ist breit, asphaltiert und eben. Bald überqueren wir auf einer Brücke die Feistritz.
Kurz danach verlassen wir den Radweg und nehmen nach rechts einen romantischen Pfad bergauf (Wegweiser St. Johann/Kirche, Geierwand). Dieser bringt uns zu einem ehemaligen Augustiner Barfußkloster (heute „Haus der Frauen“) mit der Kirche St. Johann, auf einem Felsensporn oberhalb der Feistritz gelegen. Die Sakristei der Kirche schmücken Fresken aus dem Jahre 1730 von Johann Cyriak Hackhofer und unter dem Hochaltar befindet sich eine Grablege der Herbersteins. Der Bauherr der Kirche war Maximilian von Herberstein (1601–1679), zwischen 1648 und 1660 auch Landeshauptmann der Steiermark. Die Einweihung wurde zu einem glanzvollen Adelsfest mit einer Festpredigt

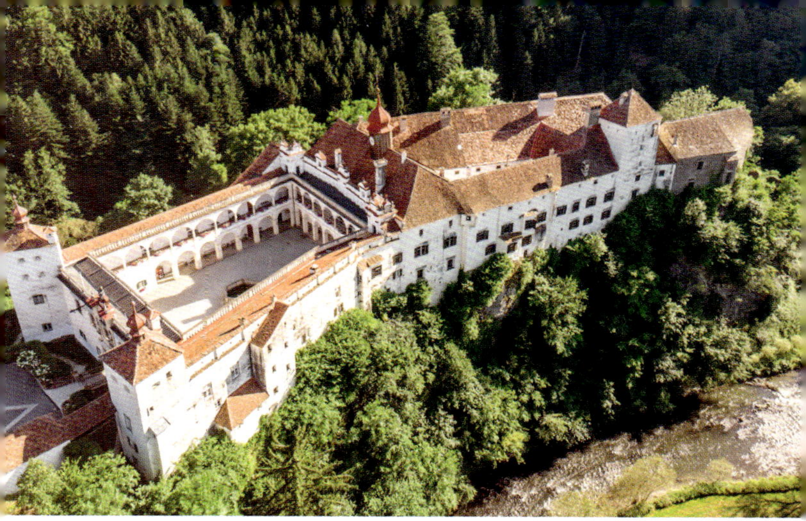

Das Schloss Herberstein überragt die enge Feistritzklamm.

von Abraham a Santa Clara, einem der wortgewaltigsten Prediger der Barockzeit. Ihm zu Ehren, der hier zwischen 1670 und 1676 lebte, gibt es eine Gedenktafel an der Außenseite der Klostermauer. Die Darstellung von Santa Clara mit einem Esel lässt eine mannigfaltige Deutung zu. Mit der App „Hearonymus" kann man noch geschichtliche Details zur Kirche erfahren und sich deren Glockengeläut anhören (Pfarrkirche St. Johann, Tastatur 8 und 801).

Nun wandern wir die Straße Richtung Landgasthof Riegerbauer und nehmen ca. 200 Meter nach dem Gasthof rechts den Wanderweg 23 (Hl. Grab, Kranzerl, Geierwand). Es geht an der Rosalienkapelle und an Kreuzwegstationen vorbei leicht bergauf zum „Heiligen

Grab“. Dieser landschaftlich schön gelegene Platz ist der Höhepunkt des Kalvarienberges mit einer Kreuzigungsgruppe und drei Kapellen. Auch für diese sakrale Anlage sind via „Hearonymus“ weitere Informationen (Pfarrkirche St. Johann, Tatstatur 802) abrufbar. Von hier wandern wir bis zum „Kranzerl“, einem Aussichtspunkt mit schönem Blick auf die Schlossanlage von Herberstein. Nun halten wir uns weiter an die Wegweiser „Geierwand 2“ bzw. „Stubenberg 23“ und kommen in den Weiler Siegersdorf/Klamm. Diesen verlassen wir wenig später und biegen nach rechts auf einen idyllischen Waldweg zur Geierwand, dem landschaftlichen Höhepunkt der Wanderung, ab. Dort angekommen, gibt es vom hohen, nach Norden senkrecht abfallenden Felsen einen wahrhaftigen Postkartenblick auf die

Blick in die Ferne von der Geierwand.

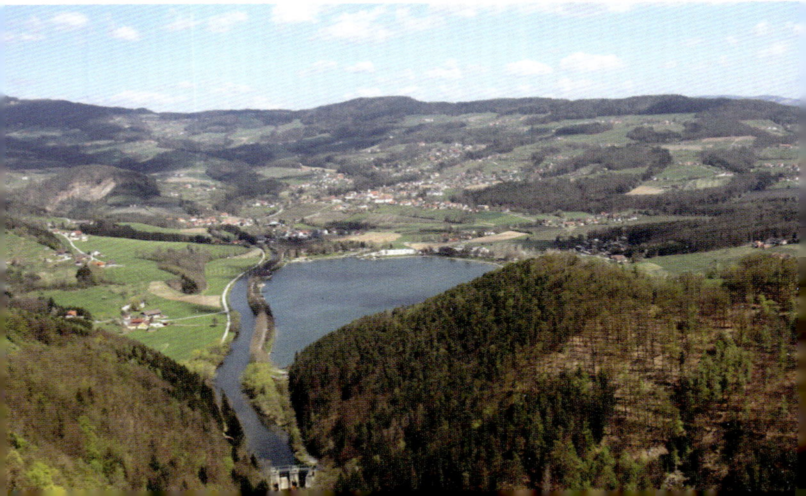

Herbersteinklamm, den Ort und das Schloss Stubenberg, auf Burg Neuhaus sowie auf den Stubenbergsee.

Man könnte nun den 23er-Weg Richtung Stubenberg bergab fortsetzen, den See umrunden und so zum Ausgangspunkt am Parkplatz Schloss Herberstein zurückwandern. Die Route im Seebereich verläuft allerdings oft auf asphaltierten Straßen und Wegen, und so gehen wir den uns schon bekannten Weg über St. Johann zurück. So können wir die wirklich schönen Aussichtspunkte ein weiteres Mal genießen bzw. im Landgasthaus Riegerbauer einkehren.

Zurück beim Parkplatz Herberstein bleibt zu entscheiden, ob man gleich eine Schlossbesichtigung bzw. einen Besuch im Tiergarten anschließt. Es ist reizvoll, das Herbersteinareal, das man vorher aus der Vogelperspektive sehen konnte, zu durchstreifen. Natürlich kann man gut und gerne hier auch einen ganzen Tag verbringen.

Das Schloss, in der 21. Generation im Besitz der Familie Herberstein, wird auch als das romantischste Schloss der Steiermark bezeichnet. Diesem Adelsgeschlecht gehörten im 17. und 18. Jahrhundert etwa ein Fünftel der Steiermark, es war im Besitz von Burgen und Schlössern von Istrien bis Schlesien. Die Anfänge der wehrhaften Anlage gehen auf das Ende des 13. Jahrhunderts zurück, Mitte des 16. Jahrhunderts wurde sie im Renaissancestil verändert, ehe sie knapp 100 Jahre später um weitere Bauten wie die Georgskapelle erweitert wurde.

Die Schlossanlage auf einem Felssporn, der im Norden zur Feistritz steil abfällt, ist eine gelungene Stilmischung (Gotik, Renaissance, Barock) und bietet einen Ausflug in eine zauberhafte Welt. Der Adelssitz dient den Herbersteins inmitten eines prachtvollen Gartens als Wohn- und Verwaltungsgebäude. Schon seit der zweiten Hälfte des 17. Jahrhunderts gab es hier einen Lustgarten, der aber nach dem Ersten Weltkrieg zerstört wurde. 1997 gestaltete man die Gartenanlage nach einem Stich von Georg Matthäus Vischer aus dem Jahr 1681 neu. Im Zentrum steht der Rosenpavillon mit dem Jungbrunnen, rundherum ist der Garten nach Farben angelegt. Diese Bereiche sollen menschliche Eigenschaften und

12

Schwierigkeit	mittel
Länge	7 km, 300 hm
Gehzeit	2 ½ Stunden
Anreise	mit der Verbundlinie (www.verbundlinie.at, Tel. +43 (0)50 678910) zum Schloss Herberstein; mit dem Auto zum Parkplatz Schloss Herberstein (N47°13'14" E15°48'48")
Kulinarik	Bachwirt Prettenhofer, Tel. +43 (0)3113 2262, www.bachwirt-prettenhofer.at
Infos	Gartenschloss Herberstein, Tel. +43 (0)3176 88250, www.herberstein.co.at Tierwelt Herberstein, Tel. +43 (0)3176 80777, www.tierwelt-herberstein.at

Tageszeiten abbilden. So gibt es den „Grünen Garten der Harmonie", den „Weißen Garten der Vollkommenheit", den „Blauen Garten der Beständigkeit" und den „Gelben Garten der Hoffnung". Ebenso kann man durch einen „Vormittagsgarten", einen „Mittagsgarten", einen „Nachmittagsgarten" und einen „Abendgarten" spazieren. Auf dem Areal befindet sich auch die Tierwelt Herberstein, die bei Jung und Alt beliebt ist.

Nach der Wanderung und den Besichtigungen kann man beim Bachwirt Prettenhofer in St. Johann einkehren. Das Haus mit Tradition ist seit 1830 bekannt für seine gemütliche Atmosphäre, wobei steirische Schmankerl und auch Trendiges auf der Speisekarte stehen.

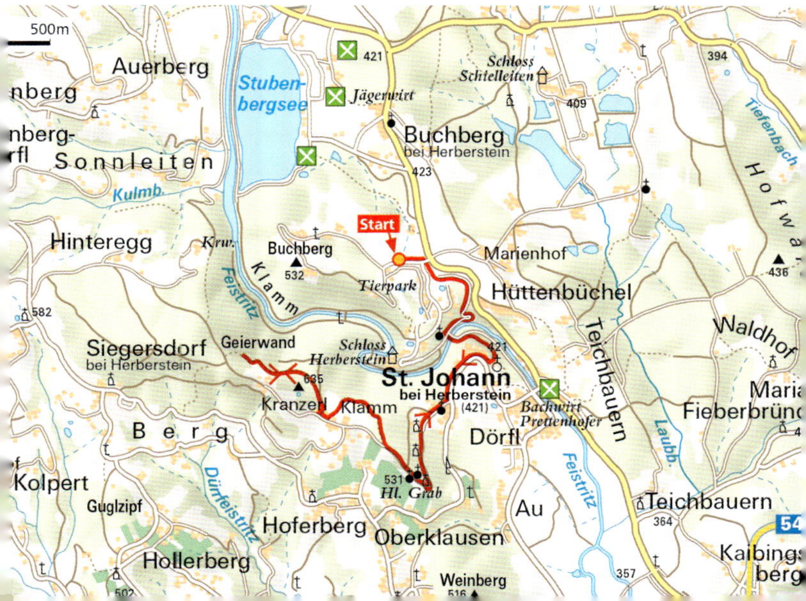

13

Fladnitz/Teichalm

Eines der größten zusammenhängenden Almgebiete Europas

Ungefähr 50 Kilometer nördlich von Graz bilden Teichalm und Sommeralm das weitläufigste Almgebiet der Alpen. In diesem Naturpark gibt es unzählige Wanderwege. Wir entscheiden uns für eine Wanderung auf der Sommeralm über die Siebenkögel.

Herzstück des Naturparkes Almenland (seit 1995) fast an der Nordgrenze des Grazer Paläozoikums ist das Hochtal der Teichalm auf 1 200 m Seehöhe mit 8 km West-Ost- sowie 2 km Nord-Süd-Erstreckung. Entwässert wird es vom Mixnitzbach, der durch die Bärenschützklamm zur Mur hinabstürzt. Entlang der Südbegrenzung des Hochtales verläuft die Wasserscheide zwischen Mur und Raab, die am Osser entspringt. Im ausgehenden Mittelalter wurde das heutige Almgebiet gerodet und das Holz als Brennmaterial verwendet, z. B. für die Glasproduktion. Danach nutzte man die entstandenen waldfreien Flächen als Viehweiden. Das ganze Almgebiet Teichalm und Sommeralm ist heute in etwa 150 einzelne Almen aufgeteilt.

Start und Ziel unserer Almenland-Wanderung ist der Rastplatz Holzmeisterlifte im Saugraben, etwa auf

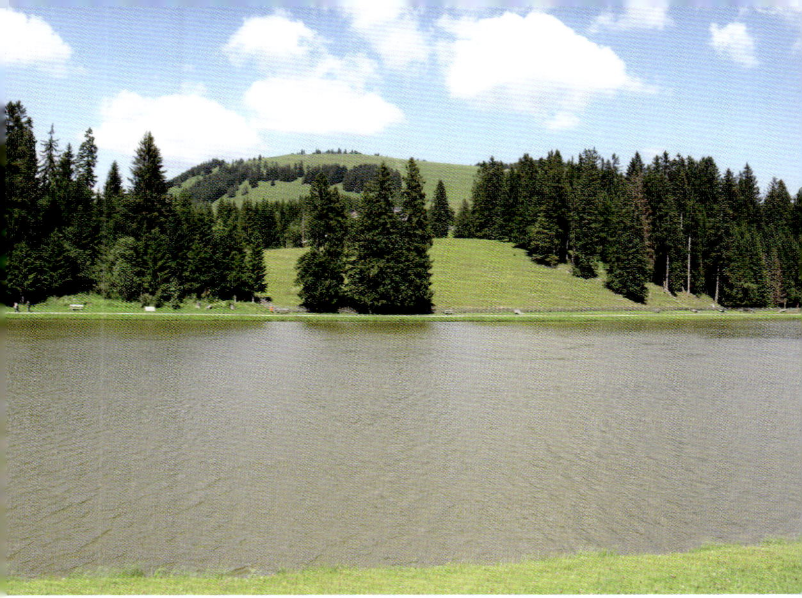

Der Teichalmsee – eigentlich ein Teich und kein See – ist ein beliebtes Ausflugsziel.

halbem Weg zwischen Teich- und Sommeralm. Wir gehen vorerst nördlich der Sommeralm-Straße links am Haus „Holzmeister-Lifte" vorbei, biegen gleich danach rechts auf eine schütter mit Bäumen bewachsene Wiese ab und gehen auf dieser halbrechts bergauf, bis wir zu einem Teilstück des rot-weiß-rot markierten Zentralalpenweges 02 kommen. Nun gehen wir nach rechts Richtung Kerschbaumalm weiter. Nach etwa einer Dreiviertelstunde Gehzeit machen wir beim kleinen Marterl auf der Kerschbaumalm (1 340 m) eine kurze Rast und nehmen Speis und Trank zu uns.

Gestärkt nehmen wir die nächste, annähernd flach verlaufende Etappe bis zu einem Wallfahrerkreuz in Angriff. Ab hier bis zur Passhöhe Sommeralm bewegen wir uns auf einem Abschnitt des Steirischen Mariazellerweges 06, eines Pilgerweges von Eibiswald über Graz nach Mariazell. Etwa 2 Stunden benötigt man für die 5 Kilometer ab dem Ausgangspunkt. Beim Gasthaus Derler überqueren wir die Sommeralmstraße und biegen zur Sommeralmkapelle ab. 1957 errichteten am Anger der Sommeralm (1 400 m) drei Almbauern mit Hilfe von

Der riesige Almochse am Teichalmsee steht symbolisch für das Leitprodukt der Region – das Rindfleisch der Marke ALMO.

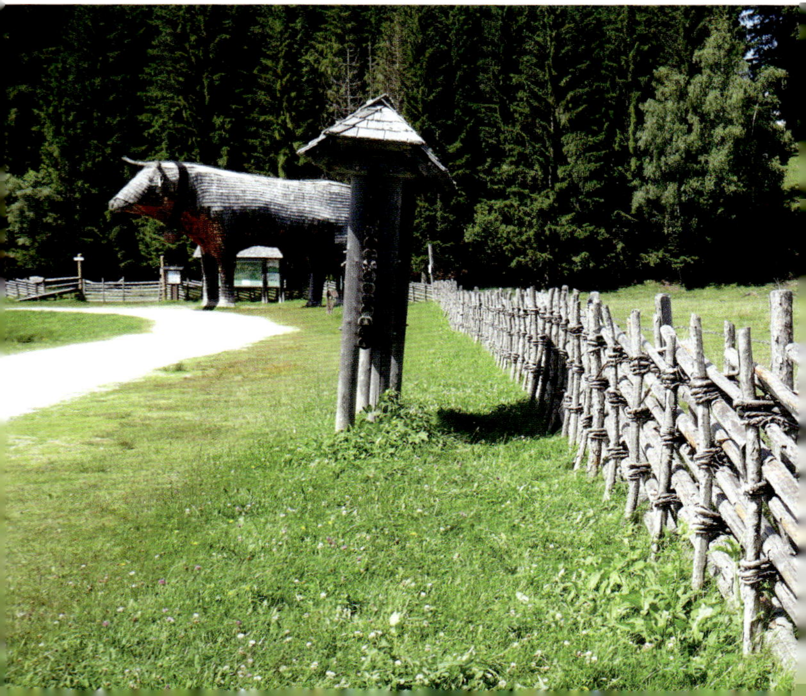

heimischen Handwerkern und vielen Helfern diese Kapelle. Sie gehört zur Pfarre der Wallfahrtskirche Heilbrunn. Nun gehen wir auf dem Pilgerweg noch ein Stück nach Süden weiter, östlich am Saukogel vorbei, immer der Hinweistafel „7-Kögel-Weg“ folgend. Nach ca. 500 Metern, vor einer Anhöhe mit drei Wetterkreuzen, verlassen wir den Mariazeller Pilgerweg. Rechts vom Gedenkstein für Moritz Mosdorfer, dem ehemaligen Besitzer einer einst bekannten Weizer Klingenschmiede, folgen wir dem Almenlandweg bzw. „7-Kögel-Weg

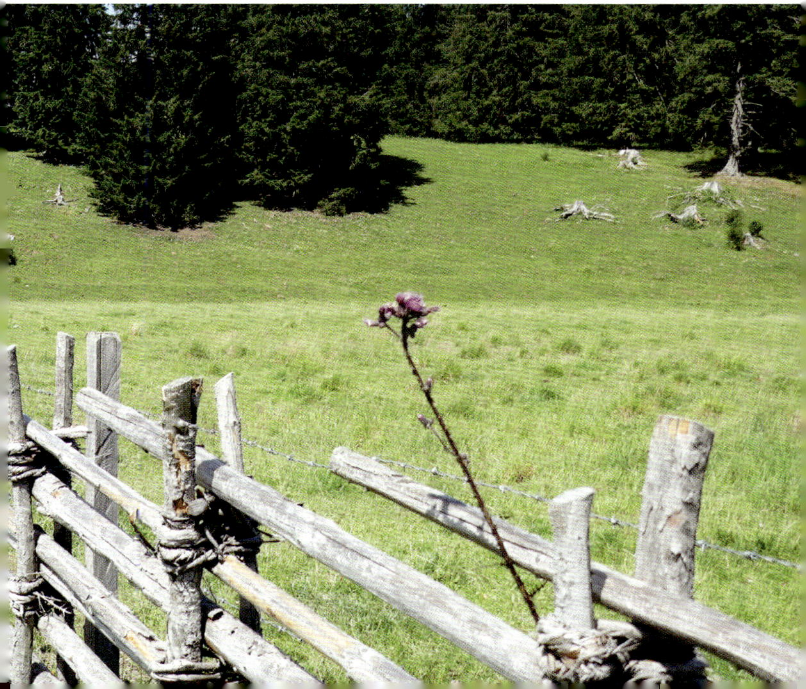

Nr. 45". Südlich, parallel zum Saugraben, führt dieser Weg immer wieder über kleine, wahrscheinlich sogar mehr als sieben Kuppen (Kögel) hinweg. Wiesen- und Waldabschnitte lösen einander in schöner Regelmäßigkeit ab. Immer wieder genießt man herrliche Ausblicke vom Schöckl über Koralm und Gleinalm zum Rennfeld oder Hochschwab. Ab und zu lassen uns entlang des Weges von Naturgewalten arg gezeichnete Bäume erstaunen. Nach einer längeren Verflachung fällt der Weg etwas steiler zum Schwoabauerkreuz ab. Hier erreicht

13

Schwierigkeit	mittel
Länge	9 km, 222 hm
Gehzeit	4 Stunden
Anreise	mit der Verbundlinie nach Mixnitz oder Fladnitz/Teichalm (www.verbundlinie.at, Tel. +43 (0)50 678910), von dort mit dem SAM (Sammeltaxi Oststeiermark) auf die Teichalm; mit dem Auto zu den Parkplätzen beim Rastplatz Holzmeisterlifte (N47°21'04.2" E15°31'04.7")
Kulinarik	Almgasthof Angerwirt, Franziska & Peter Unterberger, Tel. +43 (0)3179 7121
Info	Tourismusverband Naturpark Almenland, Tel. +43 (0)3179 23000-0, www.almenland.at

man eine Kreuzung von Wanderwegen, z. B. zum Raabursprung (Nr. 754) oder auf den Osser (Nr. 45). Uns führt ein befahrbarer Naturweg nach rechts zum Rastplatz Holzmeisterlifte hinab. Auf der Heimfahrt machen wir noch beim Almgasthof Angerwirt (Teichalm 46) Station, um uns bei kräftigender Hausmannskost oder selbstgemachten Mehlspeisen zu stärken.

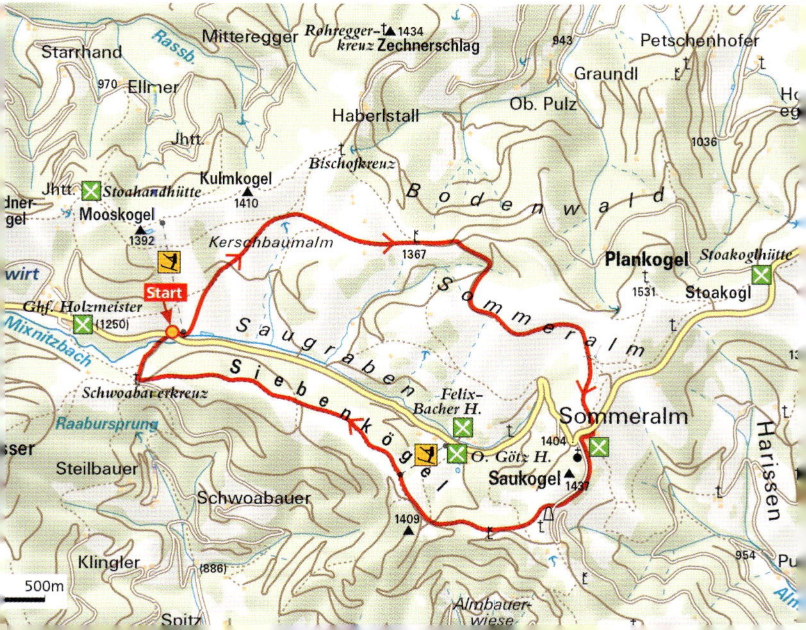

14

Heilbrunn und Brandlucken

Die Entdeckung der Langsamkeit

Heilbrunn und die Brandlucken werden nicht groß in Hochglanzprospekten beworben, garantieren aber einen höchst erholsamen und entspannenden Aufenthalt für Körper und Seele.

Wir starten unsere Runde vor dem Brunnen der Wallfahrtskirche in Heilbrunn. Die Runde „HeilBrunn-Weg“ über die Brandlucken ist mit 13 Stationen in der Nähe von Quellen und Brunnen angelegt. Die einzelnen Stationen laden zum Nachdenken und Innehalten ein – man kann zudem über www.hbweg.at nach Eingabe einer Nummer spirituelle Texte abrufen. Diese liegen auch bei den Gastwirten und in der Pfarrkirche als kleines Heft auf und können kostenlos mitgenommen werden. Der Weg ist vom Start bis zum Ziel – meist auf kleinen Metallplättchen, manchmal auch an den Bäumen – bestens mit dem Symbol eines blauen Wassertropfens markiert.

So gehen wir vom Brunnen vor der Kirche aus bergab, umrunden linksseitig das Gasthaus Bratl und folgen den Wassertropfensymbolen durch einen Wald. Hier verläuft auch parallel dazu der Ikonenweg „Vom

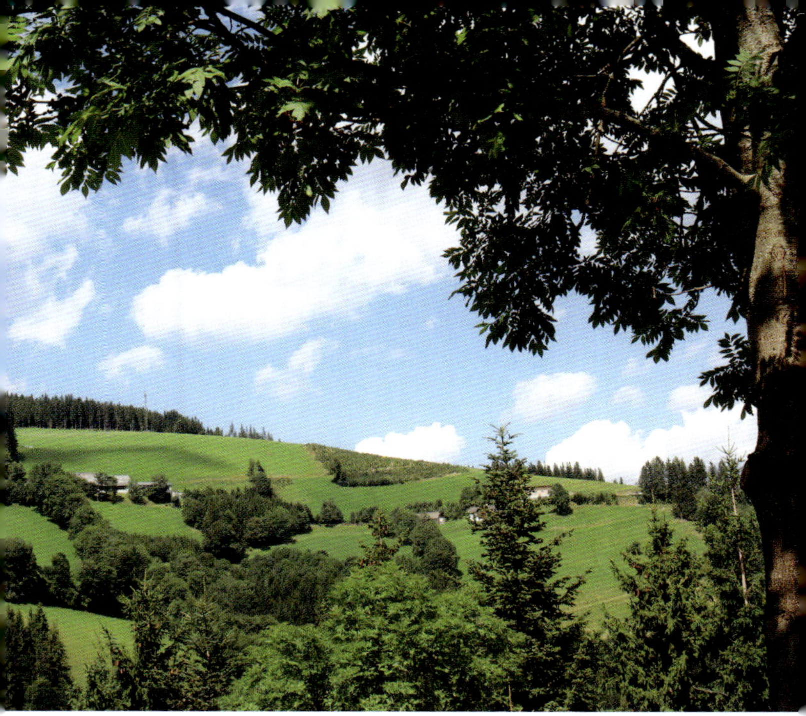

In der Landschaft um Heilbrunn kann man die Seele baumeln lassen und Energie tanken.

Himmel zur Erde“, der von Volksschulkindern gestaltet wurde. Schließlich kommen wir zu einer Lichtung und erreichen auf einem asphaltierten Zufahrtsweg einen Bauernhof, wo es an einer Selbstbedienungsstation regionale Produkte und Getränke gibt. Ein Stück weiter bei einem weiteren Bauernhof schwenkt man nach rechts und geht durch eine Viehweide bergauf. Der Bauer weiß es zu danken, wenn Hunde angeleint und die Tore der Weide auch wieder geschlossen werden.

Die Hangneigung der Wiesen und Felder lässt bereits erahnen, unter welch schwierigen landschaftlichen Bedingungen hier die Bauern arbeiten.
Nach der Weide erreichen wir über ein Waldstück einen Rastplatz, der zum Jausnen einlädt. Die Wanderung geht über eine Bergwiese weiter zum Zieselhof, einem

Der Gnadenbrunnen vor der Kirche in Heilbrunn.

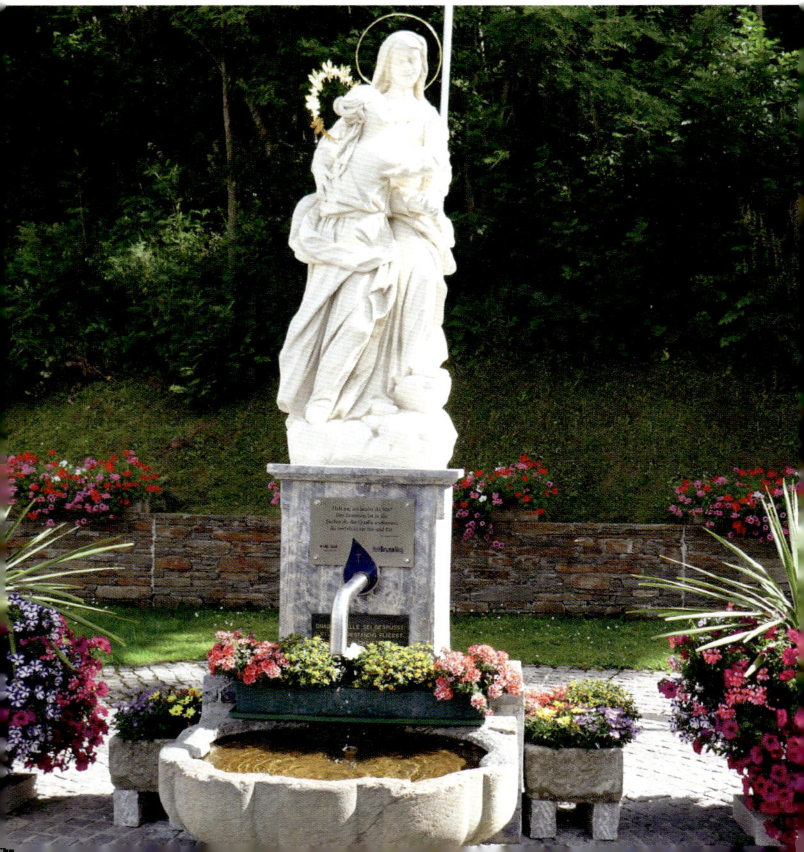

sehr schönen alten Bauernhof. Hier biegen wir rechts ab und nehmen den Wanderweg 761 bis zur Brandlucken. Diese Siedlung zwischen Feistritztal und Passailer Becken führt ihren Namen auf Brandrodungen im 13. und 14. Jahrhundert zurück und ist heute ein Knotenpunkt vieler Wanderwege. Bis in das 19. Jahrhundert wurde hier in der Höhe Getreide angebaut, heute besteht der Weiler aus Gaststätten und dem „Huabn-Theater". Theaterbegeisterte Laienschauspieler präsentieren hier Klassiker des Volkstheaters sowie Stücke von Raimund, Nestroy oder Shakespeare.

Wir wandern an der Tribüne des Theaters vorbei, überqueren die Straße, biegen dann nach ein paar Metern nach links, passieren das Café Kornreitherhaus und erreichen eine kleine Kapelle, die vor allem für Maiandachten genutzt wird. Nun führt ein Pfad durch den Wald, bis man an der Straße Richtung Sommeralm zur Mauthubert-Kapelle kommt. Sie ist in Privatbesitz und heute eine Station im Rahmen des „Wetterbetens".

Wir folgen weiter dem Symbol des blauen Wassertropfens und biegen knapp 500 Meter später nach rechts in einen idyllischen Wiesenweg ab. Dieser bringt uns an einem Bauernhof vorbei zurück zum Kirchweiler von Heilbrunn. Die Siedlung entstand an einer aus einem Felsen entspringenden Quelle, die einst mit der Heilung von Kranken in Verbindung gebracht wurde. Bald kamen immer mehr Wallfahrer und anstelle eines

Kreuzes wurde eine Kapelle und schließlich 1787 eine Kirche erbaut. Ziele der Wallfahrer nach Heilbrunn sind der Gnadenbrunnen vor der Kirche, der die Begegnung Mariens mit ihrer Base Elisabeth darstellt, und im Inneren der Kirche die Marienstatue mit Jesuskind am Hochaltar.
Ganz abseits des Massentourismus bietet die Wanderroute zwischen Heilbrunn und Brandlucken Entschleunigung, die Möglichkeit innezuhalten und neue Kräfte zu schöpfen. Das gelingt auch bei der Bratl-Wirtin, wo man noch nach alter Wallfahrer- und Wanderertradition einkehren und frisch zubereitete Speisen genießen kann.

Auf dem Weg zur Bratlwirtin.

14

Schwierigkeit	mittel
Länge	6 km, 230 hm
Gehzeit	2 Stunden
Anreise	mit der Verbundlinie nach Heilbrunn (www.verbundlinie.at, Tel. +43 (0)50 678910); mit dem Auto zum Parkplatz bei der Wallfahrtskirche Heilbrunn (N47°20'15" E15°36'32")

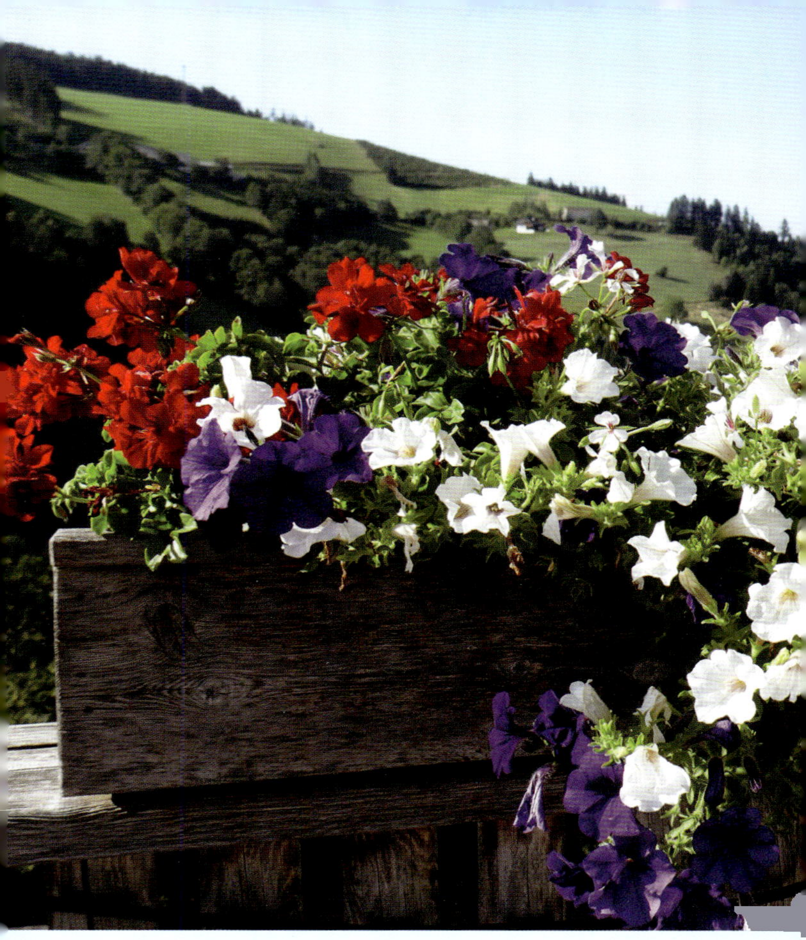

Kulinarik	Dorfwirt Bratl, Tel. +43 (0)3179 8218, www.dorfwirt.at/dorfwirte/gasthaus-bratl.html
Infos	Huabn-Theater, Tel. +43 (0)664 5241616, www.huabn-theater.at

15

St. Kathrein am Offenegg

Ein Ort, der mehrfachen Genuss garantiert

Kreativ gestaltete Genussrastplatzerl mit prächtiger Aussicht und eine Reihe verführerischer Einkehrmöglichkeiten machen den Vogelbeer-Panoramaweg in St. Kathrein zu einem Erlebnis für alle Sinne.

Wir beginnen unsere bestens beschilderte Wanderung auf dem Vogelbeer-Panoramaweg beim Parkplatz des Kathreinerhauses und gehen von hier aus nach rechts bergauf Richtung Oberhollerbach. Beim nächsten Parkplatz, knapp vor einem Wegkreuz, biegen wir nach rechts in einen Wiesenweg ein, der uns an einer kleinen Kapelle vorbei bergauf bringt. Ab dem Ehrenplatzl für den Destillateur Alois Gölles finden sich auf übersichtlich gestalteten Schautafeln zahlreiche Informationen über die Eberesche (Vogelbeere, Sorbus aucuparia). Hier erfährt man im Verlauf der Wanderung Wissenswertes über die botanische Eigenart dieses Rosengewächses, ihre Bedeutung für den Waldbau sowie die Volks-, Kosmetik- und Arzneimittelmedizin.

Wandern wir ein Stück weiter, erreichen wir den Rastplatz Lärchenwiese. Nur ein paar Meter entfernt bietet sich uns bei der Huber Höhe ein wahrhaft traumhafter

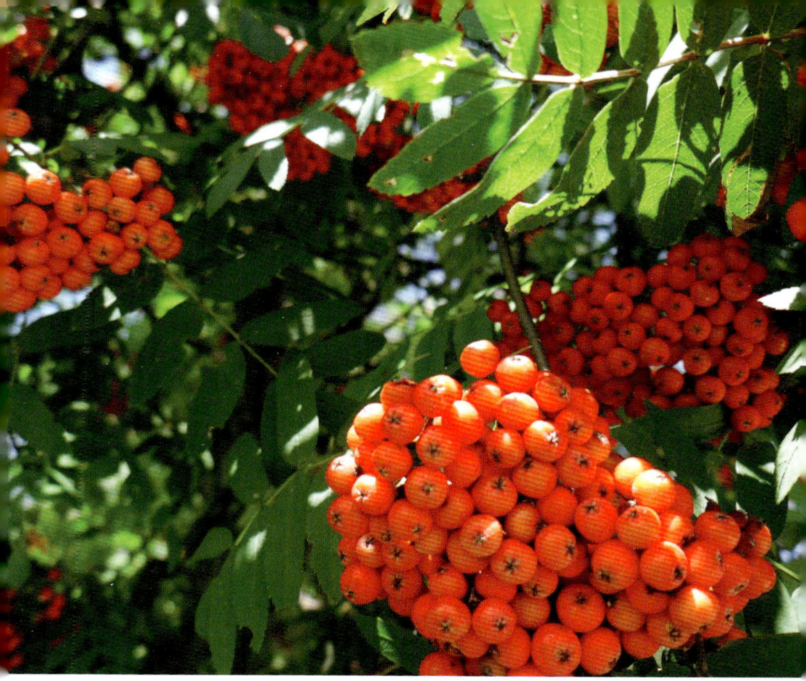

Die Vogelbeere (Eberesche) – die Frucht hinter dem gefragten Schnapserl.

Panoramablick vom Bachergebirge (Slowenien) über den Schöckl, die Koralpe und die Seetaler Alpen bis zum Hochlantsch. Schon allein diese Aussicht ist es wert, die Wanderung in St. Kathrein in Angriff zu nehmen.
Ge*h*mütlich geht es auf dem Panoramaweg weiter, bis wir nach der Hofer Höhe zur Informationstafel über die mystische Bedeutung der Vogelbeere kommen. Dem Saft der Früchte wurden schon von den Kelten und Germanen stärkende Kräfte zugeschrieben, was später in der Destillerie Graf im Rahmen einer Verkostung auf die

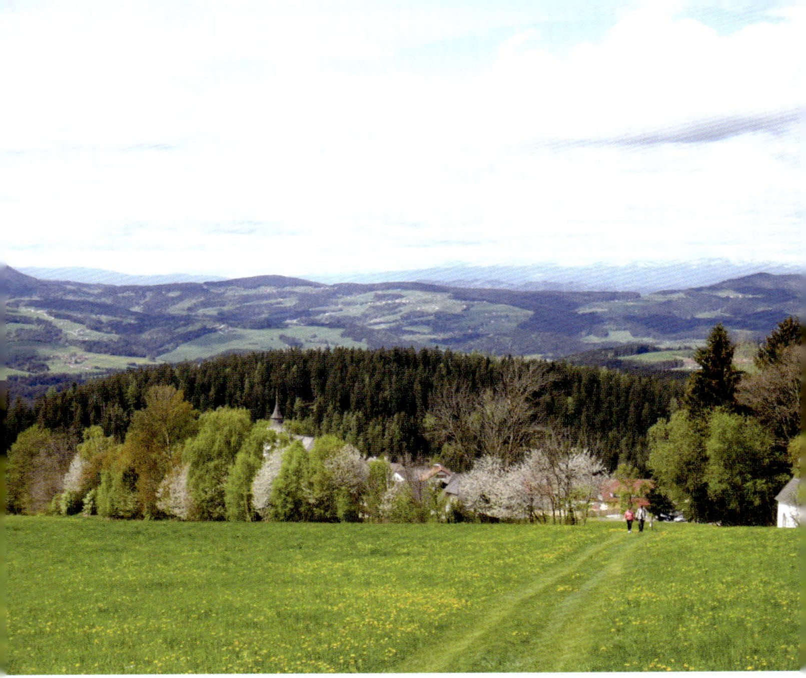

Am Beginn des Panoramaweges.

Probe gestellt werden kann. Auf der Infotafel sind auch Text und Noten der Volksweise „Der Vugelbeerbaam" zu finden, musikalische und sangesfreudige Wandersleute können hier das Lied vom Blatt singen.

Über die Zeilfranz Höhe erreichen wir in der Folge ein „Waldklang-Sofa" zum Ausrasten und Ins-Land-Schauen. Auf dem weiteren Weg lädt die „Waldklang-Oase" zum kreativen Komponieren ein. Bald darauf begegnet man einem Hirsch im Wald – allerdings aus Hufeisen gefertigt. Der auf der Route folgende Schwoaghofer-Teich ist ein weiterer landschaftlicher Genussplatz. Bei der Teichhütte ist zudem in einem Brunnentrog ein Kracherl- und Bierdepot eingerichtet. Beim Bezahlen ist Ehrlichkeit gefragt – aber für Wanderer ja eine Selbstverständlichkeit! Nur wenige Schritte weiter gibt es vor der Schwoaghofer Höhe mit der „Langen Bank" eine weitere Rastmöglichkeit.

Bergab erreichen wir den Rastplatz Hoastub'n mit schöner Aussicht und wenig später passieren wir mit einer bunten Schnecke ein weiteres Kunstobjekt im Wald.

Die „Hängenden Gärten der Sulamith" gliedern sich in 24 Themenbereiche.

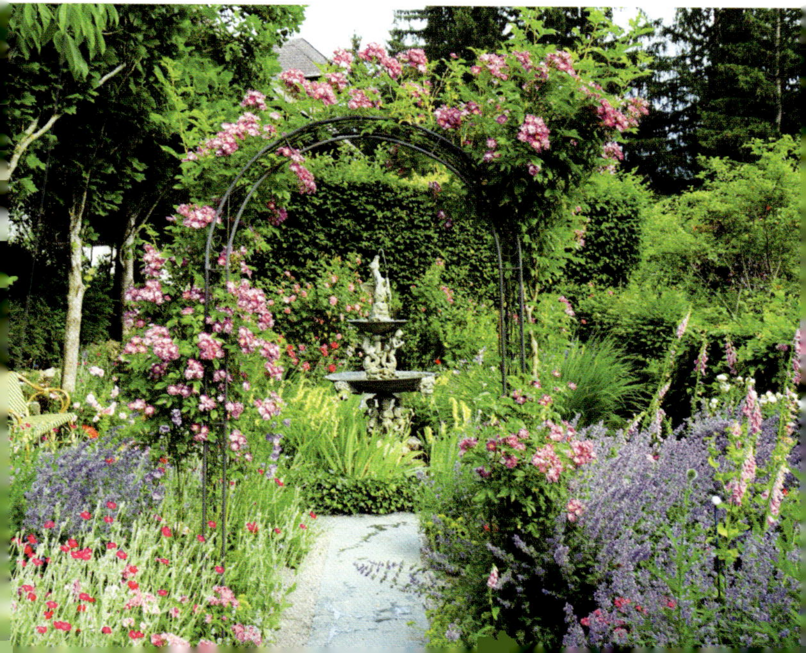

Nach einem Rechtsschwenk kommt man zur Edelbrennerei Graf. Die Information über Rosengewächse vor dem Hof ist noch etwas „trocken", „flüssig" wird die Verkostung der Destillate aus Wildfrüchten, Beeren sowie alten Apfel- und Birnensorten in der Brennerei. Ein besonderes Highlight ist für Kenner die Verkostung des Vogelbeer-Brandes. Im Laden kann man zudem köstliche Marmeladen sowie Sirupe aus Früchten und Kräutern des Hausgartens erwerben.

Ein Stück des Weges weiter werden beim „Braunhof" im Restaurant Spreitzhofer frische, hochwertige Lebensmittel aus dem Almenland nach alten Rezepten köstlich zubereitet. Dieses Haus, ein Landhotel, bietet auch Pauschalangebote für einen erholsamen Wanderurlaub an.

Bei der nächsten Wegkreuzung sollte man einen Abstecher nach links zu den „Hängenden Gärten der Sulamith" auf keinen Fall versäumen. In einem 4000 m^2 großen

15

Schwierigkeit	mittel
Länge	6 km, 230 hm
Gehzeit	2 Stunden
Anreise	mit der Verbundlinie nach Heilbrunn (www.verbundlinie.at, Tel. +43 (0)50 678910); mit dem Auto zum Parkplatz bei der Wallfahrtskirche Heilbrunn (N47°20'15" E15°36'32")

Gartentraum kann man Pflanzen aus allen Kontinenten bewundern und den Duft der Wildkräuter genießen. Nun begeben wir uns wieder zurück auf den Vogelbeer-Panoramaweg Richtung St. Kathrein und finden bei einer alten, unübersehbaren Linde im Lindenstüberl eine weitere Einkehrmöglichkeit. Von hier ist es ungefähr noch einen Kilometer bis zur Kirche ins Ortszentrum. Der Sakralbau, bis ins 18. Jahrhundert mehrfach umgestaltet, beherbergt eine Holzstatue des Auferstandenen des berühmten Grazer Bildhauers Johann Baptist Fischer, dem Vater von Johann Bernhard Fischer von Erlach. Von der Kirche aus kann man auch noch am beschilderten Duftweg eine kleine Dorfrunde anschließen oder man geht einfach der Nase nach und landet beim „WILDen EDER“. Hier veredelt der 3-Hauben-Koch Stefan Eder regionale Zutaten zu einem himmlischen Genuss. Eveline Wild, Konditorweltmeisterin und Fernsehköchin, versüßt uns das Leben.

Kulinarik	Dorfwirt Bratl, Tel. +43 (0)3179 8218, www.dorfwirt.at/dorfwirte/gasthaus-bratl.html
Infos	Huabn-Theater, Tel. +43 (0)664 5241616, www.huabn-theater.at

16

Thal bei Graz

Eine Burgruine, ein See und eine besondere Kirche am Arnold-Schwarzenegger-Wanderweg

Thal und der Thalersee im Westen von Graz sind für einheimische Familien schon seit Mitte des 19. Jahrhunderts ein beliebtes Naherholungsgebiet. Waren einst im Winter das Eislaufen und im Sommer das Strandbad und Bootsfahrten auf dem See beliebt, so haben in jüngster Vergangenheit ein Golfplatz sowie ein ausgedehntes Wander-, Fahrrad- und Reitwegenetz für ganz neue touristische Akzente gesorgt.

Ausgangspunkt unserer fast 11 Kilometer langen Wanderung durch das Thaler Becken ist das Nordufer des Thalersees, gleichzeitig auch Startpunkt des Seerundweges. Auf einem ebenen Naturweg spazieren wir rund um den See, immer wieder mit Abzweigungen zu liebevoll gestalteten Stationen zur Lebensgeschichte Arnold Schwarzeneggers, die auch zu sportlicher Betätigung auffordern. Der in Thal geborene Ex-Bodybuilder, Filmstar und ehemalige kalifornische Gouverneur hat den kleinen Ort quasi weltberühmt gemacht. Links von einer Schautafel über die Verlobung des Stars gehen wir auf einem schmalen Verbindungspfad zur Linakstraße,

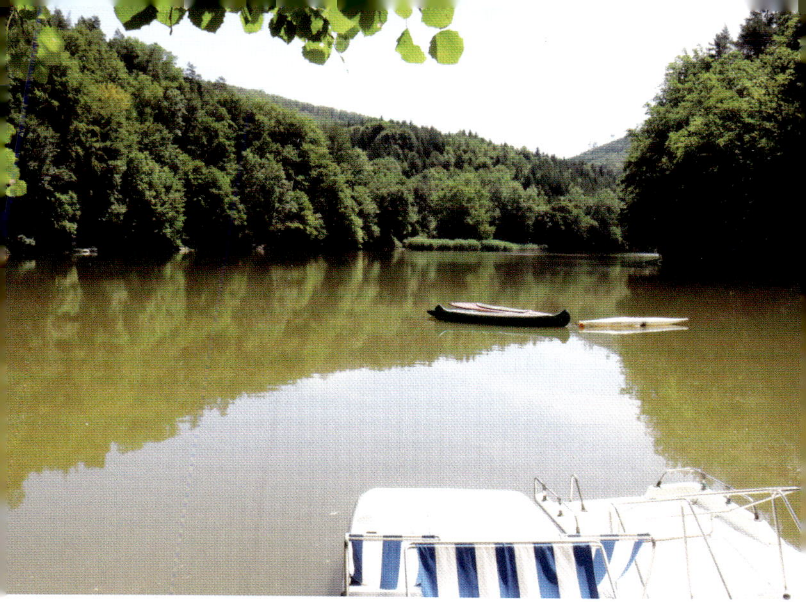

Der Thaler See ist eng mit dem Namen Arnold Schwarzenegger verbunden.

wo sich auf einer kleinen Anhöhe links Schwarzeneggers Geburtshaus (als Museum eingerichtet) und rechts die Ruine Thal, eine ehemalige Höhenburg aus dem 13. Jahrhundert, befinden. Ab hier folgen wir ein Stück dem Arnold-Schwarzenegger-Wanderweg, der vor dem Geburtshaus beginnt.

Auf einem Fahrweg gehen wir sanft bergab, sodann die Straße „Am Kirchberg" nach links hinauf, zwischen neuem Gemeindeamt und Arnold-Schwarzenegger-Volksschule durch und stehen nach wenigen Metern vor einem bekannten Thaler Wahrzeichen: der Jakobus-Kirche. Die Kirche aus dem 13. Jahrhundert wurde 1992 von Ernst

Fuchs im Stile der Wiener Schule des Phantastischen Realismus neu gestaltet. Wir unterbrechen unsere Wanderung für einen Besuch des Innenraumes. Hier trifft man oft auf das von Ernst Fuchs eingearbeitete Symbol des Apostels Jakobus: die Jakobsmuschel. So sind Jakobsmuscheln an den Wänden zu finden, das Weihwasserbecken ist derart geformt, ebenso die Rückenlehnen der Sitzbänke aus Kunststoff. Eine Besonderheit befindet sich in einer Glasstele hinter dem Priestersitz: eine etwa 16 bis 20 Millionen Jahre alte Versteinerung einer Jakobsmuschel aus dem Steinbruch Retznei.
Nach dem Besuch der Ernst-Fuchs-Kirche gehen wir auf dem Schwarzenegger-Weg leicht bergab bis zum Bildstock Thalkreuz, überqueren hier die Thalstraße und halten uns halbrechts auf Jakobs- und Bichlweg hinauf zum Weiler Unterbichl. Über eine bewaldete Anhöhe (= Bühel, im Volksmund „Bichl" genannt) führt der Wanderweg bis zur Wegkreuzung vor dem Gasthaus Kreuzwirt in Thal-Kötschberg (Bus-Haltestelle), wo der Schwarzenegger-Weg nach links Richtung Waldsdorf abzweigt. Geradeaus weiter geht es nun relativ steil den Weinbergweg bergauf, obwohl die Beschilderung hier noch nach Straßengel weist. Unser Wanderweg führt vorerst in freiem Gelände auf asphaltierter Straße windungsreich bis zu einem Pferdehof. Ab hier – deutlich sanfter ansteigend – schließt ein rot-weiß-rot markierter schattiger Waldweg an. Dass er auch als Kreuzweg

dient, zeigen uns in kurzen Abständen aufeinanderfolgende Holzmarterl an den Bäumen, als Kreuzweg-Stationen nummeriert. Station 14 befindet sich als letzte auf dem Thalsattel, einer bedeutenden Wegkreuzung mitten im Wald. Sitzbänke und zahlreiche Vitrinen mit religiösen Schriften verleihen dem Ort den Charakter einer Freiluftkirche.
Wir folgen nun dem nach rechts weisenden Schild zur Ruine Gösting bzw. Gösting (Bushaltestelle). Auf breiten, schattigen und nur sanft gewellten Naturwegen oder -pfaden durch ausgedehnte Laub- und Mischwälder erreichen wir unterhalb der Reinerspitze mit 700 Meter den höchsten Punkt unserer Wanderung. Auf diesem Niveau gehen wir weiter bis auf Höhe des Flösserkogels, sodann gut 100 Höhenmeter hinab zum St.-Annen-Bründl, das zu einer kurzen Rast einlädt, obwohl nicht immer Wasser fließt. Von hier geht es auf dem Ruinenweg fast eben dahin bis zur Ruine Gösting. Interessierte könnten hier entlang eines Geotrails (mit QR-Code-Infotafeln ausgestattet) Wissenswertes über die geologische Entwicklung dieser Region erfahren. Leider ist derzeit aus Sicherheitsgründen ein Besuch der Burgruine nicht möglich. Im 11. Jahrhundert erbaut, zerstörte 1723 ein Blitz große Teile der Höhenburg, in der sich damals das Grazer Pulverlager befand. Östlich der Burgruine führt ein kurzer Weg zum Dolomitfelsen „Jungfernsprung“, einem bevorzugten Aussichtsplatz an

einem Felsvorsprung 200 Meter über der Mur, mit Blick auf die Burgruine im Westen bzw. den Norden von Graz sowie das Grazer Bergland im Norden und Osten. In einer gut einen Meter mächtigen blauen Dolomitschicht wurden hier interessante Korallen-Fossilien aus dem Erdaltertum gefunden. Nahe dieser Abzweigung gibt es noch eine weitere, die zur Cholerakapelle führt. Zum Dank dafür, dass die Stadt 1831 von einer Cholera-Epidemie weitgehend verschont blieb, errichteten Grazer Bürgerinnen und Bürger gemeinsam mit der Gemeinde Gösting 1833 in unmittelbarer Nähe der heutigen Burgruine die „Cholerakapelle". Dichter Waldwuchs behindert die Aussicht auf die Stadt.

16

Schwierigkeit	leicht bis mittel
Länge	11 km, 321 hm
Gehzeit	4 Stunden
Anreise	mit Grazer Linienbussen über Gösting zum Thalersee (z. B. mit Linie 40 ab Jakominiplatz nach Gösting und Linie 48 zum Thalersee); mit dem Auto zum Parkplatz Thalersee Nord (N47°04'19.5" E15°21'56.2")
Kulinarik	Gasthaus zur Sonne, Tel. +43 (0)664 1795811, www.gasthauszursonne-graz.at/kontakt
Info	Arnold Schwarzenegger Museum, Tel. +43 (0)316 571947, https://arnieslife.com

Nach diesen beiden Abstechern gehen wir den Ruinenweg zum Göstinger Schlossplatz hinab, wo sich eine Einkehr im Gasthaus zur Sonne anbietet. Unweit davon befindet sich die Haltestelle Gösting am Schlossplatz, von wo man öffentlich stadteinwärts oder zum Parkplatz am Thalersee fahren kann.

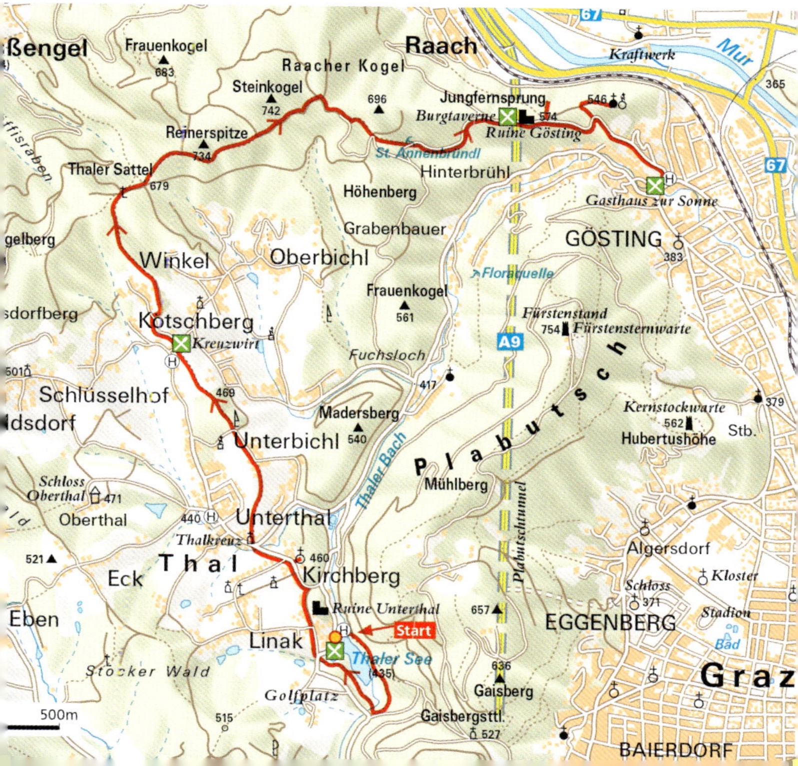

17

Graz-Eggenberg

Ein Spaziergang durch die Gärten und Prunkräume von Schloss Eggenberg

Schloss Eggenberg, Weltkulturerbe im Westen von Graz am Fuß des Plabutsch, ist die größte barocke Schlossanlage der Steiermark und liegt inmitten eines knapp zwei Hektar großen Parks mit fünf Themengärten. Neben historischen Gartenanlagen und Prunkräumen bietet sich auch der Besuch des Archäologiemuseums an. Im Schloss sind auch das Münzkabinett sowie die Alte Galerie untergebracht.

Von Südosten kommend betreten wir den Schlosspark durch das Haupttor am Ende der Eggenberger Allee. In 200 Meter Entfernung ist schon ein Abschnitt der Frontseite des Schlosses zu sehen, wir gehen aber nach dem Kassenhäuschen vorerst nach links zum Garten vor dem Südpavillon. Die Blumenbeete des gepflegten Biedermeier-Blumengärtchens sind als Rondell angeordnet und nur mit Blumen und Gehölzen bepflanzt, wie sie in der ersten Hälfte des 19. Jahrhunderts bevorzugt wurden. Der Eggenberger Schlossgarten erlebte drei bedeutende Gestaltungsphasen: Im 17. Jahrhundert entstand eine in unterschiedliche Teile gegliederte Gartenanlage im italienischen Stil, der Barockgarten. Mitte des 18. Jahrhunderts

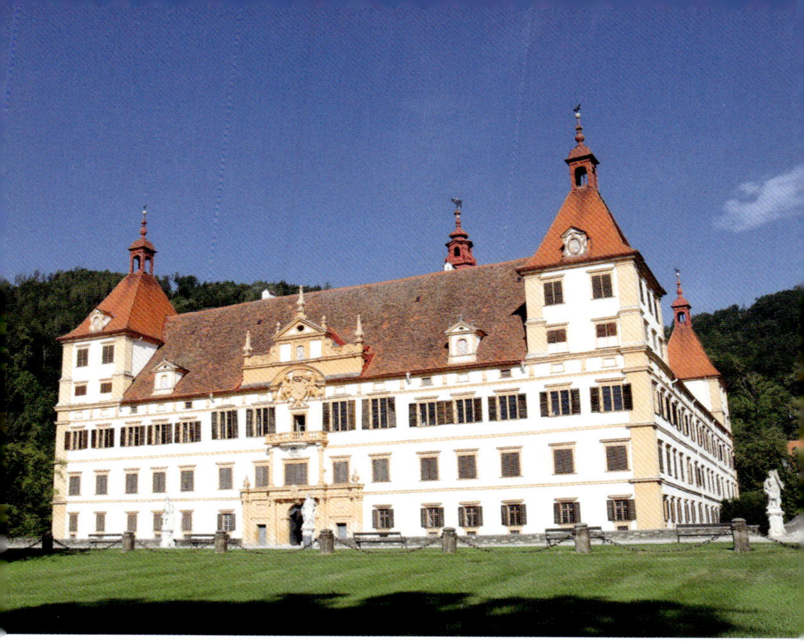

Eine architektonische Allegorie des Universums – das UNESCO-Weltkulturerbe Schloss Eggenberg.

wurde die Gartenanlage zu einem französischen Rokoko-Garten umgestaltet und für die Allgemeinheit geöffnet. Erst als sich im 19. Jahrhundert ein neues Naturbewusstsein durchsetzte, wurde dieser Garten durch den heutigen englischen Landschaftsgarten ersetzt.
Vom Südpavillon gehen wir rechts entlang der Parkbegrenzung Richtung Westturm weiter. Uralte Baumriesen, zwischen denen die steinerne Göttin Diana zum Vorschein kommt, säumen den Weg bis zur Rückseite des Schlosses. Hier wurde Mitte des 19. Jahrhunderts für den neuen Gutsherrn Johann Heinrich Herberstein

ein kleiner Privatgarten in historisierendem Stil angelegt, später Frühstücks- oder Herrschaftsgartel genannt. Dieser Teil des Gartens mit einem kleinen Lusthaus und einem Seerosenbecken blieb nur der gräflichen Familie vorbehalten.
Gegenüber dem Herrschaftsgartel führt eine Brücke über den Schlossgraben, der nie ein Wassergraben war, zur Schlosskapelle Maria Schnee. Ihr Einbau an der Stelle des Eggenberger Schlosstheaters war die größte bauliche Veränderung des Rokoko-Umbaus. Eine Empore verbindet den Kirchenraum mit den Prunkräumen im zweiten Stock. Von dort konnte die Herrschaft mit Gästen den Gottesdiensten beiwohnen.

Wir gehen durch das Herrschaftsgartel weiter zum Planetengarten. Rechts nach dem Eingangstor empfängt uns – etwas verborgen unter einem Baum – Gott Merkur und weist mit seinem Stab scheinbar den Weg durch den Garten. Espen, Pappeln, kleine Frühblüher oder Gras sind ihm zugeordnet. Der benachbarte Bereich des Kriegsgottes Mars zeigt sich durch stachelige Barrikaden aus roten Berberitzenhecken abweisend, zypressenartige Nadelbäume markieren seine Grenzen. Weitaus freundlicher – mit Rosenensembles – empfängt uns Venus, die eigentliche „Beherrscherin" blühender Gärten. Daneben, eingerahmt von Eibenhecken, spiegelt ein kleiner Teich mit Seerosen den Einfluss des Mondes wider. Nun

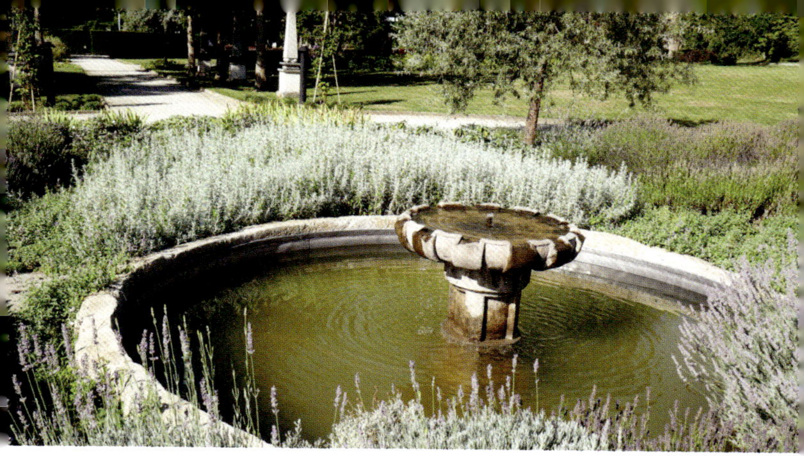

Der Schlossgarten – ein Kulturdenkmal der Romantik.

treten wir in den Bereich der Sonne ein, die Orangen, Granatäpfel und Lorbeer mit sommerlichen Wärmestrahlen versorgt. Laubengänge – in der entsprechenden Jahreszeit aus Goldregen – symbolisieren ihre Strahlen. Der anschließende Jupitergarten beeindruckt mit großen Blüten auf prächtigen Gewächsen. Schließlich verabschiedet uns Saturn mit blütenlosen, winterharten Gewächsen. Buchsbaum, Eiben, Efeu und Stechpalmen lassen uns an die Welt der Friedhöfe und die Endlichkeit des menschlichen Lebens denken.

Vor dem Archäologischen Museum halten wir uns rechts und gehen zurück zum Schloss. Vorbei an einem Ententeweiher kommen wir zum Rosenhügel an der Ostecke des Schlosses. Dieser Höhepunkt des einstigen Biedermeier-Gartens samt ursprünglicher Bepflanzung konnte detailgenau restauriert werden: Rund 350 historische

Rosen umgeben mit unzähligen Gehölzen, Zwiebelgewächsen und Stauden das eigentliche Zentrum. Ein Serpentinenweg führt auf die sechs Meter hohe Kuppe des Hügels, die ein exotisches Parapluie in chinesischem Stil krönt.
Nach dem Genuss der Aussicht auf den Park gehen wir den Schlangenweg wieder hinunter und nähern uns, begleitet von eindringlichen Lauten der Pfaue, über den großflächigen Vorplatz dem Eingang des Schlosses. Immer zur vollen Stunde beginnt hier eine 50-minütige Führung durch die Prunkräume. Wir nützen die nächste Möglichkeit, den Zyklus von 24 Räumen mit originaler Ausstattung des 17. und 18. Jahrhunderts kennenzulernen. Glanzvoller Ausgangs- und Endpunkt dieses Rundganges ist der Planetensaal von 1685. Die Bilder der sieben damals bekannten Planeten, zu denen auch der Mond gerechnet wurde, sind um die zentrale Sonne gruppiert. In den Ecken des Gewölbes sind die vier

17

Schwierigkeit	leicht
Länge	4 km (alle Wege)
Gehzeit	2 Stunden
Anreise	mit der Verbundlinie zum Schloss Eggenberg (www.verbundlinie.at, Tel. +43 (0)50 678910); mit dem Auto zu den Parkplätzen nahe dem Eingangstor, grüne Zone (N47°04'21.8" E15°23'43.0")

Elemente dargestellt. Die Wände umzieht ein Ring von 12 Tierkreiszeichen. So wie dieser Saal ist die gesamte Architektur des Schlosses einer strengen Zahlensymbolik untergeordnet. Den 365 Jahrestagen entspricht die Anzahl der Außenfenster, jedes Stockwerk umfasst 31 Räume. Die 24 Stunden des Tages entsprechen den 24 Prunkräumen, die zusammen mit 52 Fenstern für die Wochen oder Sonntage des Jahres ausgestattet sind. Im Planetensaal kommen noch die 7 Wochentage und die 12 Monate hinzu.

Nach der Führung gehen wir vom Vorplatz in weitem Bogen nach links – vorbei an einem ehemaligen Lusthaus, heute ein Café-Pavillon – zum neu angelegten Obstgarten mit seltenen Apfel- und Birnensorten. An der Parkmauer entlang kehren wir zum Ausgang zurück. Im angrenzenden Restaurant Rudolf stärken wir uns bei Speis und Trank.

Kulinarik	Restaurant Rudolf – Erlebnisbrauerei, Tel. +43 (0)316 581334, www.rudolf-brau.com
Infos	Schloss Eggenberg, Tel. +43 (0)316 8017-9560 und -9532, www.museum-joanneum.at/schloss-eggenberg-prunkraeume-und-gaerten

18

Graz-Straßgang

Der Rudolfswarte-Rundweg am Buchkogel

In Graz-Straßgang, im Südwesten von Graz, steht auf dem südwestlichen Ausläufer des Buchkogels das Schloss St. Martin. Nach mehrfachen Um- und Zubauten wird das Ensemble aus dem 11. Jahrhundert heute als Volksbildungshaus genutzt, seit 1980 auch als Standort einer Fachschule für Land- und Ernährungswirtschaft.

Zwischen den Eingängen zum Schloss St. Martin – einem viereckigen, zweistöckigen Bau mit Arkadenhof – und der Schlosskirche starten wir unsere Wanderung. Einige Schritte auf der Kehlbergstraße in Richtung Grottenhof bringen uns zu einem ausgetretenen Wiesensteig, der nach links zu einem Spielplatz hinaufführt. Vor diesem gehen wir nach rechts bis zum Waldlehrpfad St. Martin. Abwechselnd im Wald oder am Waldrand entlang kommen wir nach wenigen Minuten zu einem römerzeitlichen Hügelgrab, das zu einer Gruppe von fünf Gräbern gehört. Der rekonstruierte, durch ein Glashaus geschützte Bau aus Kalksteinen weist einen offenen Zugang zur Grabkammer auf. Grabbeigaben wie Trinkbecher oder eine Bronzemünze ermöglichten eine Datierung ins 2. nachchristliche Jahrhundert.

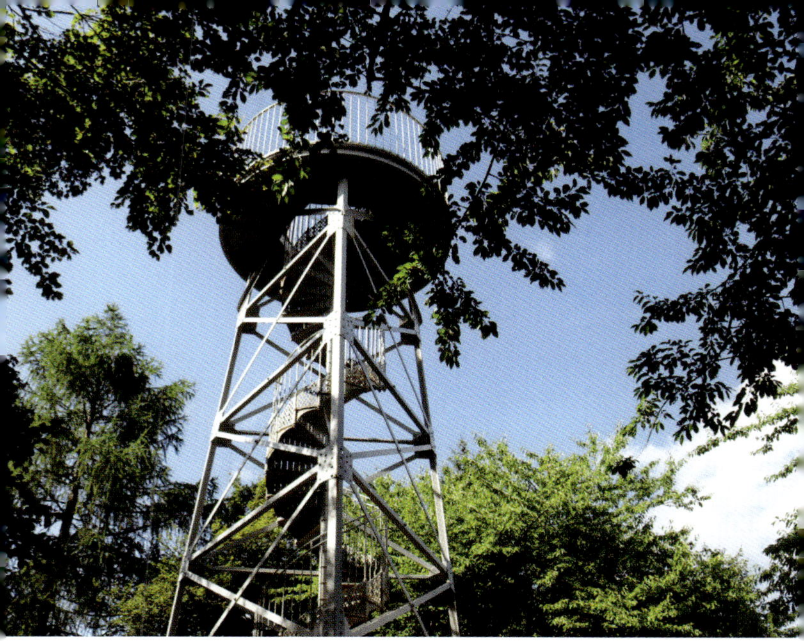

Oben auf der Rudolfswarte bietet sich ein schöner Rundblick über große Teile von Graz.

200 Meter sind es von hier bis zum Biotop Bründlteiche. Darin leben Fische, Muscheln, Europäische Sumpfschildkröten und Amphibien. Wenige Meter danach befinden wir uns auf der Bründlgasse, gehen ein paar Meter nach links und dann sofort nach rechts auf einen Fahrweg (Arboretum Grottenhof), der alsbald in einen schmalen Waldpfad übergeht. Er führt bergauf zu einem breiteren Waldweg, der als „Weg 7a" markiert ist, eine Variante des Hauptwanderweges 7 an den Osthängen des Buchkogels. Nach etwa 700 Metern hangparallel nach rechts müssen wir links abzweigen (nicht

markiert!) und ca. 100 Meter Höhenunterschied steil hinauf zur Kirche St. Johann und Paul überwinden. Der Rundblick von der angeschlossenen Aussichtsplattform auf Graz und dessen Gebirgsumrahmung lässt die kurze Anstrengung schnell vergessen. Dieses Kirchlein aus dem 16. Jahrhundert steht in 563 Meter Seehöhe auf einem nördlichen Ausläufer des Buchkogels, einer Dolomitkuppe aus dem Erdaltertum. Wir gehen nun zum Gasthaus St. Johann und Paul am Fuß des Kirchenhügels hinunter, um mit Getränken und einer kleinen Jause die Anstrengung des Aufstiegs hinter uns zu lassen.

Detail der mit Kupferblech beschlagenen Torflügel der Schlosskirche.

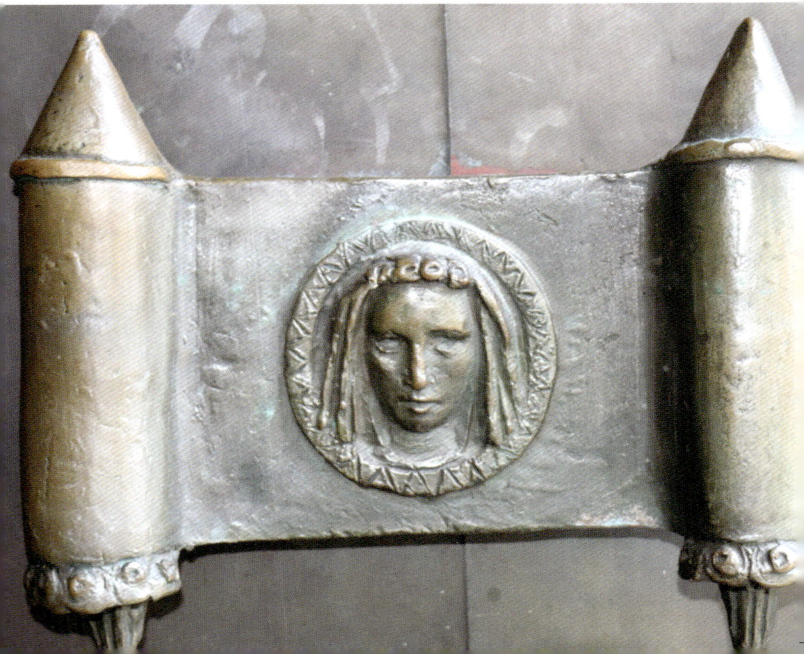

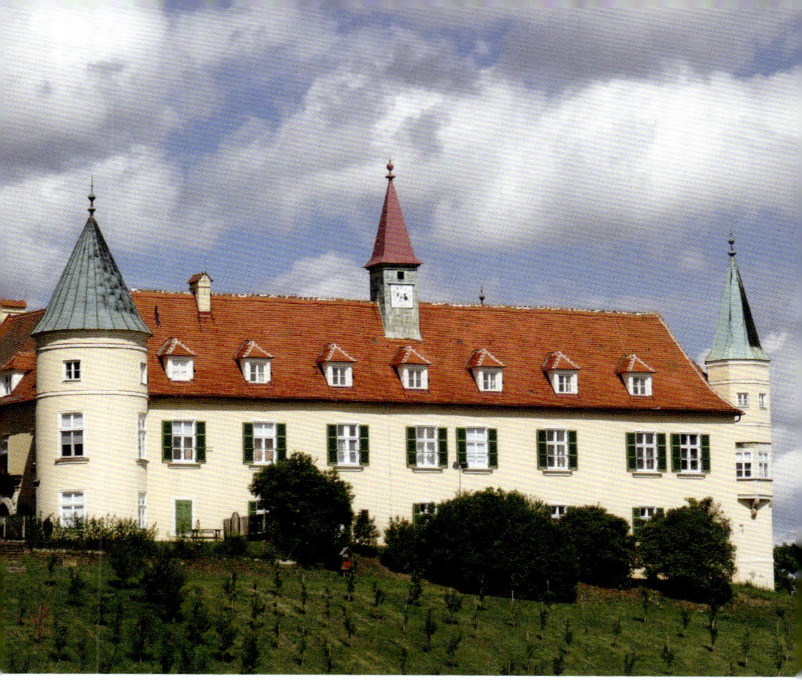

Das Schloss St. Martin, am südöstlichen Ausläufer des Buchkogels gelegen, wird heute als Bildungshaus genutzt.

Danach wandern wir ohne größere Anstiege auf dem Kernstockweg (Weg Nr. 2, Gösting–Straßgang) in südlicher Richtung bis zum leicht eingesenkten Buchkogelsattel an der Einmündung des Wanderweges 7. Hier, wo einst ein Höhenweg den Kamm querte, beginnt der Buchkogelsteig, der in mehreren Spitzkehren mit treppenartig gestuften Abschnitten die 130 Höhenmeter zum Gipfel des Buchkogels überwindet. Der Grazer Buchkogel besteht aus paläozoischen Kalken und Dolomiten, in denen durch Karstphänomene Höhlen,

Schläuche und Dolinen entstanden. Hier steht auf 657 Meter Höhe die Kronprinz-Rudolf-Warte (errichtet 1879; 2017 erneuert), kurz Rudolfswarte genannt. Von der Plattform bietet sich ein Rundblick von den südwestlichen Teilen der Stadt mit den Bezirken Eggenberg, Straßgang und Wetzelsdorf hinüber zum Schöckl und zur Teichalm im Norden bzw. Riegersburg und Gleichenberger Kogel im Osten.
Nach der Warte folgen wir dem Weg Nr. 2 rechts bergab durch Nadel-Laub-Mischwald und treten schließlich hinaus an den Rand ausgedehnter Wiesenflächen. Von hier haben wir einen noch besseren Blick auf den Grazer Südwesten, den wir im Gastgarten des Gasthauses Orthacker länger genießen wollen. Neben hervorragend zubereiteten steirischen Backhendeln oder sauren Spezialitäten sollte man sich keinesfalls die köstlichen, selbstgemachten Torten und Strudel entgehen lassen.

18

Schwierigkeit	mittel
Länge	7 km, 306 hm
Gehzeit	3 Stunden
Anreise	ab Graz Jakominiplatz mit Autobuslinie 31 bis Haltestelle Ankerstraße, zu Fuß 1 km (15 Minuten) bis Ankerstraße/Martinhofstraße und den Martinsteig hinauf zum Schloss St. Martin; mit dem Auto

Kulinarisch verwöhnt, begeben wir uns auf den letzten Abschnitt unseres Rundweges. Gleich unterhalb des Gasthauses zweigt rechts der sogenannte „Oacherlsteig“ ab. Er folgt hangparallel über weite Strecken alten Weinterrassen, denn hier am Grazer Kehlberg gibt es eine seit 1140 urkundlich bestätigte Weinbaugeschichte. Ab 2013 kam es zur Revitalisierung des Stadt-Weinberges. An den gerodeten Hängen fanden die äußerst seltene Osterluzei-Pflanze und der Osterluzei-Falter, dessen Raupen sich ausschließlich von dieser Pflanze ernähren, wieder einen Lebensraum. Der Falter wurde zum Namensgeber für den Grazer Stadtwein „FALTER EGO vom Kehlberg“. Der Oacherlsteig verläuft nun zwischen dem alten Ansitz Hochkofler, einem Grazer Herrenhaus aus dem 17. Jahrhundert, und einigen Rebhängen bis zur Straße „Am Weinhang“ weiter. Auf dieser legen wir die letzten Meter zum Platz vor der Schlosskirche und dem Schlosseingang zurück.

	zu den Parkplätzen im Umfeld von Schloss St. Martin (N47°02'10.7" E15°23'17.1")
Kulinarik	Gasthaus St. Johann und Paul, Tel. +43 (0)316 572497 Gasthaus Orthacker, Tel. +43 (0)316 285482
Info	Bildungshaus Schloss St. Martin, Tel. +43 (0)316 283655, st.martin@stmk.gv.at

19

Graz

Vom Hauptplatz nach Mariatrost

Seit 1878 steht er mitten am Hauptplatz in Graz: der Erzherzog-Johann-Brunnen mit seinen vier Fluss-Allegorien Mur, Enns, Drau und Sann – ein geeigneter Startpunkt für längere Wanderungen, welche dem bis heute hochverehrten Erzherzog ja ein besonderes Anliegen gewesen sein sollen. Wir wählen einen Weg durch historische und neuzeitliche Grazer Stadtviertel: vom historischen Stadtkern um die „Stadtkrone“ hinaus in den Stadtpark, durch das Gründerzeitviertel zur Universität und durch das Villenviertel zum Erholungsgebiet Hilmteich und schließlich durch das neuzeitliche Stadterweiterungsgebiet Mariatrostertal bis zur Wallfahrtskirche Mariatrost.

Diese Stadtwanderung beginnt beim Erzherzog-Johann-Brunnen am Hauptplatz. Vom murnahen, einst hochwassergefährdeten, nacheiszeitlich eingeebneten Platz gehen wir die ansteigende Sporgasse hinauf Richtung Nordosten. Dieser bereits vorgeschichtlich angelegte Handelsweg („Ungarnstraße“) wurde im 14. Jahrhundert noch Sporergasse genannt. Das geht auf die Sporenmacher zurück, einst Schmiede für Reit-Ausrüstungen

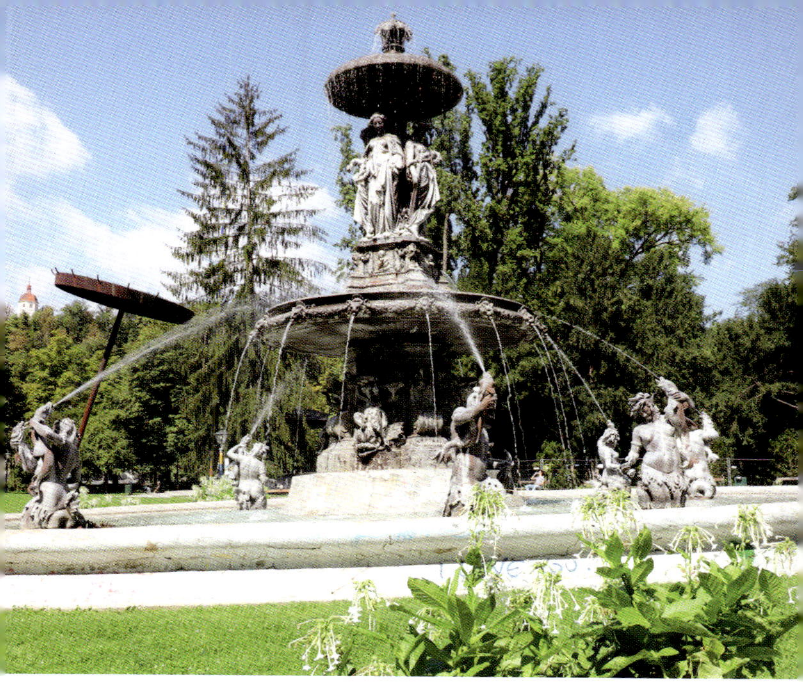

Vor dem „Rostigen Nagel" – der Stadtparkbrunnen mit acht Bronzefiguren.

(z. B. Sporen). Aus einer Vielzahl bemerkenswerter Gebäude ragen z. B. das Jugendstil-Haus (Sporgasse 3), die Stiegenkirche als älteste Grazer Pfarrkirche oder, ihr gegenüber, das Deutschritterordenshaus heraus, mit prachtvollem Arkaden-Innenhof aus der Zeit der Spätgotik/Renaissance.

Nun biegen wir rechts in die Hofgasse ab und gehen an der kunstvoll gestalteten Fassade der ältesten Bäckerei von Graz (Hofbäckerei Edegger-Tax, seit dem 14. Jahrhundert) vorbei zum Freiheitsplatz. Hier betreten wir die „Grazer Stadtkrone“, ein über Jahrhunderte gewachsenes einzigartiges architektonisches Ensemble. Dazu gehören die Alte Universität (Jesuiten-Universität), das Priesterseminar, die Grazer Burg, die Domkirche zum Hl. Ägydius und das Mausoleum Kaiser Ferdinands II. Ein Tipp: In der an den Dom bzw. das Mausoleum anschließenden Burggasse käme man nach etwa 250 Metern zu einem der bemerkenswertesten Neubauten von Graz, dem Argos, einem von Zaha Hadid entworfenen Gebäude. Wir gehen aber gegenüber dem Dom in den Innenhof der Burg und sehen uns die berühmte Zwillingswendeltreppe, eine Doppelwendeltreppe aus der

Deckenfresko zur Türkenbefreiung Wiens
im Mausoleum Kaiser Ferdinands II.

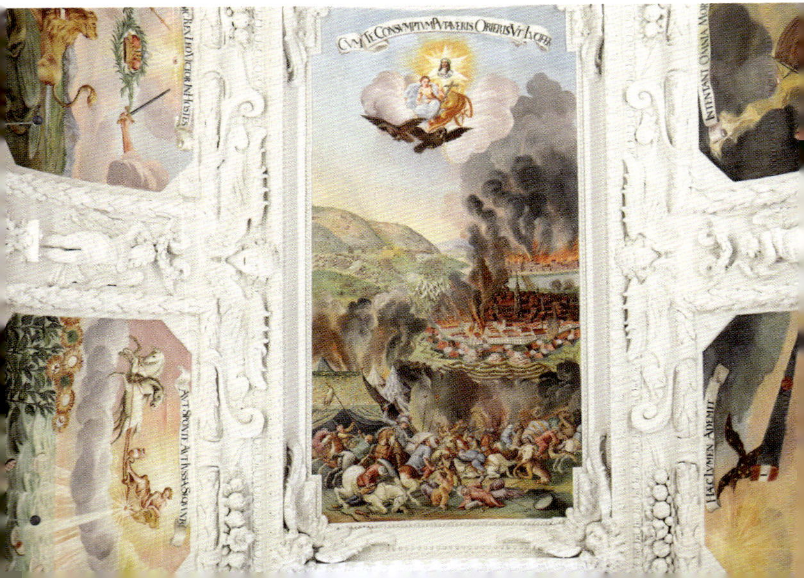

Zeit Kaiser Maximilians I., an. Heute ist die nach dem Zweiten Weltkrieg wieder aufgebaute Burg Sitz der steirischen Landesregierung. Wir betreten sodann den zweiten Hof der Grazer Burg mit Büsten einiger berühmter steirischer Persönlichkeiten, u. a. von Peter Rosegger, Johann Bernhard Fischer von Erlach oder Viktor Kaplan. Sie weisen uns den Weg in den Burggarten, dessen renovierte Orangerie für Veranstaltungen oder Empfänge genutzt wird. Dahinter geht es auf der ehemaligen Burgbastei entlang zum Freiheitsdenkmal von Wolfgang Skala (1960) in der östlichen Ecke des Burggartens. Die mehrere Meter hohe rostüberzogene Skulptur erhebt sich über das ehemalige militärische Übungsfeld vor der Stadtmauer (Glacis bis 1869), den heutigen Stadtpark.
Von der Burgbastei gehen wir links zum Ausgang des Burggartens hinunter und dort wiederum links – vorbei am Café Promenade – in den Stadtpark zum Schanzgraben, der von steinernen Allegorien und Heldenstatuen gesäumt wird. Einige Meter weiter, nach dem Stadtpark-Café („Parkhouse") rechts, etwas erhöht auf der eiszeitlichen Stadtparkterrasse, steht das Gebäude Forum Stadtpark, seit 1959 Heimstätte der gleichnamigen Aktionsgemeinschaft von Künstlern, Wissenschaftlern und Kulturschaffenden der literarischen Avantgarde. Unser Weg führt weiter zum einst umstrittenen Kunstwerk „Rostiger Nagel" beim Stadtpark-Brunnen, eine Auftragsarbeit für den Steirischen Herbst 1985. Halbrechts

weiter, zwischen den Allegorien „Austria“ und „Styria“ hindurch, gehen wir zur Zinzendorfgasse hinüber. Gleich zu Beginn zweigen wir kurz nach links auf eine kleine Anhöhe ab. Wo heute die älteste römisch-katholische Kirche von Graz, die Leechkirche, steht, war im 9. und 8. Jahrhundert v. Chr. ein Gräberfeld der Urnenfelderkultur. Heute befinden wir uns hier mitten im Gründerzeitviertel mit vier Universitäten sowie zahlreichen Parks und Palais aus der zweiten Hälfte des 19. Jahrhunderts. Die Zinzendorfgasse führt uns direkt zum Universitätsgelände mit seinen zahlreichen altehrwürdigen und modernen Gebäuden. Das Hauptgebäude der Universität

Argos, der vieläugige Riese von Graz, wurde von der Architektin Zaha Hadid entworfen.

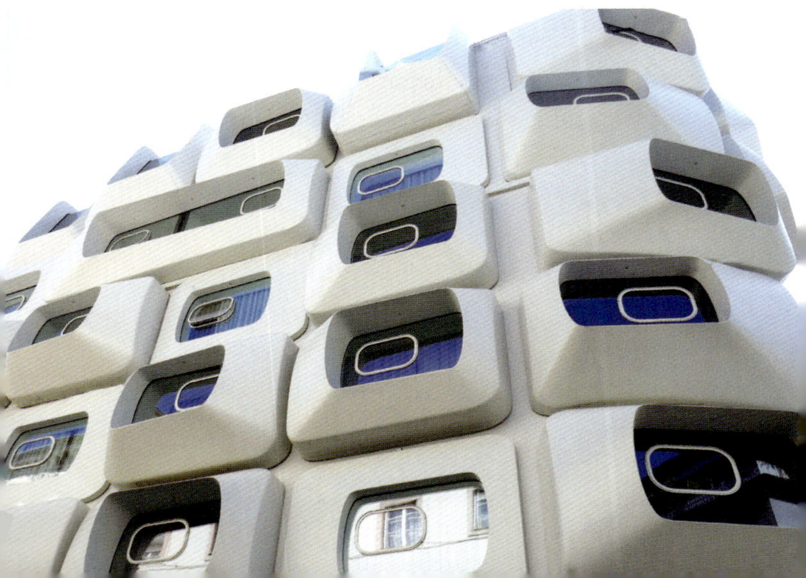

wurde Ende des 19. Jahrhunderts im Stile der italienischen Hochrenaissance erbaut. Über die Begegnungszone Sonnenfelsplatz wäre es nach links zu erreichen, wir gehen aber geradeaus zur Schubertstraße weiter. Sie gilt als das Villenviertel der Stadt, mit den meisten alten Gaslaternen in Graz. Diese Prachtvillen stammen durchwegs aus der zweiten Hälfte des 19. Jahrhunderts, als Graz noch die „Pensionopolis" der Monarchie war, die ihre pensionierten Militärs hier mit Alterswohnsitzen belohnte. Viele Grabinschriften auf dem nahen St.-Leonhard-Friedhof (u. a. Ludwig von Benedek, Wilhelm von Tegetthoff) bewahren die Erinnerung daran. In der Schubertstraße laden aber auch die architektonisch modernen Gewächshäuser des Botanischen Gartens der Universität zu Führungen und Workshops ein.
Bald danach endet die Schubertstraße direkt beim Hilmteich. Dieser Teich, ursprünglich als Lehmgrube und Ziegelteich angelegt, entwickelte sich zu einem der beliebtesten innerstädtischen Naherholungsgebiete mit Spazierwegen, Liege- oder Rodelwiese, Hochseil-Klettergarten und einem stilvollen Café. Die Gegend bezeichnete man bis ins 19. Jahrhundert „Auf der Hülben/Hülm", was Sumpf oder Pfütze bedeutet.
Vom öffentlichen WC aus gehen wir am Ostufer des Teiches entlang, danach am oberen Rand der Freizeitwiese geradeaus weiter und folgen diesem Weg beim Spielplatz in den Leechwald hinein. Kurz darauf erreichen wir den

Roseggerweg. Peter Rosegger hat in seinem Text *Spaziergang auf den Schöckl* (1890) diesen Weg vom Hilmteich ausgehend erwähnt. Es geht nun etwa zwei Kilometer kaum ansteigend bis zum Restaurant „Häuserl im Wald". Die Gelegenheit zur Einkehr und einem kurzen Abstecher in den angrenzenden Legenstein-Märchenwald wollen wir nützen. Die restlichen zwei Kilometer bis zur Gottscheer-Kapelle bzw. der Basilika Mariatrost weisen ebenfalls nur wenige Anstiege auf und können auch großteils auf Waldpfaden parallel zum Hauptweg zurückgelegt werden. In einem großen Schaubereich im ersten und zweiten Tiefgeschoß der Gottscheer-Kapelle

19

Schwierigkeit	leicht
Länge	9 km, 144 hm
Gehzeit	3 Stunden
Anreise	mit den Straßenbahnen ab Graz Hbf. bis Graz Hauptplatz; mit dem Auto zu den Parkplätzen in diversen Parkhäusern in Hauptplatznähe, z. B. CONTIPARK Tiefgarage Andreas-Hofer-Platz (N47°04'09.4" E15°26'09.7") oder CONTIPARK Tiefgarage Dominikanerkloster, Dreihackengasse 7 (N47°04'07.7" E15°25'43.0")
Kulinarik	Landgasthof Häuserl im Wald, Tel. +43 (0)316 391165, www.legenstein-hiw.at
Infos	Graz Tourismus Information, Tel. +43 (0)316 8075-0, www.graztourismus.at

wird die 650-jährige Geschichte der deutschen Sprachinsel im heutigen Slowenien vorgestellt. Wir genießen hier auch den Blick über Graz nach Westen bis zum Plabutsch und Buchkogel.

Als Höhe- und Schlusspunkt unserer Wanderung gehen wir noch für einige Minuten in die Basilika. Von der Kirche führt die Angelus-Stiege mit ihren 216 Stufen den Purberg hinab. Nur wenige Meter sind es dann noch bis zur Endhaltestelle der Straßenbahnlinie 1. Hier befindet sich das Grazer Tramway-Museum, das auch immer einen Besuch wert ist.

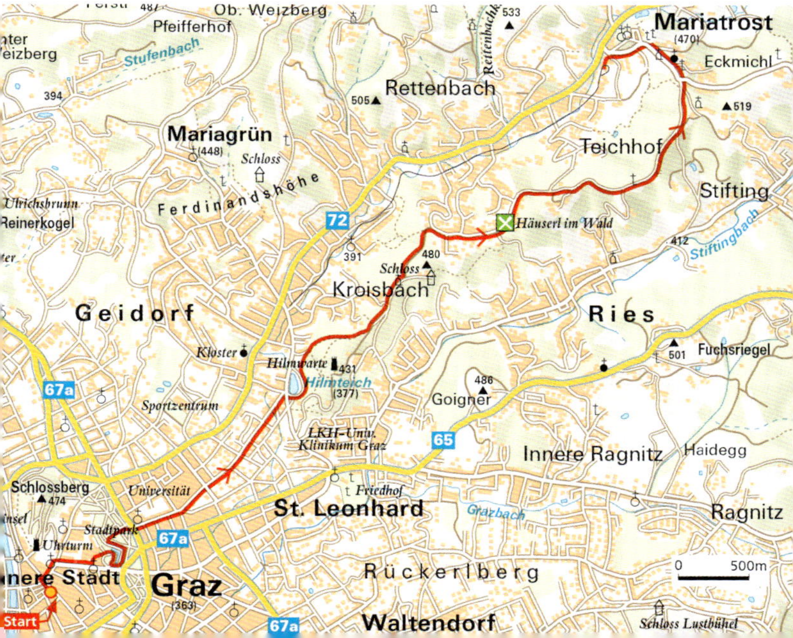

20

Graz-Mariatrost

„Auf rauen Pfaden zu den Sternen" – durch eine Klamm auf eine Aussichtswarte

In Mariatrost, im Nordosten von Graz, befindet sich die einzige Klamm des Grazer Stadtgebietes. Die Rettenbachklamm – benannt nach dem Rettenbach (Steinbach) – beginnt nördlich des Mariatrostertales am Steingrabenweg.

Wir parken nahe der Haltestelle Mariagrün in der Stenggstraße (grüne Parkzone) und fahren mit der Straßenbahnlinie 1 bis zur Station Waldhof/Rettenbachklamm. Dies ist zu empfehlen, weil am Zugang zur Klamm ein Parkverbot gilt und unsere Wanderung wieder nach Mariagrün/Stenggstraße zurückführen wird. Ausdauernde Wanderer können die Strecke zwischen den Haltestellen Mariagrün und Waldhof/Rettenbachklamm (ca. zwei Kilometer) auch auf dem Fuß- und Radweg (R23) zurücklegen.
Die eigentliche Wanderung beginnt an der Haltestelle Waldhof, wir gehen vorerst 150 Meter Richtung Mariatrost, sodann nach links über die Mariatroster Straße zum Steingrabenweg. Mehrere Schilder informieren über Wandermöglichkeiten, wir wählen Weg Nr. 85 durch

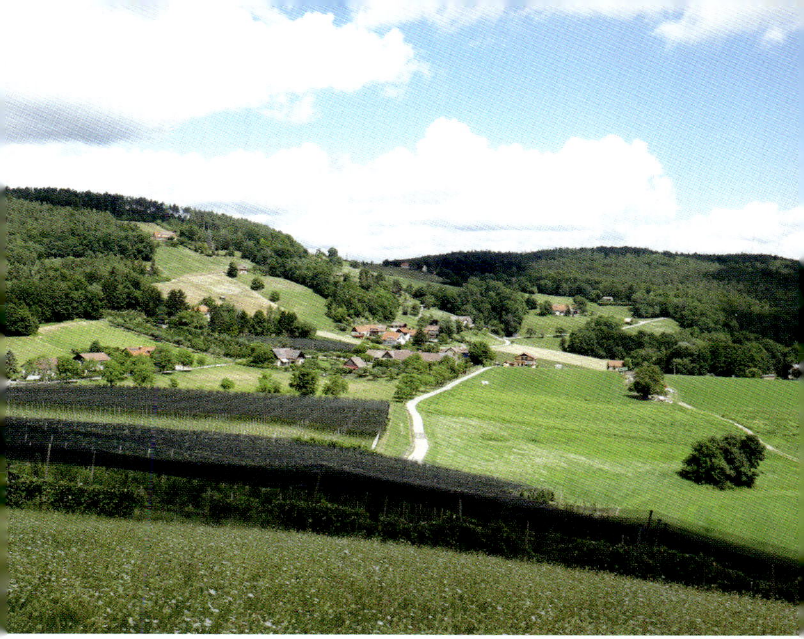

Landwirtschaftliche Nutzflächen im Nordosten von Graz.

die Rettenbachklamm auf die Platte. Nach 500 Meter Fußmarsch auf dem asphaltierten Steingrabenweg stehen wir vor dem Eingang zur Rettenbachklamm. Häufig durch sommerliche Unwetter zerstört, wurde die Klamm immer wieder begehbar gemacht. Derzeit ist sie in einem eher naturnahen Zustand, der schon Trittsicherheit und rutschfestes Schuhwerk verlangt und für Kinderwägen und Rollstühle ungeeignet ist. Bei Starkregen und Hochwasser ist die Anlage gesperrt. Wie bei Klammen üblich, hat auch die Rettenbachklamm den charakteristischen Schlucht-Querschnitt, entstanden durch jahrtausendelanges Einschneiden des Baches (als Tiefenerosion bezeichnet). Die Hänge sind sehr steil und im unteren Teil der Klamm mit Hain- und Rotbuchen bewachsen, einem sogenannten Schluchtwald, der immer wieder Rutschungsspuren aufweist. Im Bereich des Bachbettes treten grün-schwärzliche Schiefergesteine des Grazer Paläozoikums zutage, unterbrochen von fünf dunkelgrünen Steilstufen aus härterem Diabas, einem umgewandelten Vulkangestein aus dem Erdaltertum. Zwischen den Steilstufen, die mittels leiter- oder stiegenähnlicher Aufstiege überwunden werden, gibt es längere Flachstücke, die man auf schmalen Steigen seitlich des Bachbettes oder darin gehend bewältigen kann.

Die Rettenbachklamm im Zeichen der Naturbelassenheit
und mit einigen kleinen Wasserfällen.

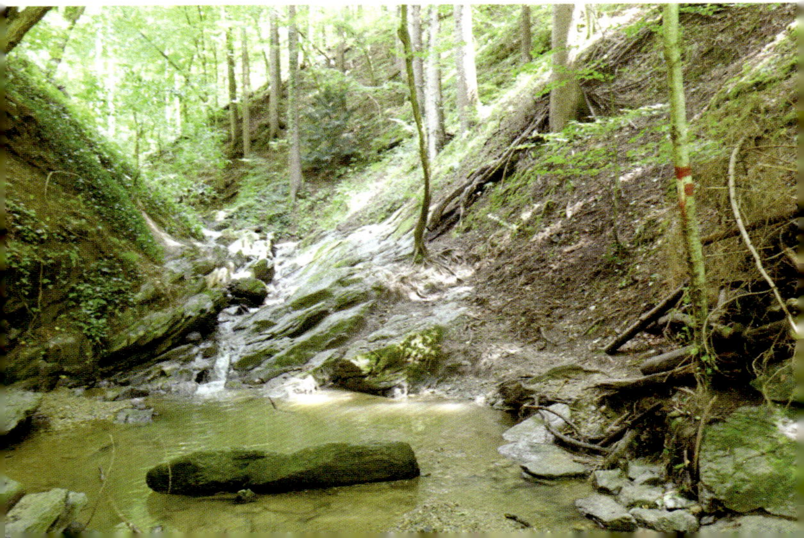

Eine halbe Stunde nach dem Eintritt in die Klamm sind wir in einem Nadel-Mischwaldgebiet an ihrem flach auslaufenden oberen Ausgang angekommen. Bei einer Wegkreuzung halten wir uns links, den Rabensteinersteig aufwärts Richtung Platte. Nach einem kurzen Anstieg führt der Weg hinaus auf Wiesen und durch Obstplantagen (Äpfel, Birnen, Pfirsiche) hinauf zum Obsthof Pölzer am Janischhofweg. Während einiger Minuten des Durchatmens können wir auf unseren Weg zurückschauen und jenseits davon die Spitzen der beiden Türme der Mariatroster Basilika aus dem Wald ragen sehen. Nur wenige Meter rechts von hier zweigt der Plattensteig (Fortsetzung von Weg Nr. 85) scharf links ab und führt in mehreren Windungen durch Mischwaldbestand hinauf auf die großteils waldfreie Verflachung der Platte (651 Meter Seehöhe, 250 Meter über dem Mariatrostertal). Inmitten dieses Plateaus steht die 18 Meter hohe Stephanienwarte mit Stilelementen der Neurenaissance und des Neubarock (1890). Von den vier Sitzbänken der Ausssichtsplattform bieten sich lohnende Ausblicke über Graz bis zu den steirischen Randgebirgen.

Von der Platte führt uns der Plattensteig großteils über Wiesenfelder zum 1. Plattenkreuz hinab. An dieser bedeutenden Wegkreuzung setzen wir unsere Wanderung auf dem asphaltierten Oberen Plattenweg fort; einige Abschnitte legen wir auf parallel dazu entstandenen Waldpfaden zurück. In sanftem Auf und Ab geht es am

Hügelkamm zwischen Mariatrostertal im Südosten und Andritz im Nordwesten in südwestlicher Richtung bis zum Rosenberg weiter. Wir machen aber beim Gasthaus Stoffbauer halt, dessen einladend gestalteter Gastgarten eine Einkehr allzu verlockend erscheinen lässt. Das Gasthaus war bereits im 19. Jahrhundert eines der beliebtesten Ausflugsziele. Selbst Kaiser Franz I. konnte sich der bodenständigen Küche und dem Angebot an ausgezeichneten Weinen und Bieren nicht entziehen und kehrte im Jahre 1830 „beim Stoffbauer" ein.
Vom Gasthaus gehen wir sodann den Stoffbauerweg zur Kirche Mariagrün hinab. Diese kleine, idyllisch gelegene Wallfahrtskirche von 1669 wurde im 19. Jahrhundert mit neoromanischer Fassade ausgestattet. 1873 heiratete hier der Schriftsteller Peter Rosegger seine erste Frau Anna Pichler. Heute ist diese Kirche noch immer als Hochzeitskirche oder Wanderziel sehr beliebt. Sie bleibt idyllischer Mittelpunkt inmitten eines der

20

Schwierigkeit	leicht
Länge	9 km, 144 hm
Gehzeit	3 Stunden
Anreise	mit den Straßenbahnen ab Graz Hbf. bis Graz Hauptplatz; mit dem Auto zu den Parkplätzen in diversen Parkhäusern in Hauptplatznähe, z. B. CONTIPARK Tiefgarage Andreas-Hofer-Platz (N47°04'09.4"

meistbegehrten und wertvollsten Wohngebiete von Graz – von Mariagrün zum Rosenberg. Wir nehmen uns noch Zeit, im Inneren der Kirche und der benachbarten Barock-Kapelle zu verweilen. Anschließend gehen wir vom Denkmal, das die Kirchenentstehung thematisiert, den schmalen Verbindungsweg in Richtung Süden zum Schwarzbauerweg und Mariagrüner Wald hinüber. Somit folgen wir den Stationen des Peter-Rosegger-Gedächtnisweges von der Kirche durch den Mariagrüner Wald bis zur Mariagrüner Straße. Entlang dieser Straße werden wir die letzten 500 Meter unserer Wanderung von einem Bautenmix begleitet, der von prachtvollen Gründerzeitvillen bis zu modern gestylten Neubauten alles bietet. Bald queren wir die Mariatrosterstraße und haben nur noch wenige Meter bis zum Ziel unserer Wanderung bei der Haltestelle Mariagrün bzw. dem Parkplatz in der Stenggstraße.

	E15°26'09.7") oder CONTIPARK Tiefgarage Dominikanerkloster, Dreihackengasse 7 (N47°04'07.7" E15°25'43.0")
Kulinarik	Landgasthof Häuserl im Wald, Tel. +43 (0)316 391165, www.legenstein-hiw.at
Infos	Graz Tourismus Information, Tel. +43 (0)316 8075-0, www.graztourismus.at

21

Graz-St. Peter

Von der Gartenstadt zu den Stadtgärten

Graz-St. Peter, der 8. Bezirk im Südosten der Stadt, ist von einem ständigen Rückgang des Grünlandes infolge enorm ausgeweiteter Wohnbauflächen betroffen. Eine Stadtwanderung soll uns zu neuen und altbekannten Grünoasen zwischen St. Peter und der Innenstadt führen, die inmitten steigender Verbauungsdichte den Lebenswert der steirischen Hauptstadt erhöhen.

Starten wollen wir vor der Pfarrkirche zum Heiligen Petrus, dem Namenspatron von Kirche und Bezirk. Aus dem kleinen ummauerten Kirchhof gehen wir links über die Thomas-Arbeiter-Gasse und Petersbergenstraße hinunter Richtung Gasthaus Tinos, dem wir nach unserer Wanderung einen Besuch abstatten wollen, um zwischen griechischen und steirischen Spezialitäten wählen zu können.

Nach dem Gasthaus halten wir uns links bis zur Kreuzung mit der St. Peter Hauptstraße, die wir überqueren. Nun gehen wir wenige Meter nach rechts und biegen sogleich links zur Rudolf-Hans-Bartsch-Straße ab. In dieser Straße (Nr. 12, 14, 16, 18) fallen uns vier mehrgeschoßige Villen inmitten großflächiger Gartenanlagen

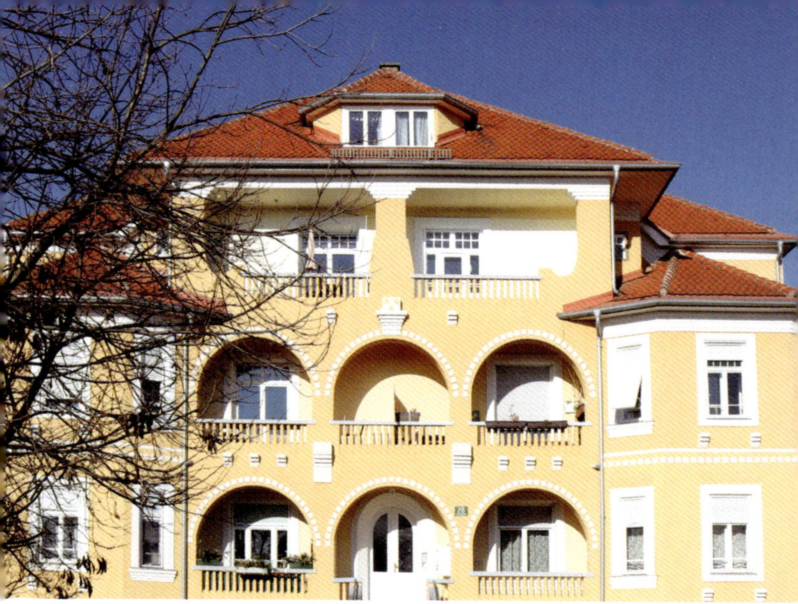

Eine Villa in der geplanten Gartenstadt „St. Peter Cottage".

auf: Um 1900 wurde hier in der damaligen Gartenstadtstraße mit dem Bau der ersten Villenkolonie, dem „St. Peter Cottage", begonnen, als gesunde Antwort auf die Mietskasernen der Gründerzeit. Vier mehrgeschoßige Beamtenwohnhäuser wurden im Stil der englischen Landhausarchitektur in einer Mischung aus Sachlichkeit und heimischer Bautradition errichtet. Kriegsereignisse beendeten das Projekt.
An der Kreuzung mit der Marburger Straße sehen wir das ORF-Funkhaus von 1981 vor uns. Wir gehen die Marburger Straße nach links und biegen sodann rechts zur Nussbaumerstraße ab. Rechts von uns liegt nun der

ORF-Park, der für vielfältige Freizeitaktivitäten nutzbar ist. Besondere Beachtung verdient hier die Hör- und Seebühne am Funkhausteich. Seit über 30 Jahren ist sie im Sommer Treffpunkt für Literaturinteressierte und Musikliebhaber. Südlich des Parks führt die Nußbaumerstraße zur Wittenbauerstraße, der wir nach links bis zur Emil-Ertl-Gasse folgen. Hier wenden wir uns nun nach rechts, Richtung Liebenau. Entlang der Schallschutzmauer für den Autobahn-Zubringer Liebenau und jenseits der verkehrsreichen Münzgrabenstraße gelangen wir in der Ulrich-Lichtenstein-Gasse zum Liebenauer Stadion, heute als Merkur Arena bezeichnet. Nördlich davor befindet sich der seit Ende 2020 neu gestaltete Bertha-von-Suttner-Platz mit dem „Stadionpark". Wir folgen der Ulrich-Lichtenstein-Gasse über die Bahnkreuzung hinweg zur Senefeldergasse und Kasernstraße. Nach wenigen Metern nach rechts biegen wir links in die Dr.-Plochl-Straße und kommen zum Maria-Cäsar-Park. Maria Cäsar (1920–2017) kämpfte gegen den autoritären Ständestaat und das NS-Regime. Bis ins hohe Alter prägten vor allem ihre Schulauftritte als Zeitzeugin die steirische Erinnerungskultur. Auf dem Areal des Liebenauer Grünangers, heute teilweise der südliche Abschnitt des Maria-Cäsar-Parks, befand sich während des Zweiten Weltkrieges das Lager Liebenau, das größte Zwangsarbeitslager in Graz. Eine Gedenktafel und ein digitaler Rundgang leisten seit September 2020 einen wesentlichen Beitrag wider das Vergessen.

Nur noch wenige Meter sind es von hier bis zur neu gestalteten Uferzone am Stausee des Murkraftwerkes Graz-Puntigam (seit 2019). Ab dem Maria-Cäsar-Park bis zur ehemaligen Seifenfabrik wurde eine neue Art von Begegnungszone geschaffen: die Seichtwasserzone Grünanger als Lebensraum für Stehgewässer liebende Fischarten und als Verweilzone entlang von Uferdämmen, die infolge der Wasseraufstauung aufgeschüttet werden mussten. Die „Seifenfabrik" war von 1946 bis 1998 in Betrieb. 2003 revitalisiert, wird das Industrie-Denkmal heute als Veranstaltungszentrum genutzt.
Links vom Seifenfabrik-Ensemble gehen wir nun auf der neuen Murpromenade nach Norden, unter Ostbahnbrücke und Bertha-von-Suttner-Friedensbrücke hindurch,

Der Augarten – der „Grazer Hydepark".

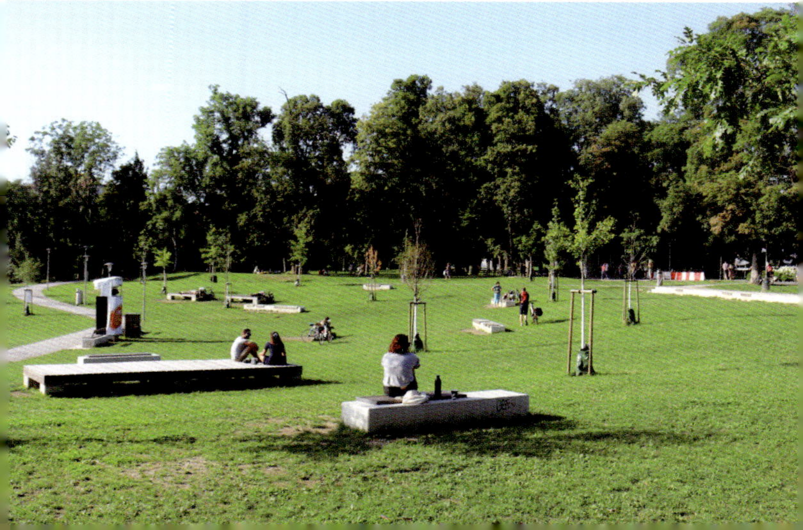

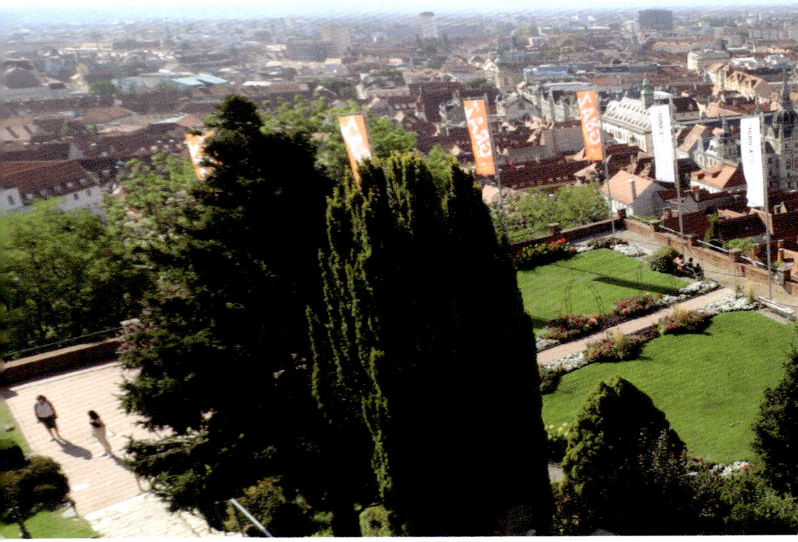

Die Gartenanlage der Bürgerbastei am Schlossberg mit Rathaus und Franziskanerkirche im Hintergrund.

am Augartenbad vorbei bis zum Städtischen Augarten. Hier wurde mit der Augartenbucht eine Anbindung des Augartens an die Mur und ihre Uferbereiche geschaffen, mit Sitz- und Liegemöbeln an flachen Böschungen. Nach einer kurzen Rast bei Coffee to go vom Espressomobil Graz wandern wir auf der Murpromenade weiter, kommen zum neuen Bootshaus des Grazer Kanu-Clubs und zum Jugendtreff „City Peach“ an der Erzherzog-Johann-Brücke. Nördlich der Brücke sehen wir das Kunsthaus der Architekten Peter Cook und Colin Fournier auf der westlichen Murseite. Das 2003 errichtete Gebäude ist mittlerweile zu einem vielbesuchten Wahrzeichen

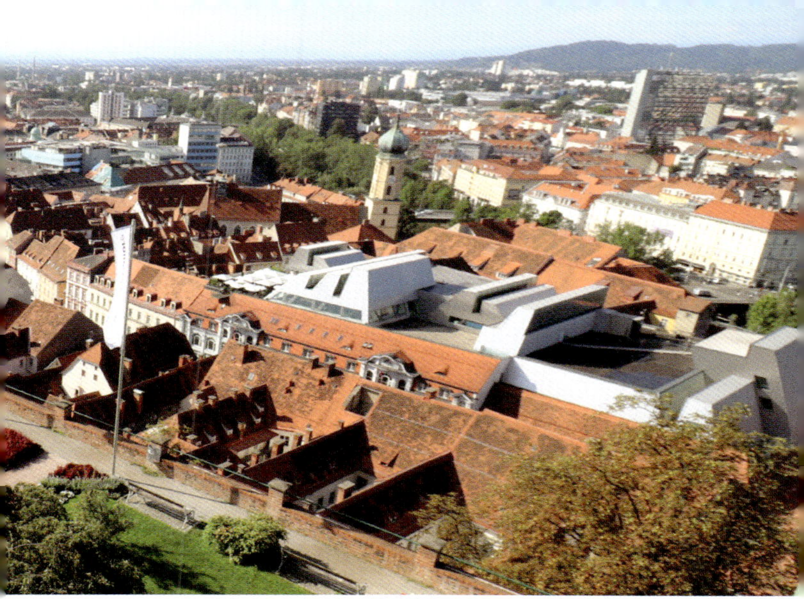

von Graz geworden. Es dient ausschließlich der Präsentation und Vermittlung zeitgenössischer künstlerischer Produktionen der letzten fünf Jahrzehnte.
Wir gehen östlich der Mur weiter bis zur Abzweigung auf die Murinsel (Architekt Vito Acconci), nehmen rechts die Stiege zum Kaiser-Franz-Josef-Kai hinauf und gelangen geradeaus zum Schlossbergplatz. Über die 260 Stufen des Kriegssteiges und durch den Herbersteingarten ersteigen wir die Aussichtsplattform mit dem Uhrturm: das Wahrzeichen und eines der ältesten Gebäude der Stadt Graz (erstmals 1265 genannt). Auffallend sind die fünf Meter großen Zifferblätter mit

kleinerem Minutenzeiger und größerem Stundenzeiger. Nach dem beeindruckenden Blick auf Graz und seine Gebirgsumrahmung gehen wir noch durch die Dr.-Karl-Böhm-Allee hinauf auf das Schlossberg-Plateau in 475 Meter Höhe. Vom höchsten Punkt des Schlossberges kommen wir nun an den Kasematten vorbei und blicken ins Kellergewölbe und Gefängnis des einst darüber befindlichen Schlosshauptmannshauses, heute die Veranstaltungsbühne „Kasematten". Gleich daneben befindet sich der achteckige Glockenturm mit der „Liesl"-Glocke und wenige Meter weiter besuchen wir das neue Schlossberg-Museum. Darin hat man von der Stall- und Kanonenbastei einen unvergleichlichen Blick auf Graz und weit nach Süden, bei guter Sicht bis nach Slowenien.

21

Schwierigkeit	leicht
Länge	8 km, 135 hm
Gehzeit	3 Stunden
Anreise	ab Graz Hbf. mit Straßenbahnlinie 6 bis Haltestelle Prof.-Franz-Spath-Ring, 250 Meter weiter zu Fuß bis Kirche St. Peter; mit dem Auto zu den Parkplätzen vor dem St. Peter Ortsfriedhof (N47°03'17.8" E15°28'33.7")
Kulinarik	Restaurant Tinos, Tel. +43 (0)316 422344, www.restauranttinos.at
Infos	Graz Tourismus Information, Tel. +43 (0)316 8075-0, www.graztourismus.at

Der letzte Abschnitt unserer Stadtwanderung führt auf der Straße vom Schlossberg („Am Fuße des Schloßberges“) hinab auf den Karmeliterplatz. Nach rechts durch die Sporgasse Richtung Hauptplatz gehend, kommen wir am Palais Saurau vorbei, berühmt durch sein Hauszeichen – die Halbfigur eines Türken, der aus einer Luke unterhalb des Dachvorsprungs ragt. In seiner ausgestreckten rechten Hand hält er ein Schwert. Mit der weit verbreiteten Sage von der Türkenbelagerung hat diese Figur aber nichts zu tun. Wenige Meter weiter endet unsere Wanderung am Grazer Hauptplatz. Mit der Straßenbahnlinie 6 fahren wir zurück nach St. Peter und kehren noch, wie beabsichtigt, im Restaurant Tinos ein.

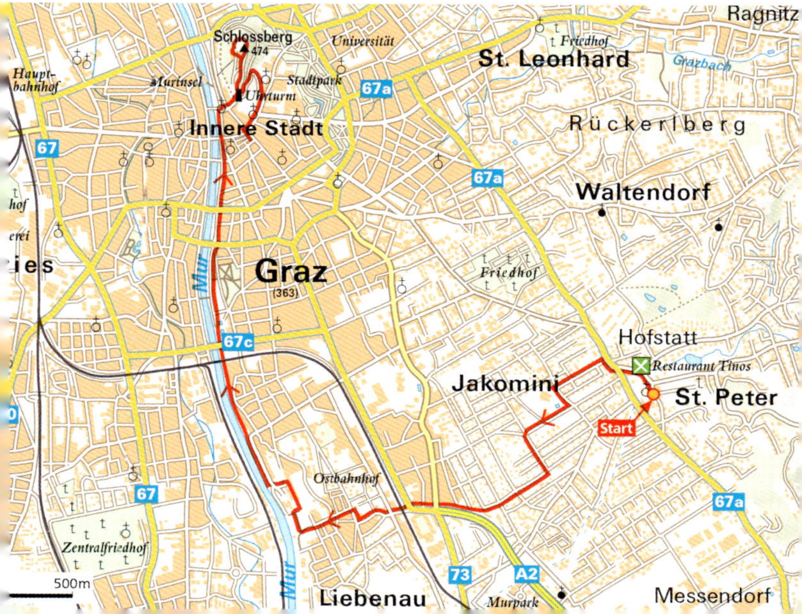

22

Graz-St. Peter/ Messendorfberg

Von einer alten Industrielandschaft zu einem „Urwald"

St. Peter im Südosten von Graz war einst Zentrum eines vorwiegend landwirtschaftlich geprägten Gebietes, in dem auch die Ziegelherstellung lange Tradition hatte. In der zweiten Hälfte des 19. Jahrhunderts war Graz eine Großbaustelle – zahlreiche Ziegeleien entstanden auf guten Lehmböden, besonders in St. Peter und dem benachbarten Waltendorf. Die Hochkonjunktur der vor allem von italienischen Familien geleiteten Betriebe dauerte bis zum Ersten Weltkrieg. Heute sind die ehemaligen Ziegelteiche Mittelpunkt des Naherholungsgebietes und Geschützten Landschaftsteiles Eustacchiogründe.

Wir beginnen diese Wanderung am Platz des Bauernmarktes („Meeting Point") St. Peter, an der Ecke Eisteichgasse/St. Peter-Pfarrweg am Nordende des Eustacchioparks. An Pumptrack und Skaterpark vorbei gehen wir links auf einem breiten Naturweg eine kleine Anhöhe hinauf. Ein paar Infotafeln wollen ihm den Charakter eines Waldlehrpfades verleihen. Von einem kleinen Teich links am Wegrand aus können wir durch Laubbäume hindurch auf den Eisteich hinuntersehen, den größten dieser ehemaligen

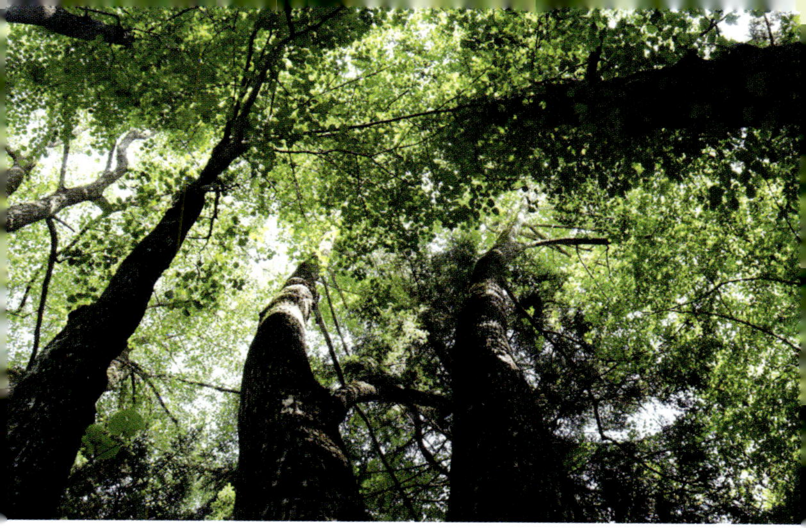

Baumriesen im „Urwald“ am Messendorfberg.

Ziegelteiche. Bald treffen wir auf den asphaltierten Breitenweg, gehen wenige Meter rechts bergab und biegen sodann nach links auf einen Waldpfad ab, von dem wir nach ca. 300 Metern zur Endhaltestelle der Straßenbahnlinie 6 hinuntergehen. Nun geht es links die Peterstalstraße ein Stück taleinwärts, ehe wir jeweils rechts auf Weiherweg und Hohenrainstraße abbiegen. Nach 100 Metern folgen wir nach links dem Friedrich-Gauermann-Weg, gehen an einem Schranken vorbei und weiter zu einem Waldweg bzw. -pfad, der durch den sogenannten Diözesanwald hinauf zur Petersbergenstraße führt. Wenige Meter links von hier (vor dem Grundstück Petersbergenstraße 82) führt ein schmaler eingezäunter Verbindungspfad zur Straße „Messendorfberg“ hinauf. Auf dieser halten wir uns rechts, bis in Messendorfberg 57–61 drei Naturdenkmäler unsere Aufmerksamkeit wecken: zwei Mammutbäume und ein Lebensbaum.

Nun sind es nur noch wenige Meter bis zum Grazer Urwald – ein eckengerundeter Holzbau lenkt zum Eingangsbereich hin. Wir machen einen kurzen Rundgang in dem ca. drei Hektar großen Wald, in dem sich über 35 verschiedene Gehölzarten und eine reiche Tier- und Pflanzenwelt befinden. Neben exotischen Bäumen wie Weihrauchzeder, Riesen-Lebensbaum, Ponderosa-Kiefer, amerikanischer Zaubernuss oder Bambus sind auch fast alle heimischen Arten vertreten.

Nach Verlassen des Urwalds gehen wir entlang der Straße Messendorfberg weiter, am Reit- und Voltigierverein Messendorfberg vorbei zur Messendorfbergstraße als gerader Fortsetzung der Straße Messendorfberg. Davon zweigen wir jeweils links auf den Arnikaweg und Fruhmannweg ab, sozusagen am Wendepunkt unserer Rundwanderung. In Fortsetzung dieser asphaltierten Wege geht

22

Schwierigkeit	leicht
Länge	10 km, 100 hm
Gehzeit	3 Stunden
Anreise	mit Straßenbahnlinie 6 ab Graz Hbf. bis Graz Eisteichgasse; mit dem Auto zu den Parkplätzen am St.-Peter-Pfarrweg, grüne Zone (N47°03'42.8" E15°28'19.2")

es nun auf einem breiten Naturweg leicht bergan durch einen Laubwald bis zur Johanneskapelle am Pachernweg, einem Rastplatz mit schöner Aussicht auf Graz. Nach wenigen 100 Metern kommen wir zur Petersbergenstraße, auf der wir am Gasthaus St. Peter Bergwirt vorbeikommen und nach etwa einem Kilometer in den Diözesanwald abbiegen (unmittelbar nach Petersbergenstraße 39). Nach Ende des Waldweges gehen wir geradeaus über die Petersbergenstraße und auf einem eingezäunten Fußweg zum St. Peter Ortsfriedhof. Von der Anhöhe des Friedhofs blicken wir über den Süden von Graz hinweg zum Plabutsch-Buchkogel-Bergzug. Auf der Zufahrt zum Friedhof gehen wir hinunter zur Kirche St. Peter.
Richtung rechts, am Pfarrhof vorbei, sind wir bald beim Restaurant Tinos, wo wir uns stärken wollen. Von hier können wir über Peterstalstraße, Breitenweg und St.-Peter-Pfarrweg zum Ausgangspunkt unserer Wanderung am Bauernmarkt-Platz zurückgehen oder schon bei der Haltestelle Prof.-Franz-Spath-Ring die Straßenbahn nehmen.

Kulinarik	Restaurant Tinos, Tel. +43 (0)316 422344, www.restauranttinos.at
Infos	www.museum-joanneum.at/kulturgeschichte-online/graz-ein-streifzug-durch-die-landeshauptstadt/8-bezirk-st-peter

23

Semriach

Kesselfall – ein wildromantischer Klammsteig

Liebt man das Wandern zwischen Wasserfällen und schroffen Felsen, bietet sich in der Steiermark – je nach Kondition und Stimmungslage – eine Reihe von attraktiven Möglichkeiten.

Einer der kürzeren Klammsteige der Steiermark ist der Weg um den Kesselfall – und trotzdem begegnen uns auf der wildromantischen Route viele klassische Elemente einer Klamm wie Kessel, Kaskaden, Strudeltöpfe oder Kolke – und man hört allzeit das Rauschen, Gurgeln und Plätschern des Wassers. Im Bereich des Kesselfalls haben Radiästheten (gemeinhin als Wünschelrutengänger bezeichnet) acht spezielle Kraftpunkte ausgemacht, die mit Hinweisschildern markiert sind.

Die Wanderroute beginnt nach dem Parkplatz beim Gasthaus Sandwirt, wo man sich vor der Wanderung stärken oder erst danach im gemütlichen Gastgarten verwöhnen lassen kann. Wir gehen vis-a-vis vom Wirtshaus über die Brücke, schwenken nach links (Wanderweg 740b) und spazieren über eine Wiese auf den Waldrand zu, wo man den fleißigen Bienen bei ihrer Arbeit zuschauen kann. Auf einem ersten Steg überqueren

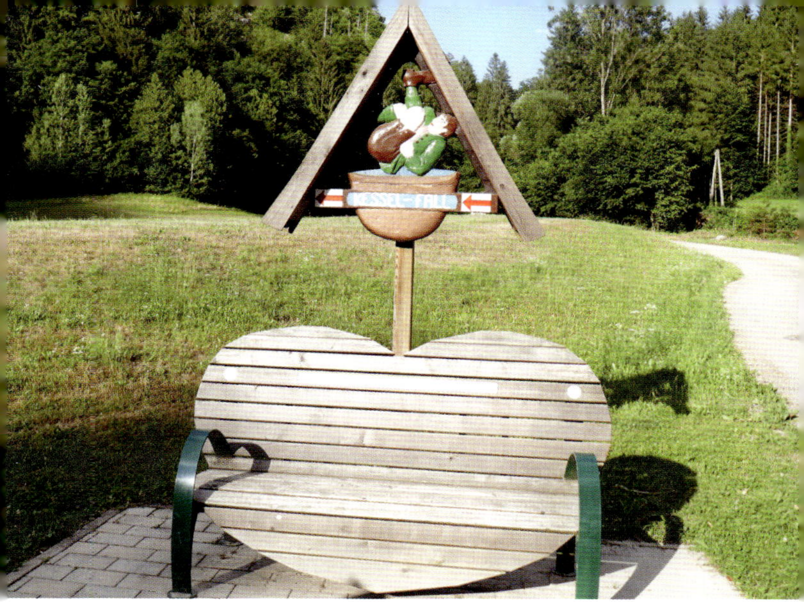

Der „sprechende Wegweiser“ gibt die Richtung an.

wir nun den Rötschbach und sehen dann rechter Hand ein kleines Holzhäuschen, wo um eine Spende gebeten wird. Die Pflege und Instandhaltung der Leitern und Brücken wird von einer Gruppe von Freiwilligen gewährleistet, daher sollte man sich wirklich nicht lumpen lassen.

Nun geht es über die Holzkonstruktionen auf mehr als fünf Brücken und Leitern bergauf, ca. 100 Höhenmeter werden auf diese Weise überwunden. Das vom Rötschbach kommende Wasser fällt insgesamt 38 Meter über mehrere Stufen, Stromschnellen und Becken nach unten. Diese Becken, die man auch als Kesseln bezeichnet,

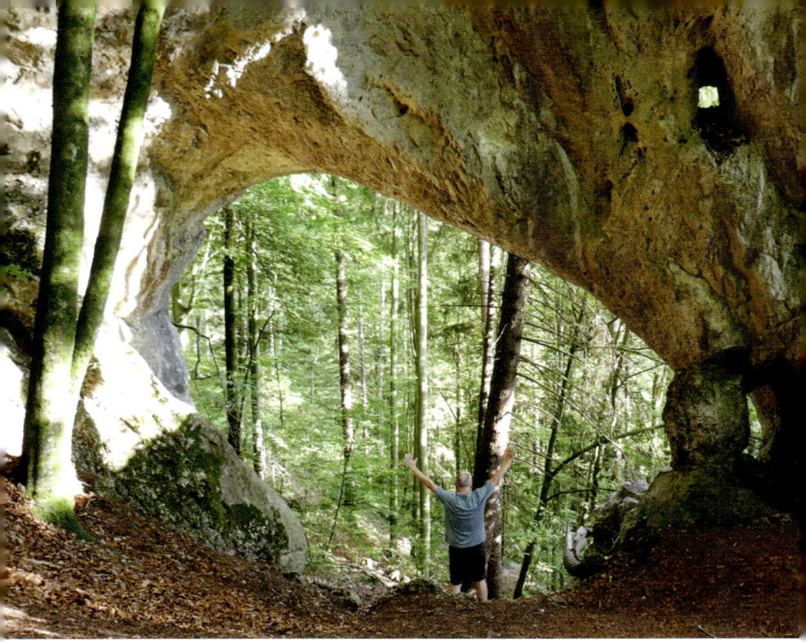

Das Steintor ist eine morphologische Besonderheit.

sind namensgebend für den Kesselfall. In Trockenperioden kann es schon einmal vorkommen, dass der Rötschbach bereits im oberen Bereich der Klamm in einem

23

Schwierigkeit	mittel
Länge	3,5 km, 190 hm
Gehzeit	1 ½ Stunden
Anreise	mit der Verbundlinie nach Semriach/Wegmacherhaus (www.verbundlinie.at, Tel. +43 (0)50 678910), die Haltestelle Wegmacherhaus liegt nahe der

Schluckloch verschwindet und sich den Weg durch das Gestein nach unten sucht. Solche Flussschwinden, die im Karst öfters auftreten, bezeichnet man auch als Ponore.

Vor der ehemaligen Kerschbaummühle erreichen wir wieder flacheres Gelände, schwenken hier nach rechts und folgen dem Wegweiser Steintor–Sandwirt (740b). Vor einer scharfen Linkskurve machen wir nach rechts einen kleinen Abstecher zum Steintor, einer Art Felsenfenster. Zurück am Wanderweg erreichen wir bergauf wenig später den Scheitelpunkt unserer Wanderung. Von hier geht es auf Waldpfaden und zuletzt auf einem Forstweg zurück zum Sandwirt, unserem Ausgangspunkt. In diesem Wirtshaus gibt es regionale und saisonale Gerichte, es wird alles frisch zubereitet und man kann im gemütlichen Gastgarten z. B. ein köstliches Semriacher Schnitzel oder ein Forellenfilet Steirerart schmausen. Für die Kleinen gibt es hier auch noch einen Kinderspielplatz.

	Kerschbaummühle und ermöglicht auch den umgekehrten Weg durch die Klamm; mit dem Auto zum Parkplatz Kesselfall (N47°11'56" E15°24'00")
Kulinarik	Gasthaus Sandwirt, Tel. +43 (0)3127 8226, www.sandwirt-kesselfall.at

24

Gratwein-Straßengel

Eine Runde bei einem fast 900 Jahre alten Stift

Als Ortsteil von Judendorf-Straßengel, das seit 2015 zur Gemeinde Gratwein-Straßengel zusammengeschlossen ist, liegt Rein 15 Kilometer nordwestlich von Graz. Seine Bekanntheit verdankt es dem hier 1129 gegründeten, heute ältesten Zisterzienserstift der Welt, weithin sichtbar am Übergang einer breiten Talebene (slowenisch „rauna“) am Fuße des Ulrichsberges mit der Ulrichskirche gelegen. Wir haben einen Besuch des Stiftes für den Nachmittag geplant, wollen aber vorher noch die drei Themenwege Ulrichsberg-Runde, Alpenbockweg und Prälatenweg kennenlernen.

Wir lassen diese Wanderung vor dem Eingang zur Stiftstaverne beginnen. Nach einem kurzen Wegstück Richtung Stift geht es rechts in den Mühlbachgraben hinein. Eine Informationstafel klärt uns über den Verlauf der drei Themenwege Ulrichsberg-Runde, Alpenbockweg und Prälatenweg auf.

Wir folgen demnach dem Alpenbockweg, der anfangs gleich mit der Ulrichsberg-Runde und am Schluss parallel zum Prälatenweg geführt wird. Schon nach wenigen Metern zweigen wir von der Mühlbachgrabenstraße

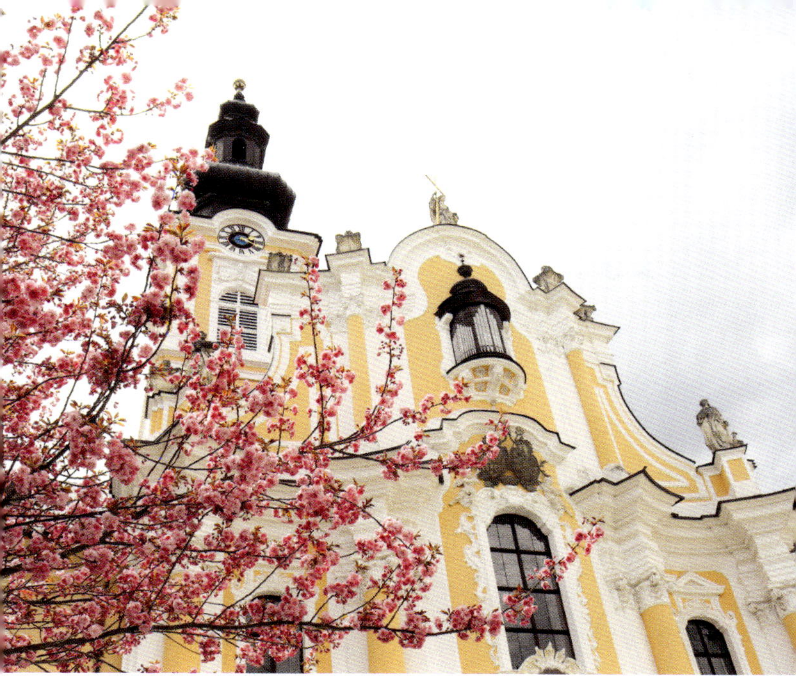

Die Stiftskirche des ältesten Zisterzienserklosters der Welt.

links hinauf zum Ulrichsberg ab. Durch diesen verlief einst eine Meisterleistung mittelalterlicher Wasserbautechnik: ein Stollen vom Mühlbach zum Kehrerbach. Die Zisterzienser leiteten darin seit Anfang des 12. Jahrhunderts Wasser quer durch den Berg in das wasserarme Kehrerbachtal. Zwei Bäche speisten so die Mühle im Wirtschaftshof des Klosters. Man hat die Stollenzugänge wieder freigelegt, sie sind aber nicht begehbar.
Nach einem etwa halbstündigen, steilen Aufstieg kommen wir ganz schön außer Atem bei der Ulrichskirche

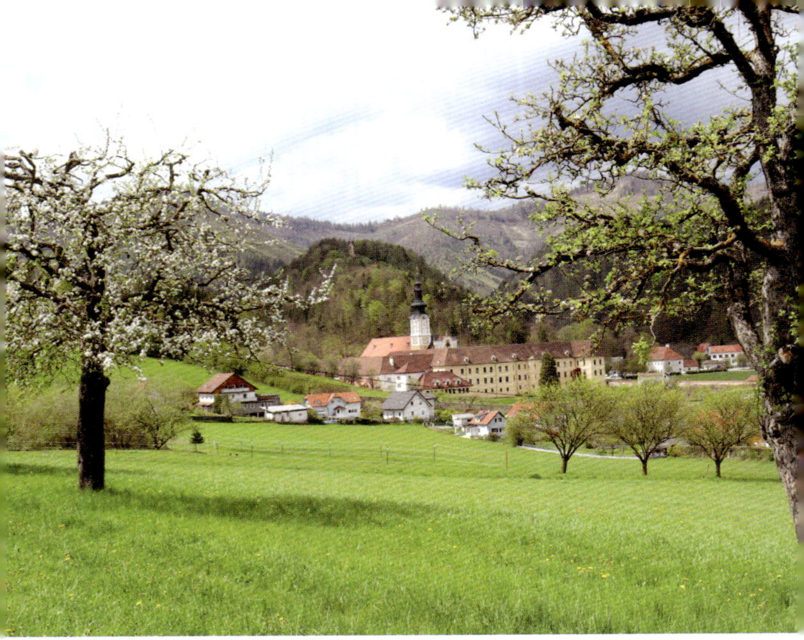

Frühling in der Nähe von Rein.

an, am höchsten Punkt unserer Wanderung. Hier ließ 1453 der damalige Abt dieses gotische Bergkirchlein erbauen, das ein kleineres Wahrzeichen von Rein geworden ist. Ein paar Minuten Innehalten zwischen dem Kirchlein und der benachbarten Wolfgang-Kapelle ermöglicht so manchen lohnenden Ausblick auf das Talbecken von Rein und das Studium der zweiten Infotafel des Alpenbockweges. Der Name dieses Themenweges weist auf einen blauschwarzen, streng geschützten Käfer hin. Günstigstenfalls sei er von Anfang Juli bis Mitte August entlang dieses Weges zu sehen.

Nun gehen wir am Ulrichsberg geradeaus weiter. Ein schmaler Pfad führt uns einen steilen, aber bewaldeten Abhang des Mühlbachgrabens entlang. Auf diesem Pfad und einem anschließenden breiten, fast ebenen Waldweg gelangen wir zu einer Waldwege-Kreuzung, an der sich Station 3 des Alpenbockweges befindet. Hier trennt sich der Alpenbockweg von der Ulrichsberg-Runde, die links in das Kehrerbachtal hinabführt. Wir halten uns rechts und folgen dem ab nun sanft abfallenden Alpenbockweg. Attraktive Mittelgebirgspanoramen, vollständig von Reiner Stiftswäldern bewachsen, erreichen in Richtung Walzkogel und Mühlbacherkogel links von uns über 1 000 Meter Höhe; rechts gegenüber erheben sich Hochstein und Treffenkogel mit knapp unter 1 000 Meter. Nach etwa zwei Kilometern biegt der Alpenbockweg in den letzten Abschnitt des Kastengrabens, der vom Ulrichsbach durchflossen wird. 400 Meter weiter mündet er in einer breiten, beckenartigen Erweiterung in den Mühlbach. Hier befindet sich gelegentlich ein Holzlagerplatz, auf dem bis zum Winter 2016/17 ein Kreuz aus Wurzelstöcken stand, 2009 zum Dank für die unfallfreie Aufarbeitung der Schadholzflächen nach dem Sturmtief „Paula" 2008 errichtet.

Wir gehen nun den Alpenbockweg talauswärts, studieren weitere Infotafeln und überqueren nach einem halben Kilometer den Mühlbach links über eine kleine Brücke. Bald treten wir aus einem Auwald-ähnlichen

Waldstück auf ein breiteres Wiesental hinaus. Ab hier verlaufen Alpenbockweg und Prälatenweg nebeneinander bis zum Ortsrand von Rein: der barrierefreie Prälatenweg als breiter Fahrweg geradeaus durch das Wiesental, der Alpenbockweg parallel dazu als meist schattiger Waldrandpfad am Hangfuß entlang. Außerdem wurde zwischen Prälatenweg und Mühlbach ein Barfußweg angelegt – eine willkommene Abwechslung für müde Wanderfüße. Wir bleiben auf dem Alpenbockweg am schattigen Waldrand und sehen kurz nach der Abzweigung des anspruchsvolleren Jägersteiges hinauf zur Mühlbacherhütte bereits die ersten Häuser am

24

Schwierigkeit	mittel
Länge	5 km, 126 hm
Gehzeit	2 ½ Stunden
Anreise	mit der Verbundlinie nach Rein (www.verbundlinie.at, Tel. +43 (0)50 678910); mit dem Auto zu den Parkplätzen vor dem Eingang zum Stift entlang der Pleschstraße (N47°08'08.0" E15°17'03.5")
Kulinarik	Gasthaus Stiftstaverne, Tel. +43 (0)677 61810518, www.stiftstaverne-rein.at
Infos	Stift Rein, Tel. +43 (0)3224 51621, www.stift-rein.at (Führungen täglich um 10.30 Uhr und 13.30 Uhr)

Ortsrand von Rein. Bald danach führen Prälaten- bzw. Alpenbockweg gemeinsam zur Pleschstraße und somit vor die Stiftstaverne bzw. das Stift. Vor der gebuchten Stiftsführung kehren wir noch in der Stiftstaverne ein.

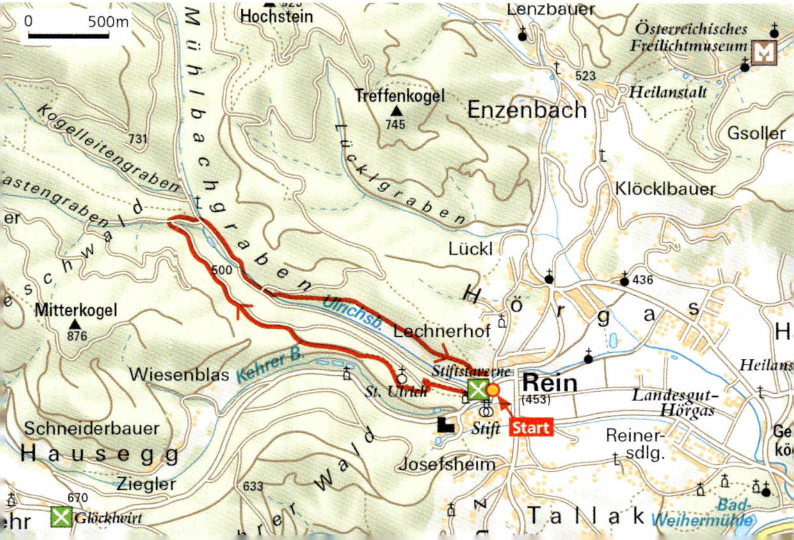

25

Stübing

Ein reiches Kulturerbe

Ganz in der Nähe des Ballungsraumes Graz kann man im Rahmen einer schönen Rundwanderung sechs Jahrhunderte österreichischer Bau- und Siedlungsgeschichte in einem der größten Freilichtmuseen Europas erleben.

Die Wanderung beginnt am Bahnhof Stübing. Wir gehen am Bahnsteig 2 einige Meter Richtung Süden, schwenken leicht rechts auf den kleinen P&R, benützen dann links kurz den Gehsteig bis zur Anzeige „Radweg R2 Gratwein–Graz“. Hier überqueren wir die Straße und nehmen links den Gehsteig bis nach der Brücke, wo wir wieder nach links in den Gehweg zum Österreichischen Freilichtmuseum Stübing einbiegen. Dieser Rad- und Fußweg führt uns zwischen rechtem Murufer und Bahnstrecke bis zum Eingang des Museums.
Die Wanderung durch sechs Jahrhunderte unterschiedlicher ländlicher und bäuerlicher Landschaften Österreichs ist natürlich nicht kostenlos, der Eintrittspreis aber mehr als gerechtfertigt: Das Freilichtmuseum Stübing zählt zu den zehn größten und eindrucksvollsten Freilichtmuseen Europas. Auf einem 65 ha großen Areal zeigt es verschiedene alte Haustypen aus

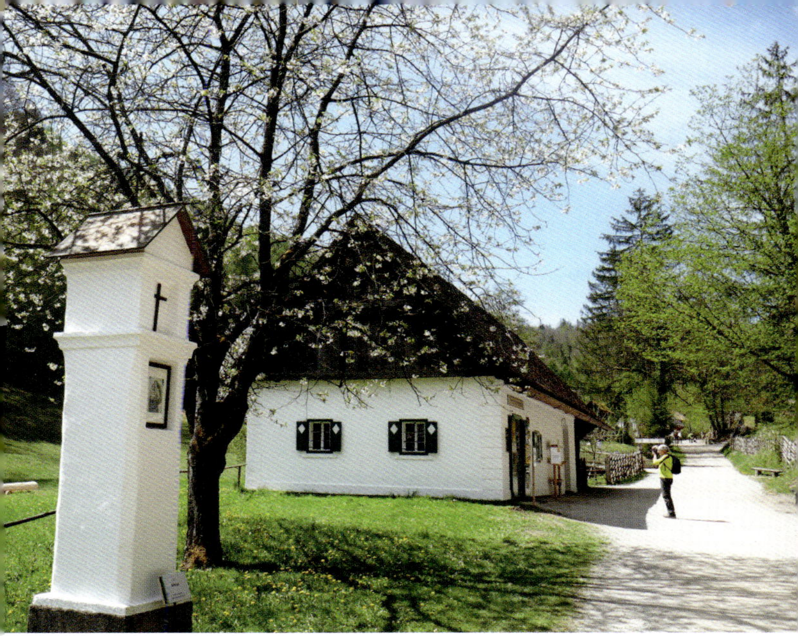

Historische Objekte ländlicher Baukultur im Freilichtmuseum.

allen Bundesländern Österreichs. Die Route durch faszinierende Objekte der Baukultur am Lande vermittelt einerseits einen beispielhaften Blick in die Wohn-, Lebens- und Arbeitswelt der Vergangenheit, andererseits bietet sie auch Anregungen für ein naturnahes, nachhaltiges Bauen in unserer Gegenwart. Das Freilichtmuseum ist heute Schauplatz von zahlreichen Objekten aus den Bundesländern und Südtirol, die hier aufgebaut wurden – es handelt sich sowohl um originale historische Gebäude als auch um Nachbauten und Rekonstruktionen. Bei der Errichtung dieser Objekte wurde auch

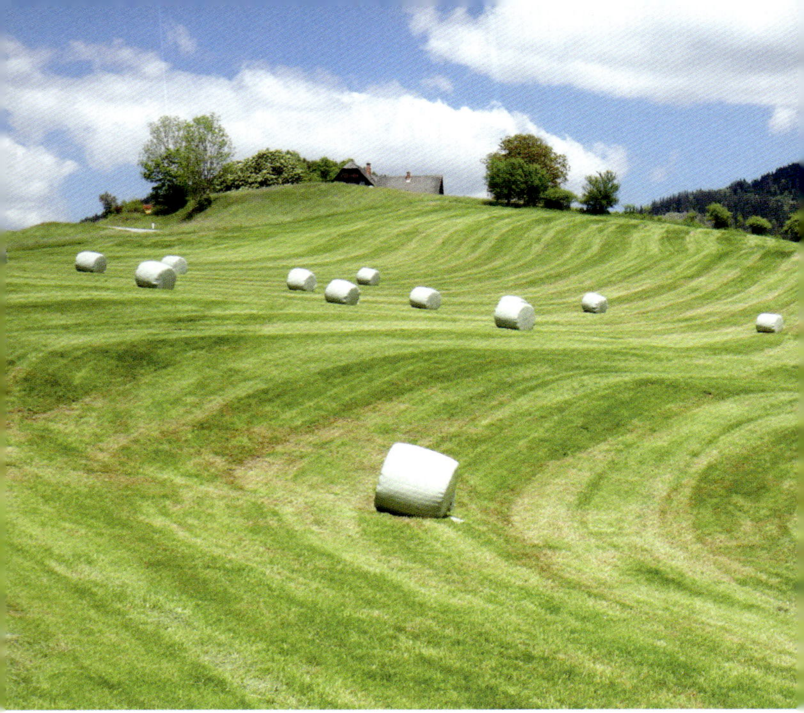

Rücksicht auf die Geländeform und die Klima- und Wetterbedingungen der jeweiligen Region genommen: So garantierten bereits die alten Einhöfe im niederschlagsreichen Westen Österreichs zentrale Funktionen wie Wohnen, Viehhaltung, Vorratshaltung und Geräteaufbewahrung unter einem einzigen Dach. Wenn es das Gelände zulässt, wurde dann auch hier im Freilichtmuseum in Ost-West-Richtung gebaut und die Wohnseite der Morgensonne (Bregenzerwälderhaus) zugewandt.

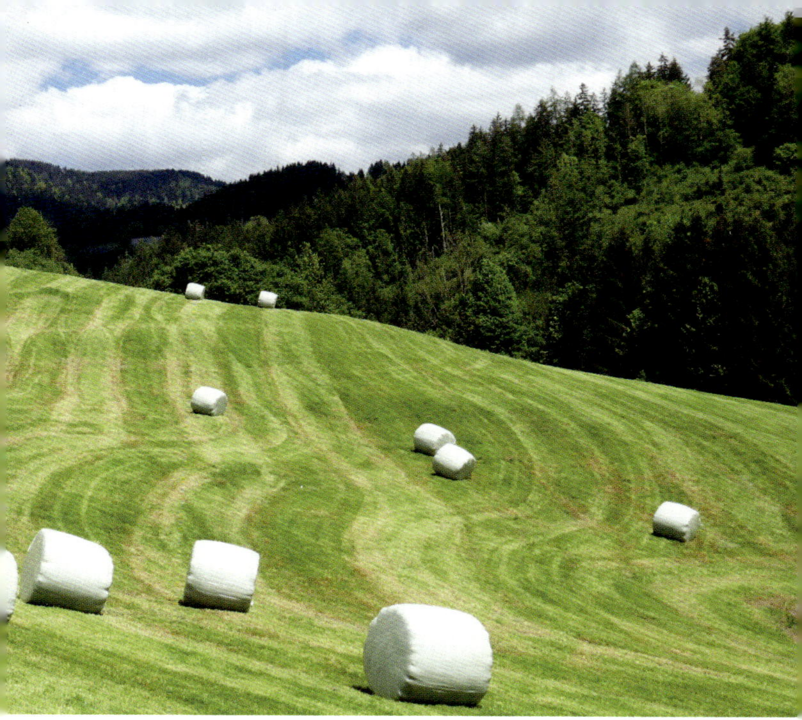

Im Nordwesten von Graz gibt es noch eine kleinbäuerliche Landwirtschaft.

Bei den für Oberösterreich und Niederösterreich typischen Vierkanthöfen nutzte man einst und auch hier die hohe Speichermasse der dicken Mauern. Sie sind im Winter eine ausgezeichnete Wärmedämmung, im Sommer sorgen sie im Bereich von Lager- und Wohnräumen für Kühle. Die in Stübing zu sehenden Bauten verraten auch etwas über die sozioökonomischen Bedingungen der jeweiligen Bauzeit. So sind z. B. die Streckhöfe in den östlichen und südöstlichen Flachändern durch die langen, schmalen Parzellen und durch die eng verbauten Dorfanlagen zu erklären. Die schmalen Parzellen gehen auf das Anerbenrecht zurück, im Zuge dessen der Landbesitz auf alle Erbberechtigten gleich aufgeteilt wurde. Dass man beim Wandern weder hungert noch durstet, dafür sorgt das Museumsrestaurant „Zum Göller".

Wir verlassen am Talschluss das Museum und wandern (Wegweiser „Fuhrweg Rein") bis zum Krankenhaus Enzenbach. Hier nehmen wir am Ende des Parkplatzes den Wanderweg 11 bzw. 562, der zuerst durch einen Wald führt. Bei einer ersten Lichtung muss man sich entscheiden, ob man den etwas sportlicheren und weiteren Weg 11 rechts über den Pfaffenkogel (734 m) nach Kleinstübing wählt. Der Pfaffenkogel, ein aus dunkelgrauen Dolomitablagerungen aus dem Silur und Devon (450 bis 350 Millionen Jahre vor heute) gebildeter Berg, bietet tolle Ausblicke in das Murtal. Der Abstieg nach

25

Schwierigkeit	mittel
Länge	8,5 km, ca. 200 hm
Gehzeit	3 Stunden
Anreise	mit der Verbundlinie nach Kleinstübing (www.verbundlinie.at, Tel. +43 (0)50 678910); mit dem Auto zum Parkplatz Bahnhof Stübing in Kleinstübing (N47°10'37.6" E 15°19'15.7")

Kleinstübing ist aber recht steil und erfordert eine gewisse Trittsicherheit.
Entscheidet man sich für den ge*h*mütlicheren Weg 562 geradeaus, geht es nach einem Haus knapp vor der Mostschenke Hörgasbauer rechts in den Jeineggraben ins Tal des Stübingbaches. Etwas oberhalb des Talbodens schwenkt man bei einem Bauernhof nach rechts und erreicht auf dem Wanderweg 562 nach ca. zwei Kilometern den Ausgangspunkt beim Bahnhof in Kleinstübing. Nach dieser Runde kann man im nahen Friesach im Gasthof „Zum Thomahan" gut essen und trinken. Die Wirtsleute legen einen großen Wert auf den Umwelt- und Klimaschutz, bereiten die Gerichte mit einem Schwerpunkt auf die Verwendung heimischer Produkte zu und stärken damit auch die Nahversorger.

Kulinarik	Gasthaus Thomahan, Tel. +43 (0)3127 41555, www.thomahan.at
Infos	Österreichisches Freilichtmuseum Stübing, Tel. +43 (0)3124 53700, www.museum-joanneum.at/freilichtmuseum

26 Stattegg

Eine Wanderung auf „die Leber"

Der Wunsch nach einer Rundwanderung im Grazer Bergland führt uns nach Stattegg. Die 3 000-Einwohner-Gemeinde grenzt direkt an Andritz, den nördlichsten Grazer Stadtbezirk.

Als Start- und Zielpunkt wählen wir das Gasthaus Huberwirt – Einkehrmöglichkeit mit Bushaltestelle und Parkplatz – in Stattegg, Statteggger Straße 199. Gleich neben dem Bildstock vor dem Gasthaus stehen die Alpenverein-Wegweiser für mehrere Wanderrouten, wir entscheiden uns für Nr. 10/766, eine Variante des Rannach-Rundweges. Diesem wollen wir bis zum Pferdehof Geierkogel folgen, dann aber Richtung Leber weitergehen. Über Buch und den Falschgraben soll sich der Kreis der Wanderung beim Gasthaus Huberwirt wieder schließen.

Gleich oberhalb des Huberwirts machen wir auf einem engen Wiesenpfad zu einem schmalen Hohlweg einige Höhenmeter, erreichen aber schon bald eine Wiese (abgezäunte Weide). Hier geht es rechts weiter den Waldrand entlang und bald wieder in den Laub-Mischwald hinein. Vielfach gewunden, manchmal mit steileren

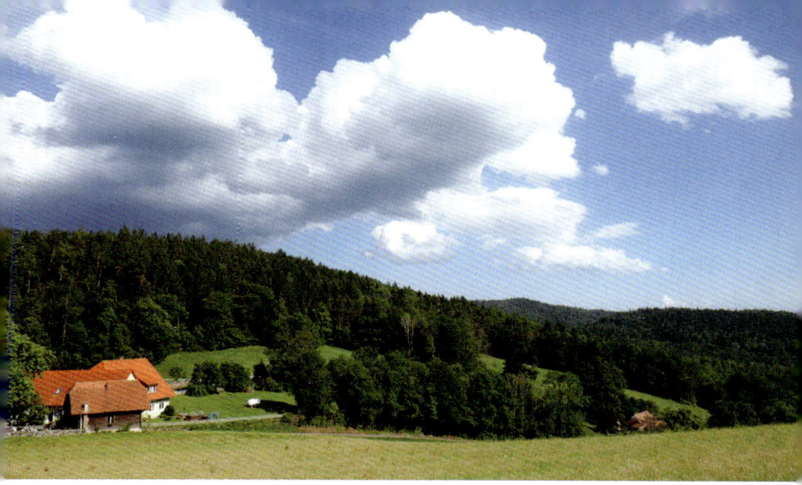

Am Talsattel der Leber kann man auch einkehren.

Abkürzungen weitläufiger Kehren, führt der Weg bergan bis zum asphaltierten Stattegger Sonnenweg. Nun sind es noch etwa 500 Meter bis zum Pferdehof Geierkogel, wo einst das beliebte Wirtshaus Geierkogel stand. Nach einer Stunde Gehzeit ab dem Huberwirt machen wir hier eine Viertelstunde Rast und genießen den Ausblick von einem schattigen Bankerl auf den weitläufigen Pferdehof und Richtung Graz, denn schließlich haben wir bereits beinahe 300 Höhenmeter (von knapp 400) unserer Wanderung geschafft.

Wir folgen ab hier der Abzweigung zum Steinmetzwirt „Auf der Leber"; vorerst auf einem leicht ansteigenden Schotterweg, bald auf einem kleinen Hohlweg mit auffallend gewellt strukturierten Kalkschiefer-Aufschlüssen an den Seitenwänden. Leicht lassen sich die dünnen

Schieferplättchen entnehmen – Fundstücke aus dem Grazer Paläozoikum und vielleicht auch eine willkommene Bereicherung mancher privater Gesteinssammlung. Bisweilen verläuft nun unser Weg als Waldpfad parallel zum Schotterfahrweg, bleibt aber immer rot-weiß-rot markiert. Wir nehmen den direkten Weg, nicht den über die Hohe Rannach. Gut einen Kilometer weiter zweigen wir auf einen auch für Radfahrer freigegebenen Weg ab, um zu vermeiden, die letzten Meter zur Leber auf einer Autostraße zurücklegen zu müssen. Dieser ganz leicht ansteigende Weg mündet nach knapp einem Kilometer wieder in den Rannach-Rundweg, genau dort, wo wir den höchsten Punkt (850 m) dieser Wanderung erreichen. Auf leicht abfallendem Pfad, einen Waldrand entlang, kommen wir zu einem Bankerl, von dem aus wir gut auf die Passlandschaft der Leber hinüberblicken können. Hier steht eine Art Denkmal als Erinnerung an zahlreiche Geigentage, die bis Juni 2019 alljährlich Treffpunkt für über 1 000 Geigenmusikerinnen und -musiker waren.

26

Schwierigkeit mittel
Länge 9,5 km, 388 hm
Gehzeit 3 ½ Stunden
Anreise mit Buslinie 53 ab Graz Hbf. bis Stattegg Huberwirt; mit dem Auto zu den Parkplätzen gegenüber der Feuerwehr Stattegg (N47°08'35.6" E15°25'09.4")

Wir gehen nun die letzten Meter zum Talsattel der Leber hinüber (733 Meter Seehöhe). Er markiert eine massive Bruchzone zwischen dem Schöcklkalk im Osten und dem Rannach-Gesteinskörper im Westen. Als Leber wird auch die Siedlung hier bezeichnet, ein Ortsteil der Gemeinde Stattegg. Der Name stammt vom mittelhochdeutschen Wort für Grenzhügel („lêwer“). Das Ortsgebiet gehört zum Landschaftsschutzgebiet Nördliches und Östliches Hügelland von Graz.
Jenseits des Leber-Sattels gehen wir auf der Kalkleitenstraße nach Buch. Am Ostfuß des Buchniklkogels folgen wir dem Alpenverein-Wegweiser hinab auf den Waldweg durch den Falschgraben und erreichen nach zwei Kilometern wieder waldfreies Gelände. Wir nehmen auf Höhe Hofweg 5 noch den Wiesenpfad zum Feuerwehrhaus Stattegg, gehen am Fuß des Hügels der Ruine Stadeck entlang und erreichen wieder den Huberwirt. An Wochenenden ist eine Einkehr beim bekannten Backhendl- und Tortenwirt möglich und zu empfehlen.

Kulinarik Gasthaus Zum Huberwirt, Tel. +43 (0)316 692133
Infos Graz Tourismus Information, Tel. +43 (0)316 8075-0, www.graztourismus.at

27

St. Radegund bei Graz

Erlebnisrunde am Grazer Hausberg

15 Kilometer nördlich von Graz, am Südfuß des Schöckls, liegt St. Radegund. Sein Heilklima und die radioaktiven Quellen waren schon zu Zeiten der Monarchie bekannt und schufen die Basis für den Status als Luftkurort mit Kaltwasser-Kuren. Wahrzeichen von St. Radegund und zugleich Hausberg von Graz ist der Schöckl, ein beliebtes Ausflugsziel für Spaziergänger, Wanderer, Rennradfahrer, Mountainbiker, Downhiller, Drachenflieger und Paragleiter.

In exponierter Lage am südlichen Alpenrand im äußersten Norden des Grazer Beckens liegt der wasserdurchlässige Kalkstock mit seiner weithin gut erkennbaren Trapezform auf wasserstauendem Untergrund, dem Radegunder Kristallin (= umgewandelte Schiefergesteine). Am Übergang der beiden Gesteinskomplexe treten entlang eines weitläufigen Quellhorizonts zahlreiche Quellen an die Oberfläche. Im verkarsteten Kalkgestein trifft man immer wieder auf Höhlen und Dolinen. Seit 70 Jahren erschließt eine 1995 vollständig renovierte Seilbahn das Plateau dieses Berges. Eine alte Mautstraße darf seit 1993 nur noch von Radfahrern oder Wanderern benützt

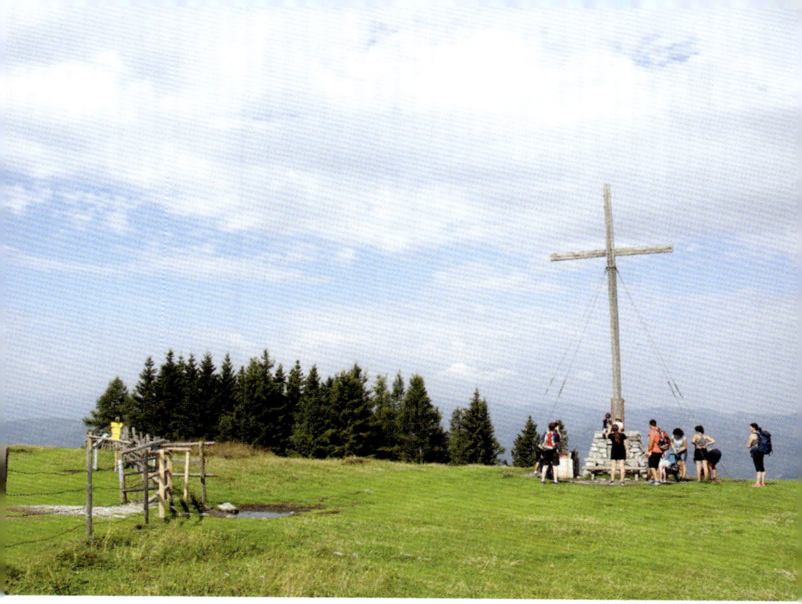

Der Westgipfel des Schöckl ist der Knotenpunkt mehrerer Wanderwege.

werden. Natürlich gab und gibt es mehrere Aufstiegsrouten für konditionsstarke Wanderer. Wir wollen aber die „ge*h*mütliche" Möglichkeit des Seilbahnaufstiegs nützen, um zum Ausgangspunkt unseres Erlebnisweges auf dem etwa zwölf Hektar großen Hochplateau des Berges zu gelangen.

Nach vier Minuten Fahrt steigen wir an der Bergstation der Schöckl-Seilbahn aus, direkt vor der Sommerrodelbahn „Hexenexpress". Ein reichlich ausgestatteter Schilderpfahl weist auf Wandermöglichkeiten in alle Richtungen. Wir wählen den Plateau-Erlebnisweg und gehen nach rechts (Richtung Nordosten) zum

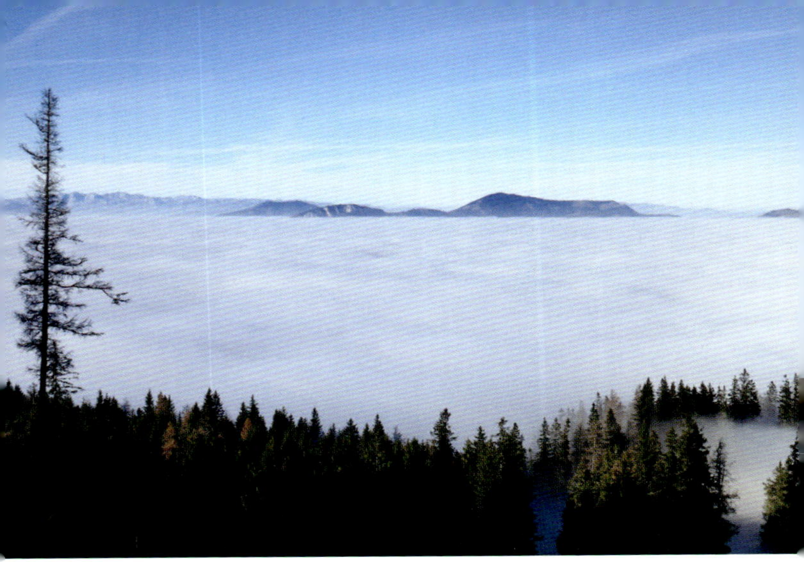

Im Spätherbst bietet der Schöckl viele Sonnenstunden über dem Nebelmeer.

Schöcklkopf. Nur wenige Meter geht es auf einem Fahrweg bis zur Abzweigung auf eine Almwiese. Zwischen verwitterten Kalksteinblöcken führt ein Pfad auf weichem, waldfreiem Wiesengrund allmählich hinan auf eine Kuppe mit einer Kapelle. Neben diesem Wiesenpfad wurde auch ein barrierefreier Holzweg („Weg für Alle") angelegt. Die Waldfreiheit des Schöckl-Plateaus entspricht nicht der natürlichen Waldgrenze, sondern ist auf bäuerliche Rodungen zurückzuführen. Am höchsten Punkt des Schöckl-Ostplateaus (1 434 m) steht eine kleine Kapelle, die dem Hl. Johannes geweiht ist. Von hier bietet sich ein besonders schöner Rundblick um den Schöckl. Wir lassen es uns nicht nehmen, das Glöcklein der Kapelle zu läuten, bevor wir zum Schöcklkopf weitergehen. An diesem nur wenig ausgeprägten Ostgipfel versuchen meist zahlreiche Paragleiter die Thermik zu nutzen. Wir haben hier den nordöstlichsten Punkt unseres Rundweges erreicht und gehen nun etwas unterhalb des Plateaus in einem bewaldeten Abschnitt hinunter zur Halterhütte, dem tiefsten Punkt unserer Wanderung (1 358 m). Von hier blicken wir auf St. Radegund,

Die kleine Johannes-Kapelle am Ostgipfel ist ein beliebter Rastplatz.

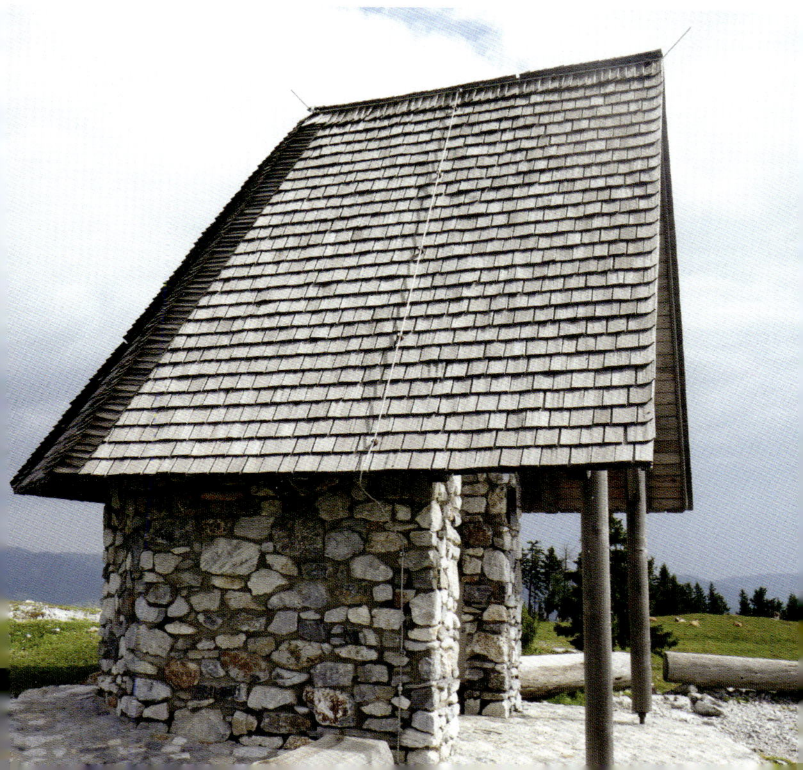

den Grazer Schlossberg und – bei guter Sicht – bis zu den südöstlichsten Gebirgsteilen der Alpen, dem slowenischen Pohorje (Bacherngebirge) und den kroatischen Bergen Haloze und Ivanšćica.
Von der Halterhütte geht es nun ein Stück entlang einer asphaltierten Straße sanft bergauf, bevor ein befestigter Fahrweg auf das Westplateau mit dem Schöckl-Gipfelkreuz führt. Beschriftete Fotopanoramen ermöglichen uns eine Benennung der Gebirgslandschaften nördlich vom Schöckl – z. B. über Hochlantsch und Teichalm hinaus zum Hochschwab in den Nördlichen Kalkalpen und den Niederen Tauern. Der mit 1 445 Meter höchste Punkt des Schöckls liegt allerdings 200 Meter östlich vom Gipfelkreuz.
Über eine leicht begehbare Felsstufe gehen wir nun nach Osten, immer die 100 Meter hohe Sendeanlage des ORF im Blick. In deren Nähe befindet sich auch eine Wetterstation sowie eine kleine Pyramide, die den steirischen Koordinatenursprung der K. K. Katastralvermessung im

27

Schwierigkeit	leicht
Länge	4 km, 85 hm
Gehzeit	2 Stunden
Anreise	mit der Verbundlinie nach St. Radegund (www.verbundlinie.at, Tel. +43 (0)50 678910);

Zuge der Franziszeischen Landesaufnahme aus der ersten Hälfte des 19. Jahrhunderts markiert.
Auf dem „Weg für Alle“ kommen wir entlang einer unbeirrt grasenden Kuhherde zum Stubenberghaus. Diese Schutzhütte wurde in den Jahren 1889/90 erbaut, 1990 unter Denkmalschutz gestellt und 1999 generalsaniert. Die heute als Berggasthof genützte Hütte in 1 430 Meter Seehöhe wird vom Österreichischen Alpenverein, Sektion Graz, betrieben. Nun sind es nur noch wenige Schritte bis zur Seilbahn-Bergstation, wo unser Rundweg endet. Dort nutzen wir noch die Gelegenheit, im angrenzenden „Wirtshaus am Schöckl“ auf Getränke und eine Mahlzeit einzukehren. Danach kehren wir mit der Seilbahn zum Parkplatz bzw. zur Bushaltestelle an der Talstation zurück.

	mit dem Auto zu den Parkplätzen bei der Talstation der Schöcklseilbahn (N47°11'09.4" E15°29'12.0")
Kulinarik	s'Wirtshaus am Schöckl Schmidt Elisabeth, Tel. +43 (0)3132 4423
Infos	www.almenland.at; www.regiongraz.at

28 *Naas*

Einblicke und Ausblicke

Der Naaser Höhlenweg bietet sowohl schöne Ausblicke ins Passailer Becken als auch einzigartige Einblicke in ganz besondere Karsthöhlen.

Als Ausgangspunkt wählen wir den Parkplatz vor dem Katerloch. Der Wanderweg ist mit dem Wegweiser „Naaser Höhlenweg" bestens beschildert. Es bleibt der eigenen Entscheidung überlassen, die Tropfsteinhöhle gleich oder am Ende der Wanderung zu besichtigen.
Um uns einen ersten Überblick über diese reizvolle Landschaft zu verschaffen, entscheiden wir uns zuerst für die Wanderung.
Vom Parkplatz führt uns der genannte Wegweiser, dem wir auf dem ganzen Rundweg folgen, auf einem Waldpfad bergauf zum Lärchsattel. Hier eröffnet sich nach links ein knapp siebenminütiger Abtstecher zum Sattelwegkreuz, einer Stelle mit guter Fernsicht nach Norden. Hat man Wetterglück, sind sogar Eisenerzer Reichenstein, Hochlantsch und Rote Wand in Sichtweite.
Wir gehen dieses kleine Wegstück zum Lärchsattel retour und wandern nun, wieder am Naaser Höhlenweg, geradeaus bis zu einem Bildstock am Wachthaussattel.

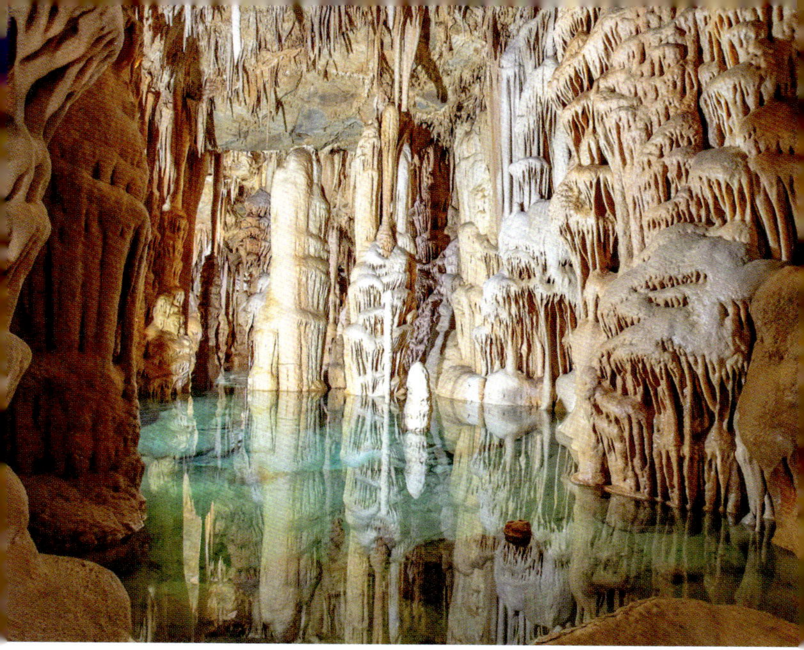

Im Katerloch eröffnet sich eine fantastische, bizarre Tropfsteinwelt.

Auf diesem Abschnitt hat man immer wieder einen schönen Blick auf das Passailer Becken – eigentlich eine große Karsthohlform, die in der Kalkzone häufig auftritt; sie wird auch als Polje (slow. „Feld“) bezeichnet. Herbe und liebliche Landschaftselemente wechseln sich ab, liegt das Becken doch am Übergang zwischen den Alpen und dem Vorland im Südosten.

Vom Wachthaussattel geht es nun bis knapp vor Gschaid, wo wir bei einer Linkskurve rechts den Weg bergab durch den Wald nehmen (wieder Wegweiser „Naaser Höhlenweg“, Dürntalwirt). Der Waldweg mündet in einen schmalen, asphaltierten Gemeindeweg, der zwischen Wiesen weiter bergab führt. Wir folgen weiter den Wegweisern bis zum Dürntalwirt, einer ersten Einkehrmöglichkeit. Vom Gasthof weg führt die Straße leicht bergauf, bis man nach ca. 200 Metern rechts in einen Waldpfad einbiegt.

Dieser bringt uns zur Grasslhöhle, der ältesten Schauhöhle Österreichs. Mit ihr ist eine aufregende Sage von einem Hirtenknaben verbunden, die man sich am besten im Rahmen einer Führung erzählen lässt. Die Höhle mit tausenden Sinterröhrchen und verschiedensten

Gespenstisches am Wegesrand.

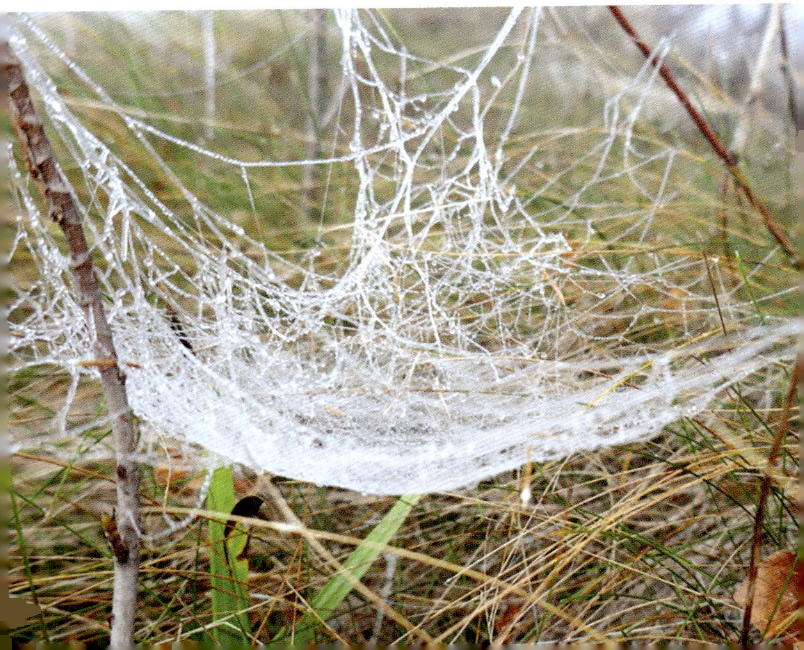

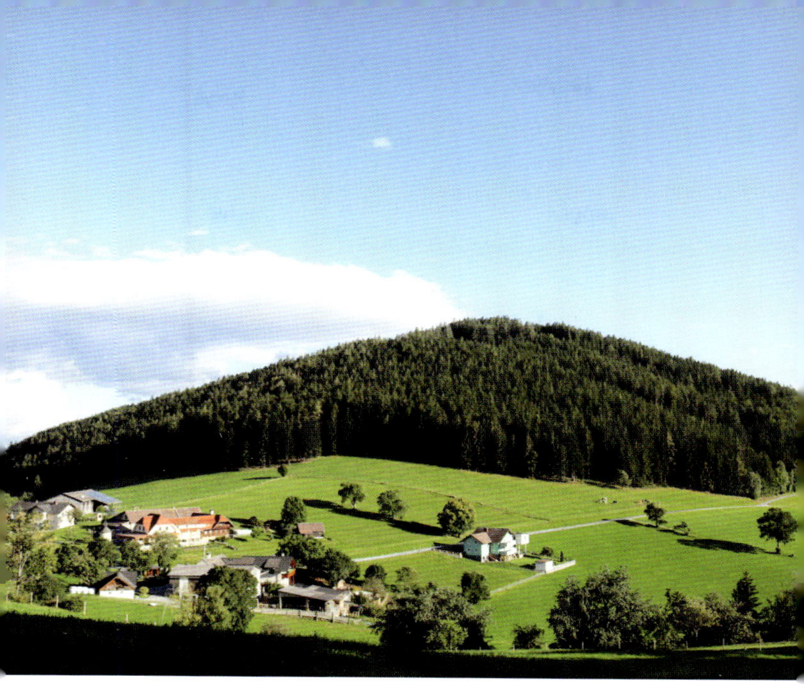

Blick auf den Weiler Gschaid.

Kristallen, die schon Erzherzog Johann besuchte, ist von sagenhafter Schönheit und auch für Kinder und ältere Leute leicht begehbar – ist sie doch nur an die 70 Meter lang, und auch der Höhenunterschied beträgt gerade einmal 20 Meter. Sie ist nur eine von ca. 170 Höhlen zwischen der Weiz- und der Raabklamm. Der geologische Untergrund der Region ist Schöcklkalk, der sich einst in einem ehemaligen Meer im Devon bildete und daher mindestens 350 Millionen Jahre alt ist. Dieser Kalk löst sich wegen seiner Reinheit (ca. 55 % CaO-Anteil)

im Bereich von Schicht- und Kluftfugen durch Niederschlagswasser und Kohlensäureverwitterung leicht auf, und so bilden sich unterschiedliche Hohlformen wie z. B. Höhlen.
Wir verlassen die Grasslhöhle und gelangen auf einem Schotterweg zu einer schmalen Asphaltstraße. Diese bringt uns rechts haltend zurück zum Katerloch, der tropfsteinreichsten Schauhöhle Österreichs, unserem Ausgangspunkt der Wanderung. Im Gegensatz zur Grasslhöhle verfügt diese Höhle über ein großes Eingangsportal von ca. 20 x 10 Metern, dem sich eine Reihe weiterer Räume von beachtlicher Größe anschließen. Man betritt eine zauberhafte Welt von Stalagmiten und Stalaktiten, Kalkkorallen und Kristallsäulen. Für den Besuch dieser Höhle ist ein Mindestmaß an körperlicher Fitness nötig, muss man bei einer Führung zur Phantasiehalle doch auf kurzer Distanz über ein Stufen- und Leitersystem 135 Höhenmeter überwinden.

28

Schwierigkeit	mittel
Länge	7 km, 340 hm
Gehzeit	2 ½ Stunden
Anreise	Parkplatz vor dem Katerloch (N47°15'15" E15°33'01")
Kulinarik	Grillwirt, Tel. +43 (0)3179 23628, www.grillwirt.at

Steht nach der Wanderung und den Besichtigungen der Sinn nach einem guten Gasthaus, so ist der Grillwirt (Gasthaus Sperl) zu empfehlen. In diesem traditionsreichen Wirtshaus werden hochwertige Produkte aus der Region frisch zubereitet.

Hinweis: Im nahen Arzberg reift im Stollen eines ehemaligen Silberbergwerkes der vielfach prämierte „Almenland Stollenkäse". Genussladen und Führung sind ein Fest für alle Sinne.

Infos

Almenland Stollenkäse, Tel. +43 (0)3179 23050-0, www.almenland-stollenkaese.at
Grasslhöhle, Tel. +43 (0)664 5241757, www.grasslhoehle.at
Katerloch, Tel. +43 (0)664 4853420, www.katerloch.at

29

Laßnitzhöhe
Eine Wanderung im „Heilklimatischen Kurort“

Knapp 15 Kilometer östlich von Graz liegt der „Heilklimatische Kurort“ Laßnitzhöhe. Für unsere geh*mütlichen Wanderungen kommt ein besonderes Kurangebot infrage: der Erlebnisweg „sebastian RELOADED®“.

Körperliches Training in Form von Spaziergängen über zunehmend längere und steilere Strecken zur Behandlung von Herz- und Kreislauferkrankungen findet immer mehr Zuspruch. Das Gesundheitsprogramm von Sebastian Kneipp soll hier im Rahmen neu gestalteter, ganzheitlicher Ansätze zur Geltung kommen. 25 Erlebnisstationen wollen entlang dieses neun Kilometer langen Weges (93 hm) auch auf humorvolle Art zu entsprechenden Aktivitäten anregen.
Wir beginnen also diesen Rundweg an einer als „START“ markierten kleinen platzartigen Erweiterung zwischen Bahnhofstraße und Hauptstraße, nahe dem neu gestalteten „Regionalen Marktplatz“ im Zentrum von Laßnitzhöhe. Großzügig gehaltene Infotafeln geben Auskunft über geographische und inhaltliche Details. Grüne Schuhabdrücke auf Gehsteigen leiten uns – vorbei an einem liebevoll errichteten Blumen-Karussell – über die

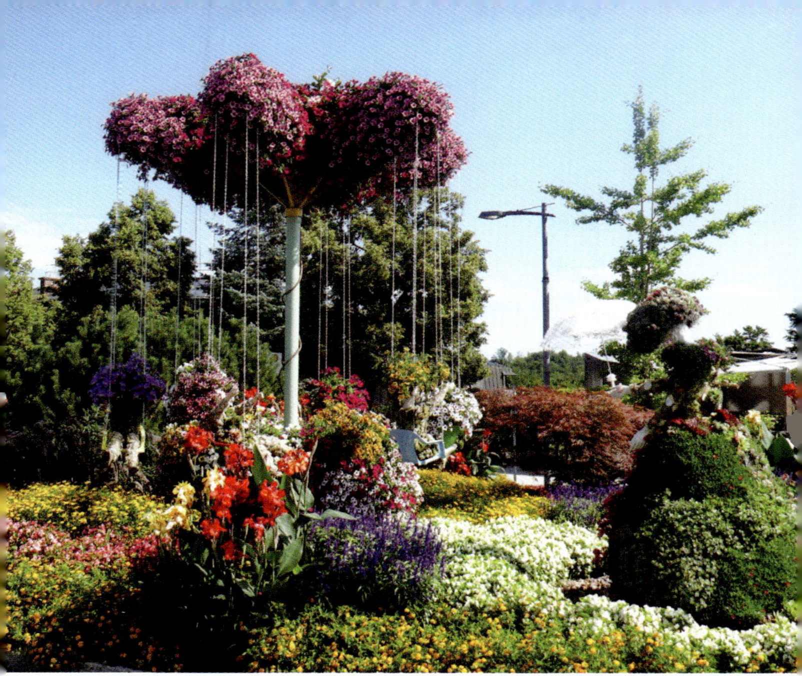

Florale Kunst in Laßnitzhöhe.

Hauptstraße westwärts zur Kapellenstraße und nach 50 Metern rechts auf einen Waldweg hinab. Ab hier sorgt im weiteren Verlauf ein Schild mit dem Symbol für den „Inneren Schweinehund" für problemlose Orientierung, nur an Straßenüberquerungen von den grünen Spuren unterstützt. Der erste Abschnitt ist ein breiter, sanft gewellter Waldweg.

Bald gelangen wir zu Erlebnisstation 2. Hier werden wir eingeladen, die Stufen hinauf zur Figur des sogenannten „Inneren Schweinehundes" zu bewältigen, den es ja bekanntlich zu überwinden gilt. Wir nehmen die Herausforderung eher ge*h*mütlich als sportlich an.

Nach dieser Abzweigung gehen wir den Sebastian-Weg weiter, mehr oder weniger sanft ansteigend bis zum Parkplatz beim Friedhof. Hier führen uns wieder die grünen Schuhabdrücke über die Hauptstraße bis zu einem schmalen, mit Geländer gesicherten Abstieg zu einem befestigten Fahrweg. Dort befindet sich Station 4 des Erlebnisweges, wo man Wissenswertes über den Heilklimatischen Kurort Laßnitzhöhe erfährt – über Auswirkungen von Wetter und Klima auf unseren Körper, was Heilklima oder Feinstaub bedeuten und was es mit dem Begriff Sommerfrische auf sich hat.

Sanft geht es nun bergab in das grabenähnliche Tal des Laßnitzbaches, oberhalb des Bahnhofs Laßnitzhöhe (Gasthof zum Bahnhof) an der Südseite des Hügels Laßnitzhöhe (476 m) entlang und alsbald wieder auf einem ansteigenden Waldweg Richtung Landhaus Waldfrieden. Ab hier verläuft der Waldpfad in einem engen Bogen Richtung Laßnitzhöhe zurück. Bald geht es eben über eine Lichtung, wo das „1. Österreichische Herzkasperl-Theater“ (Station 9) vor allem Kinder mit Themen wie Gesundheit, Krankheit und Vorsorge vertraut machen will. Ein kurzes Wegstück ist noch im Wald zurückzulegen, dann gehen wir auf dem Johann-Kogler-Weg hinauf zur Hauptstraße, wo uns die grünen Schuhabdrücke zu einer Stiege beim Feuerwehr-Gebäude (mit

öffentlichem WC!) geleiten. Danach wenden wir uns nach links (Klicnikweg), bis wir vom schon bekannten Sebastian-Wegweiser wieder auf einen Waldweg gelenkt werden.
Der folgende Abschnitt verläuft eben oder sanft abfallend bis zum Moggaubach im Ortsteil Moggau. Hier bietet Station 16 Gelegenheit, das Wassertreten auf der Grundlage von Sebastian Kneipp („Kneippen") richtig kennenzulernen – das heißt: zu spüren. Vielleicht fällt es danach etwas leichter, den nächsten, nicht allzu steilen, aber meist waldfreien Anstieg zum Hotel Liebmann zu meistern. Beim Parkplatz des Hotels müssen wir kurz nach links gehen, um dann nach rechts zur Station 18 zu kommen, in Form einer Lunge gestaltet. Die „Grüne Lunge" steht symbolisch für den Wald – den wertvollen Sauerstoffproduzenten. An mehreren Schaukästen kann man die Größe von Staubpartikeln vergleichen und durch ein Lavendellabyrinth auf einen Wiesenweg kommen, der in einen beinahe ebenen Waldweg mündet. Nach 300 Metern kreuzt der Sebastian-Weg einen sehenswerten Waldlehrpfad, der wohl eine eigene Wanderung wert wäre.
Wir folgen jedoch weiterhin dem Sebastian-Weg und bleiben kurz bei Station 21 stehen. Auf diesem Rastplatz werden Ernährungstipps auf Basis des „functional eating" gegeben, was die richtige Kombination der Lebensmittel zum Zweck der Erhöhung des Nährstoffprofils verfolgt.

Kurz darauf kommen wir an einem Ort vorbei, den man heute als „Lost Place“ bezeichnen könnte – hier verfällt ein wahrscheinlich als Hotel mit Schwimmbad geplantes Gebäude schon jahrzehntelang hinter Absperrgittern. Der Sebastian-Weg mündet sodann in die Kapellenstraße und trifft nach wenigen Metern links auf den Pestsäulenweg (auch als Fitness-Meile bezeichnet). Hier könnte man nun einen Abstecher zum Heurigen Schögler ins Tomsche-Tal (700 m) hinunter machen und auf eine zünftige Jause einkehren. Wir wollen das aber erst nach unserer Wanderung machen und biegen

29

Schwierigkeit	leicht
Länge	9 km (mit Abstecher zum Heurigen 10,5 km), 93 hm
Gehzeit	3 Stunden
Anreise	mit der Verbundline nach Laßnitzhöhe (www.verbundlinie.at, Tel. +43 (0)50 678910); mit dem Auto zu den Parkplätzen in der Kapellenstraße (N47°04'35.0" E15°34'38.9")
Kulinarik	Heuriger Schögler, Tel. +43 (0)3133 8884
Infos	www.regionlassnitzhoehe.at

daher vom Kapellenweg scharf rechts auf den Pestsäulenweg ab. Auf diesem geht es sodann überwiegend flach dahin, über den Tomsche-Weg und wieder zur Kapellenstraße hinauf. Nun kann man links den grünen Spuren noch einmal zum Startpunkt zurück folgen (zur Bushaltestelle) oder nach rechts zum Parkplatz in der Kapellenstraße gehen.

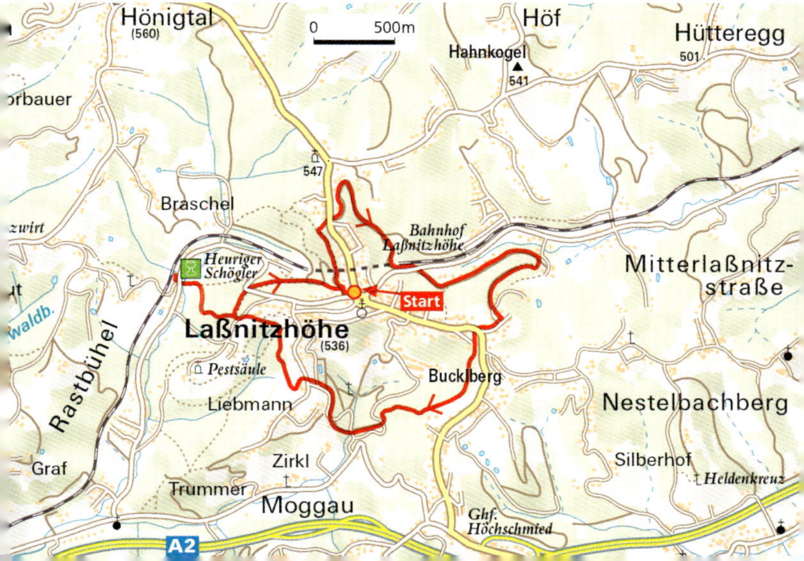

30

Premstätten

Unerwartete Aus-, Ein- und Umsichten im Österreichischen Skulpturenpark

In unmittelbarer Nähe eines Freizeitsees und des Flughafens Graz ist der frei zugängliche Österreichische Skulpturenpark angelegt. Die Sammlung zeitgenössischer Kunstwerke umfasst derzeit schon mehr als 70 Arbeiten von Yoko Ono, Franz West, Erwin Wurm, Bruno Gironcoli, Hans Hollein und vielen anderen. Der Park bietet sich aber auch für eine „ge*h*mütliche" Wanderung oder ein Picknick an – eine Gelegenheit, sich mit Gegenwartskunst in ungewohnter Umgebung auseinanderzusetzen.

Unübersehbar weist der goldgefärbte Mineralölwaggon, den Hans Hollein „Das Goldene Kalb" nennt (Skulptur 66), von der Zufahrtsstraße zum Parkplatz des Österreichischen Skulpturenparks. Ausgestattet mit einer vor dem Eingang entnommenen Info-Broschüre, in der alle Kunstwerke abgebildet und beschrieben sind, betreten wir den ersten Abschnitt des Parks, den Berggarten. Wir gehen nach links und sehen auf einer Anhöhe einen auf der Spitze stehenden Kegel aus aufgerolltem Kupferrohr – ein frei stehendes Riesenvogelnest? Sein Schöpfer

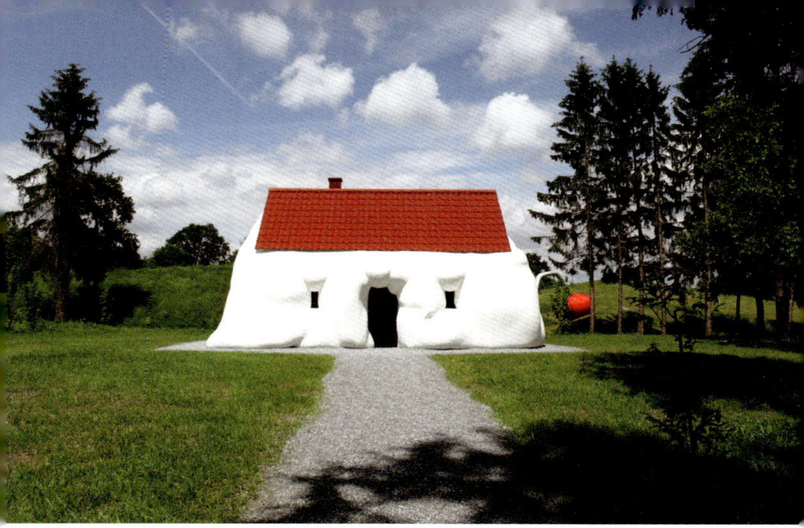

„Fat House“ von Erwin Wurm.

Michael Kienzer lässt uns mit der Benennung „o. T.“ Raum für Interpretationen. Gegenüber zieht Skulptur Nr. 12 („Natalexos 1987“) von Tony Long aus Massachusetts unsere Aufmerksamkeit an. Es soll als Relikt einer alten Kultur sowie als Fundstück des Industriezeitalters zu verstehen sein. Ein paar Schritte weiter bringt uns das „Betonboot 2003“ von Michael Schuster dazu, die zwei Meter hohe Rasendammschüttung des Landschaftsarchitekten Dieter Kienast zu „ersteigen“. Von diesem Boot, das einst an einem slowenischen Straßenrand gefunden wurde, hat man einen sehr guten Ausblick auf den angrenzenden Badesee bis hin zur Gebirgs-Umrahmung des Grazer Beckens. Die Anhöhe gegenüber ziert ein übergroßer Koffergriff, einer Erdkugel

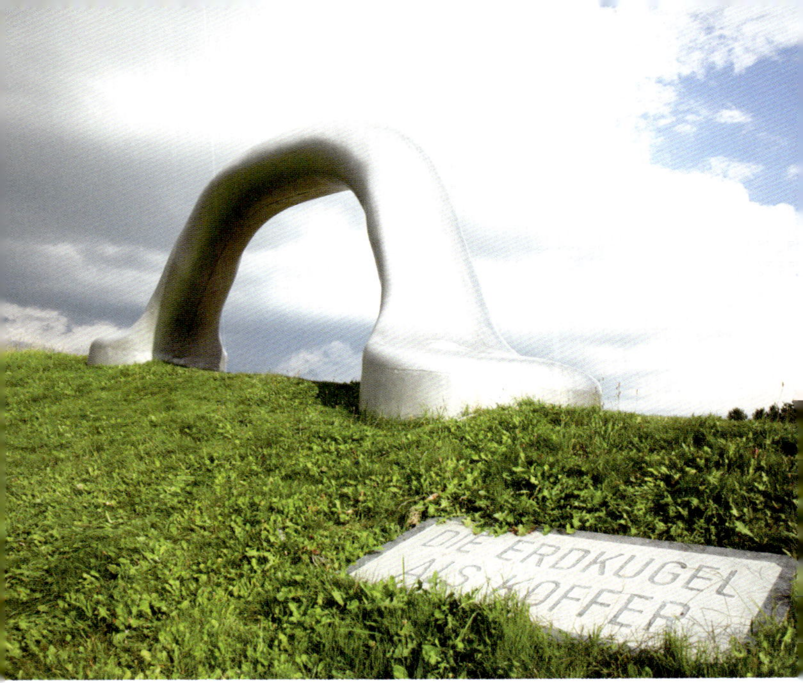

„Die Erdkugel als Koffer" von Peter Weibel.

aufgesetzt, voll mit Daten, Organismen und Gegenständen, die von Menschen ständig gesendet oder transportiert werden müssen. Unmittelbar daneben steht die mehrere Meter hohe Skulptur Nr. 43 „Airplane Parts & Hills" von Nancy Rubins. Verarbeitete Flugzeugschrottteile stimmen angesichts des nahen Grazer Flugfeldes ein wenig nachdenklich.

Wir gehen nun weiter in den nächsten Parkabschnitt, den Fasangarten. Gleich links nach dem Eintritt staunen wir über Erwin Wurms „Bunker 1987", in dem er zwei

Metalleimer an einer roten Metallplatte befestigt und so von den Zwängen der Schwerkraft befreit. Gegenüber verwandelt der Mürzzuschlager Maler Erwin Bohatsch anhand seiner bislang einzigen Skulptur („Wand 1992") das langsame Rinnen der Farbe über eine Leinwand zu Stein. Durch Martin Schnurs Wirklichkeitsrahmen („o.T., 1995"), an dessen vier Seiten jeweils eine Figur klebt, gelangen wir zum Lotosblütenteich und rasten uns auf einer aus Stahlblech mit Lasertechnik gefertigten Möbelskulptur („Ohne Titel, 2014") des Innsbruckers Peter Kogler ein wenig aus. Danach gehen wir an Hans Kupelwiesers

„-3m Brett" von Markus Wilfling.

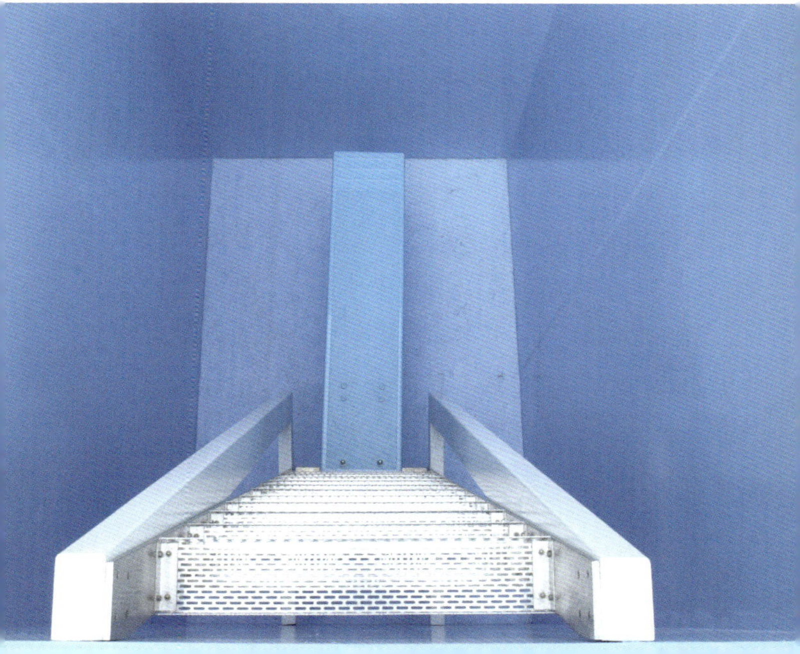

„Gonflable 6, 2002" vorbei, gefertigt aus dünnen Alublechen, die mit Druckluft aufgeblasen werden, wodurch zufällige Formen entstehen. Unweit davon betont der Kindberger Rudi Molacek mit seiner Aluminium-Skulptur „Rose 1999" die Feinheit und Zerbrechlichkeit dieser Kunstwerke der Natur.
Nach einer schmalen Heckenallee öffnet sich vor uns das große Rechteck eines Labyrinths, in dem wir etliche Versuche benötigen, um zum Ausgang zu kommen. Auf einer großen Wiesenfläche neben dem Labyrinth täuscht Markus Wilflings Installation „-3m Brett, 2004" durch ein spiegelbildlich in einem Pool versenktes Sprungbrett unsere Wahrnehmung, so als würde man das Brett von unten sehen. Kurz danach steigen wir – wieder zurück im Berggarten – zu Yoko Onos „Painting to Hammer a Nail In / Cross Version, 2005" hinauf, eine wohl an Golgatha gemahnende Skulptur mit seitlich in den Stamm der Kreuze eingeschlagenen Nägeln. Wenige Meter weiter quaken in einem Seerosenteich vor dem Berggarten-Cafè

30

Schwierigkeit	leicht
Länge	3 km
Gehzeit	1–3 Stunden (beliebig gestaltbar)
Anreise	mit der Verbundlinie nach Schwarzlsee/Skulpturenpark (www.verbundlinie.at, Tel. +43 (0)50 678910); mit dem Auto zu den Parkplätzen direkt vor dem

Frösche um die Wette, begleitet von einer hochspritzenden Wasserfontäne, die von den Besuchern ausgelöst oder abgestellt werden kann. In einem angrenzenden kleinen Wäldchen entdecken wir eine rosarote Baumskulptur. Tobias Rehbergers „Asoziale Tochter, 2004" ermöglicht einen ungewohnten Blick auf das scheinbar gewohnte Ökosystem Wald. Danach erleben wir eine weitere Veränderung von etwas vermeintlich Bekanntem: Erhöht auf dem hier sanft abfallenden Rasendamm steht eine „Arche aus lebenden Bäumen, 2010" von Mario Tarzic aus Feldkirch. Ein etwa 25 Meter langes, hölzernes Schiffsrumpf-Skelett bietet 60 Schwarzpappeln die Möglichkeit, einen Schiffsrumpf zu formen. Gegenüber steht weithin gut sichtbar Erwin Wurms „Fat House, 2003". Das schwabbelig wirkende Haus symbolisiert den fett machenden Konsum. Bis zum Ausgang des Parks gäbe es noch zahlreiche Kunstwerke zu bestaunen, wir heben uns das aber für einen zukünftigen, neuerlichen Besuch auf.

	Eingang zum Skulpturenpark (N46°58'40.82" E15°25'50.81")
Kulinarik	„Museums-Picknick im Grünen" (Führung und Picknickkorb buchbar), Tel. +43 (0)699 1339 5041
Infos	www.museum-joanneum.at/skulpturenpark/ihr-besuch/programm

31

Fernitz-Mellach

Eine geologische Grenzüberschreitung

„Maria Trost in Fernitz – Wallfahrtsort seit 1150", heißt es auf der Inschrift am Zugangstor zum Hof der spätgotischen Wallfahrtskirche von Fernitz, zehn Kilometer südlich von Graz. 68 Meter hoch ist ihr Turm, kilometerweit von allen Seiten zu sehen. Jahrhundertelang bemüht, als attraktives Wallfahrerziel zu gelten, rühmt sich die heutige Gemeinde beinahe alljährlich „Schönstes Blumendorf der Steiermark" zu sein, 1993 sogar von Europa. Der neu gestaltete Erzherzog-Johann-Park im Ortszentrum ist eine eindrucksvolle Bestätigung dieses Titels.

Unser Rundweg beginnt und endet am Kirchplatz in Fernitz. Wir gehen zwischen Kirche und Friedhofsmauer hindurch, dann beim Pfarramt nach rechts durch die Schulgasse bis zum Wanderwegekreuz bei der Volksschule. Geradeaus – parallel zum GSR (= Grazer Umlandweg Süd, Rundwanderweg Südring) – kommen wir über einen kleinen Kreisverkehr beim WIKI-Hort (rot-weiß-rote Markierung an einer Straßenlaterne) zur Sportplatzstraße. Wir überqueren diese und gehen sodann – etwas rechts versetzt – auf einem schmalen Wiesenpfad

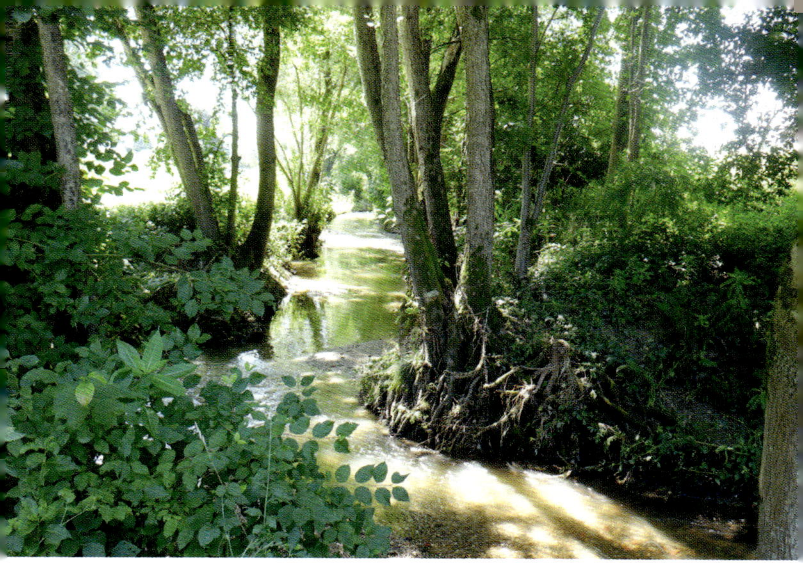

Bachidylle nahe Fernitz.

weiter. Eine rot-weiß-rote Markierung befindet sich leider erst ca. 50 Meter weiter auf einem Bankerl vor einem Kruzifix. Dieser Pfad mündet nach etwa 200 Metern in die Buchkogelstraße, nach deren Überquerung ein breiter Feldweg mitten durch Äcker und Wiesen zur Etschbachstraße führt. Dieser folgen wir nach links, wobei wir die flache würmeiszeitliche Schotterterrasse des Grazer Feldes hinter uns lassen, in einen Wald. Bei der Abzweigung des Eichenweges halten wir uns weiterhin links und nehmen sodann – nach 200 Metern einem Hinweisschild für die Laufstrecke Hausmannstätten–Fernitz sowie der rot-weiß-roten Markierung wiederum nach links folgend – die erstmögliche Abzweigung von der Etschbachstraße auf einen breiten Waldweg. Auf diesem könnte man den Fernitzer Buchkogel umgehen, der mit seinen 391 Metern doch 70 Höhenmeter über der Terrasse liegt und so seine Zugehörigkeit zum tertiären Hügelland im Südosten der Steiermark deutlich sichtbar werden lässt.

Knapp 200 Meter weiter aber folgen wir – erneut links abzweigend – einem Hinweisschild auf den „Gipfel" des Buchkogels. Nach dessen „Bezwingung" gelangen wir nach knapp einem Kilometer auf Waldpfaden zum „Wanderkreuz Buchkogel". Hier treffen insgesamt acht Wanderrouten zusammen. Wir gehen links daran vorbei, zweigen aber schon nach wenigen Metern (rot-weiß-rot markiert) links aufwärts ab. Nun gilt es, durch einen dichten Laubwald den steilsten Anstieg unserer Wanderung über den sogenannten „Ochsenkogel-Gupf" zu bewältigen. Aber schon nach knapp einem Kilometer gehen wir entlang der asphaltierten Freudenegger Straße auf einem beinahe ebenen Riedelzug zwischen Einfamilienhäusern zum Schloss Pfeilerhof am Westabhang des Hühnerberges, dem höchsten Punkt unserer Wanderung (421 m). Das Schloss in Freudenegg, einer kleinen Siedlung, die schon zu Hausmannstätten gehört, ist ein Bau des 19. Jahrhunderts, doch war der einstige Gutshof bereits im 17. Jahrhundert unter dem Namen Freydenegg bekannt. Er dürfte im 16. Jahrhundert aus einem ehemaligen Weingartenhof entstanden sein. Durch einen historistischen Umbau im 19. Jahrhundert wurde das ursprüngliche Aussehen des Pfeilerhofes völlig verändert. Er besteht nunmehr aus einem länglichen zweigeschoßigen Wohnbau und einem fünfgeschoßigen quadratischen Turm mit flachem Dach. Sowohl der Turm als auch das Wohnhaus sind aus Ziegeln erbaut und gelb verputzt. Die bevorzugte Lage auf einer Kuppe ermöglicht von hier einen weit reichenden Blick über das Grazer Feld hinweg zu den steirischen Randgebirgen.

Wenige Meter nach dem Schloss zweigen wir auf einen breiten Fahrweg – als Pfeilerhofstraße bezeichnet – nach links in ein kleines Waldstück ab. Nach mehrfach gewundenem Verlauf führt er auf die stark verbauten Waldrandbereiche von Hausmannstätten hinaus. Von drei möglichen Wegen nehmen wir den mittleren, die Pfeilerhofstraße. Bei Haus Nr. 28A biegen wir nach rechts auf einen schmalen Verbindungspfad zum asphaltierten Hangweg hinab, dem wir bis zur Hausmannstättener Dorfstraße folgen. Diese ist sodann Richtung Fernitz als Radweg beschildert (R66). Trotzdem verläuft auch unser Wanderweg hier, vorbei am Pferdehof Lindenhof, den Ferbersbach entlang bis zur Ortsgrenztafel von Hausmannstätten.

Nun – wieder in Fernitz – wechselt der nunmehrige Naturweg auf die linke Bachseite („Am Ferbersbach") bis zur Buchkogelstraße. Nach rechts zweigt hier der

Promenadenweg ab (gleichzeitig der Schlussabschnitt unseres Rundweges) und verläuft zwischen Bach und Sportzentrum bis zur Fernitzer Volksschule. Nun müssen wir nur noch nach rechts durch die Schulgasse und den Kirchhof zum Ausgangspunkt am Fernitzer Kirchplatz zurückgehen. Nach dieser abwechslungsreichen Wanderung an der Grenze zwischen Grazer Feld und südoststeirischem Hügelland stärken wir uns gerne beim Kirchenwirt und werden dann wohl auch dem weithin geschätzten Eis-Pavillon Purkarthofer im Erzherzog-Johann-Park nicht widerstehen können.

Maria Trost in Fernitz ist eine der ältesten Wallfahrtskirchen der Steiermark.

31

Schwierigkeit	leicht
Länge	8 km, 103 hm
Gehzeit	3 Stunden
Anreise	mit der Verbundlinie nach Fernitz (www.verbundlinie.at, Tel. +43 (0)50 678910); mit dem Auto zu den Parkplätzen z. B. beim Sportplatz Fernitz (N46°58'18.1" E15°30'11.6")
Kulinarik	Gasthaus Kirchenwirt (Ewald Lampl), Tel. +43 (0)3135 57639 oder +43 (0)650 2210123, www.kirchenwirt-fernitz.at
Infos	Tourismusverband Region Graz, Tel. +43 (0)316 8075-0

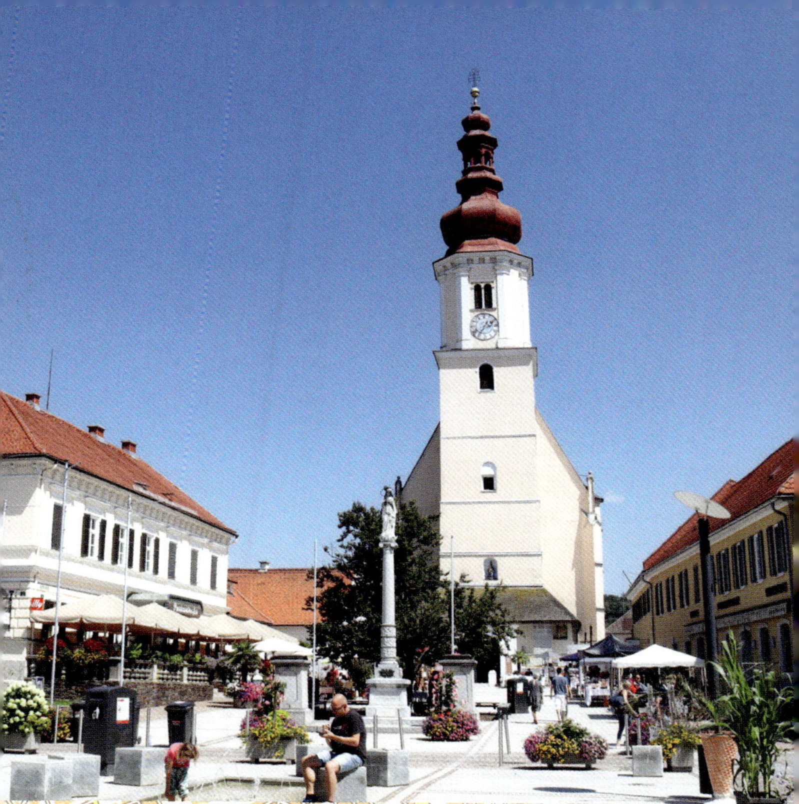

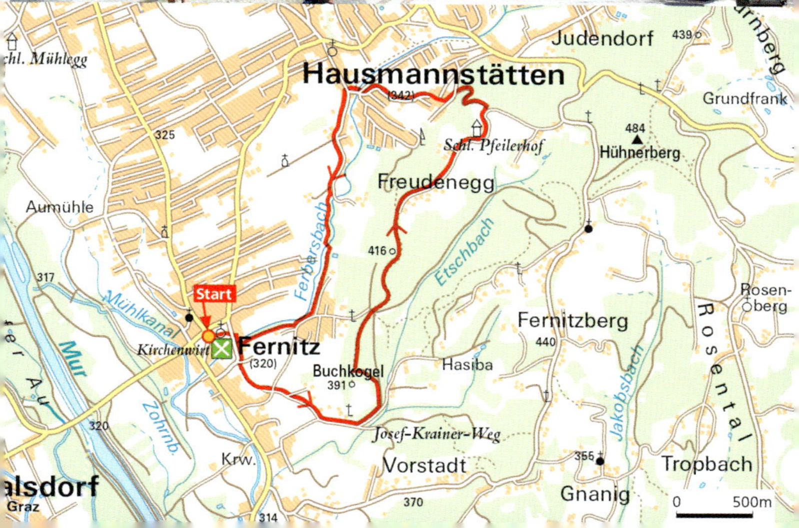

Judendorf
439
Hausmannstätten
(342)
Schl. Pfeilerhof
484
Hühnerberg
Grundfrank
Mühlegg
325
Aumühle
Freudenegg
Ferbersbach
Etschbach
416
317
Start
Mühlkanal
Kirchenwirt
Fernitz
(320)
Buchkogel
391
Hasiba
Fernitzberg
440
Rosen-
berg
Rosental
Jakobsbach
Mur
Zohrnb.
320
Josef-Krainer-Weg
Krw.
Vorstadt
355
Tropbach
Gnanig
alsdorf
Graz
370
314
0
500m

32

Wildon

Eine mittelalterliche Erzählung an einem geschichtsträchtigen Ort

Zwischen Graz und Leibnitz, an der Grenze zwischen Grazer Feld und Leibnitzer Feld, wo die Flüsse Mur und Kainach aufeinandertreffen, schmiegt sich mit Wildon eine der ältesten Siedlungen der Steiermark an den Schlossberg.

Als Ausgangspunkt für diese Wanderung auf den Bockkogel haben wir eine Orientierungstafel am Beginn des Literaturpfades Wildon vor dem Schloss Wildon ausgewählt (Hengist-Museum und Gemeindeamt, Hauptplatz 55). An sieben Text-Stationen werden interessante Ausschnitte der Verserzählung *Die Katze* des mittelalterlichen Dichters Herrand von Wildon (13. Jahrhundert) vorgestellt: Auf der Suche nach einer mächtigeren Geliebten verlässt der Kater seine Katze, muss aber letztlich doch wieder reumütig zu seiner Gemahlin zurückkehren. Diese Geschichte soll wohl als Empfehlung gelesen werden, nicht ständig nach vermeintlich „Besserem" zu streben, sondern die Treue zu halten.

Wir gehen nun laut Orientierungsplan in westlicher Richtung durch den rechten von zwei Torbögen bis zum rot-weiß-rot markierten Aufgang zum Schlossberg. Der

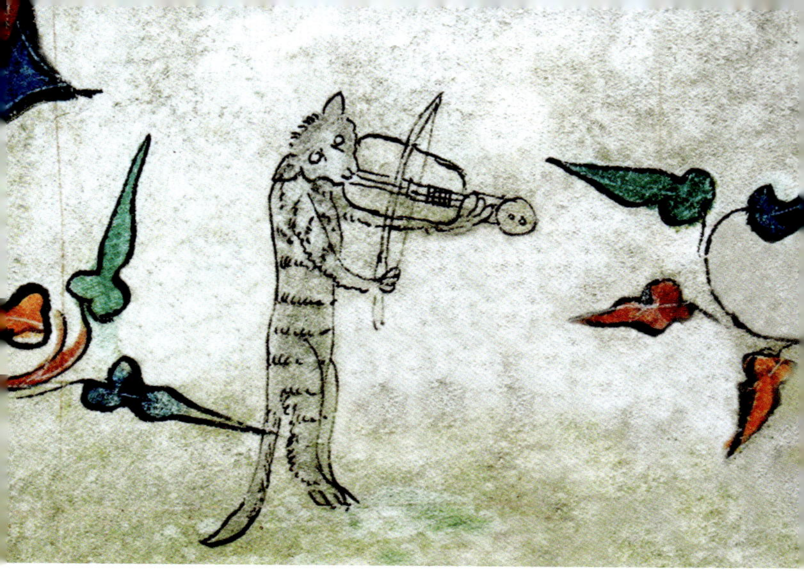

Eine an die Versnovelle *Die Katze* des Dichters Herrand von Wildon angelehnte Darstellung auf einer Schautafel.

aus Leithakalk aufgebaute Wildoner Schlossberg und dahinter der Buchkogel und der Bockberg wurden früher „Hengstberg“ (älter auch „Hengist“) genannt. Sie trennen das Grazer Feld vom südlich anschließenden Leibnitzer Feld. Die ersten Meter verlaufen etwas steiler auf einer Asphaltstraße, nach einem Bildstock führt der Weg in weitem Bogen links bergauf bis zum Waldrand, an dem wir rechts entlanggehen. Von den einst vier wehrhaften Burgen der Herren von Wildon aus dem 12. Jahrhundert sind heute nur noch Ruinenreste im Wald am Schlossberg zu entdecken. Bald stehen wir vor Station I „Beim Hengistturm“ („Der eingebildete Kater“). Nach Durchquerung eines flacheren Waldabschnittes am nordwestlichen Abhang des Schlossberges kommen wir beim Anwesen „Am Schlossberg 6“ zur Text-Station II „Gespräch mit der Sonne“. Bald danach treten wir hinaus auf die breite, sanft gewellte Hochfläche von Unterhaus, halten vor einer gelb-weiß gefärbten Kapelle kurz inne und gehen weiter bis zur Straßenkreuzung, wo sich Text-Station III („Die Nebelbraut“) befindet. Ab hier verläuft der Literaturpfad scharf rechts wieder nach Wildon hinunter. Wir gehen jedoch geradeaus weiter, den Hinweisschildern „Bockmoar“ folgend, und sparen uns den restlichen Literaturpfad für das Ende unserer Wanderung auf.

Auf einem flachen, asphaltierten Wegstück genießen wir weit reichende Aussichten über das Grazer Feld bis zum Steirischen Randgebirge oder dem Schöckl im Norden bzw. vor uns auf den 550 Meter hohen Wildoner Buchkogel. Knapp 300 Meter weiter – im Weiler Unterhaus – gehen wir nach links und kommen nach weiteren 300 Metern leicht bergauf zu einer Wegkreuzung, wo wir der rot-weiß-roten Markierung nach rechts folgen müssen. Geradeaus käme man auf den längeren Buchkogel-Rundweg.

Vorerst noch auf befestigtem Weg an einigen Einfamilienhäusern vorbei, erreichen wir schon bald einen schmalen, leicht abschüssigen Wiesenpfad, der an einem Waldrand entlangführt. Nach 200 Metern geht es links in den Wald hinein. Hier ist Aufmerksamkeit

geboten, da die Markierung erst nach der Abzweigung angebracht und bisweilen auch wegen Pflanzenwuchs nur eingeschränkt sichtbar ist. Schon bald aber wird aus dem schmalen Pfad ein breiter, gut begehbarer Waldweg, der nach gut einem halben Kilometer bei der Buschenschank Bockmoar endet – mit etwa 450 Meter der höchste Punkt unserer Wanderung. Wer hier an schönen Wochenendtagen einkehren möchte, sollte unbedingt vorher reservieren.
Nach einer kurzen Rast gehen wir auf demselben Weg zurück, bis wir wieder zur Kreuzung mit dem Literaturpfad kommen. Hier biegen wir nun links ab und folgen der Schlossbergstraße (= Literaturpfad) bis zu Textstation IV („Audienz bei der Windin") vor der Zufahrt zu einem Ziegelstadel. 400 Meter weiter machen wir einen Abstecher nach rechts zur sehenswerten Wildoner Naturbühne, vor der sich die Textstation V („Mauerschau") befindet. Nach einem kurzen Aufenthalt im Bühnenareal gehen wir hinunter zur Gassleiten, einem kleinen malerischen Gässchen zwischen Schlossbergstraße und Hauptstraße (= Oberer Markt). Nur wenige Meter rechts von der Schlossbergstraße steht hier Textstation VI („Der Kater wirbt um die Maus"). Am Oberen Markt halten wir uns sodann links Richtung Straßenbrücke über die Kainach. Kurz davor kehren wir im Gasthof Strohmaier („Goldener Löwe") auf Speis und Trank ein. Danach setzen wir unsere Wanderung über die Kainachbrücke fort.

Am Parkplatz gleich rechts nach der Brücke erfahren wir an der siebenten und damit auch letzten Textstation das Ende unserer mittelalterlichen Tierfabel. Danach gehen wir auf dem Fuß- und Radweg (R2) zwischen Badesee und Kainach entlang, auf einer Fußgänger- und Fahrradbrücke über die Kainach, halten uns danach links und nehmen schon nach wenigen Metern einen rechts abzweigenden schmalen Wiesenpfad bis zur sogenannten Poststiege. Auf dieser kehren wir wieder zum Oberen Markt bzw. zum Ausgangspunkt der Wanderung beim Schloss zurück.

Bei Schloss Wildon beginnt und endet der Literaturpfad.

32

Schwierigkeit	leicht
Länge	6,5 km, 160 hm
Gehzeit	2 ½ Stunden
Anreise	mit der Verbundlinie nach Wildon (www.verbundlinie.at, Tel. +43 (0)50 678910); mit dem Auto zu den Parkplätzen z. B. beim Badesee Wildon (N46°53'12.00" E15°30'12.37")
Kulinarik	Gasthof Strohmaier, Tel. +43 (0)3182 2333, www.gasthof-pension-strohmaier.at
Infos	www.wildon-tourismus.at

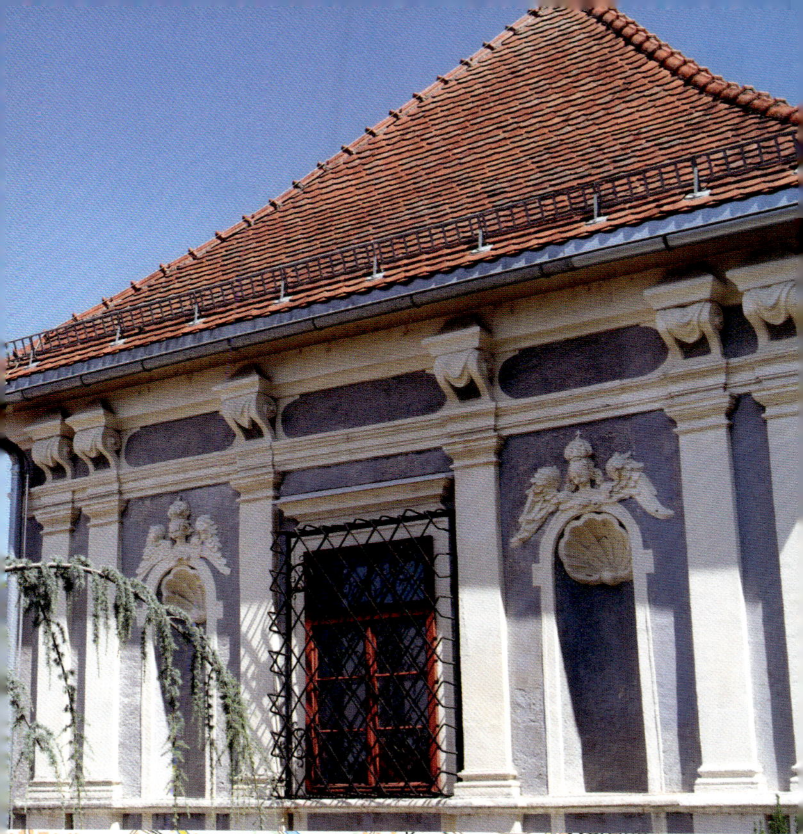

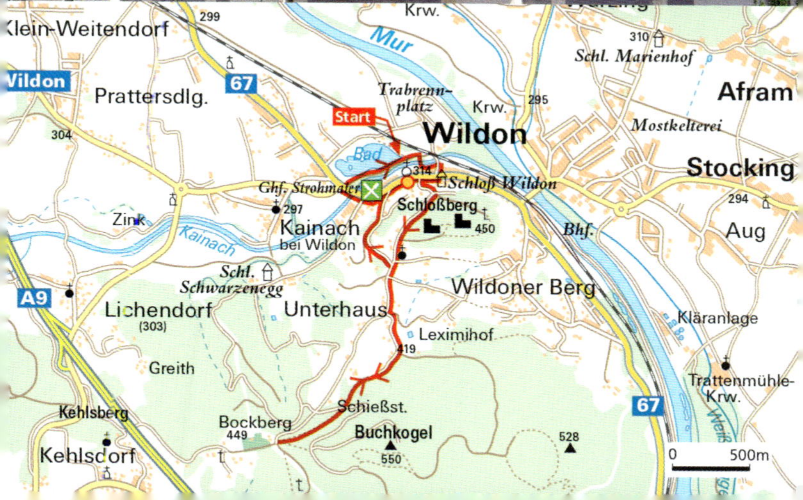

Klein-Weitendorf
299
Krw.
Mur
310
Schl. Marienhof
Wildon
67
Prattersdlg.
Trabrenn-
platz
Krw.
295
Afram
Start
Mostkelterei
304
Wildon
Bad
314
Stocking
Ghf. Strohmaier
Schloß Wildon
294
Zink
297
Schloßberg
450
Kainach
Kainach
bei Wildon
Bhf.
Aug
Schl.
Schwarzenegg
Wildoner Berg
A9
Lichendorf
(303)
Unterhaus
Kläranlage
Leximihof
419
Greith
Trattenmühle-
Krw.
Kehlsberg
Schießst.
67
Bockberg
449
Buchkogel
528
Kehlsdorf
550
0
500m

33

Stainz

Auf Panoramawegen vom Schloss zur Aussichtswarte

Die Route vom Schloss Stainz zur Stainzer Warte führt durch eine Gemeinde, in der einst Erzherzog Johann von Österreich (1782–1859) erster frei gewählter Bürgermeister wurde. Der volksnahe Modernisierer erfährt in der Steiermark bis heute Verehrung.

Den Schlossplatz vor Schloss Stainz, nördlich oberhalb des Marktplatzes, haben wir als Ausgangspunkt und Ziel dieser Wanderung vorgesehen. Inmitten schlosseigener Wein- und Obstgärten gelegen, zieht das 1229 erbaute frühere Augustiner Chorherrenstift sowohl vom Marktplatz unterhalb als auch von den umliegenden Anhöhen des weststeirischen Hügellandes, wie etwa dem Gamsgebirg mit der Stainzer Warte, interessiert-faszinierte Blicke auf sich. 1784 säkularisiert und 1840 von Erzherzog Johann erworben, ist es heute im Besitz seines Nachfahren Franz Meran. Das darin untergebrachte Jagdmuseum zeigt die historische Jagdkultur in all ihren Ausprägungen. Darüber hinaus widmet sich ein Landwirtschaftsmuseum schwerpunktmäßig landwirtschaftlichen und handwerklichen Geräten aus der Zeit vor der Industrialisierung.

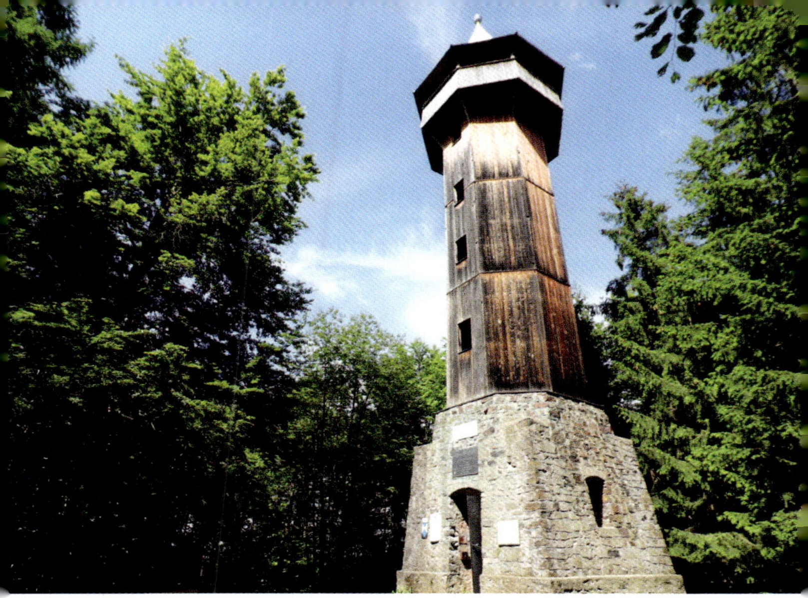

Die Stainzer Warte ermöglicht einen Rundumblick von der Koralpe bis zum Bacherngebirge in Nordslowenien.

Wir verschieben den Besuch der Museen auf später und gehen die Jakob-Rosolenz-Stiege zur Grazer Straße hinunter. Dort, bei der Marktkapelle Maria Himmelskönigin, spazieren wir rechts bis zum Rathaus am westlichen Ende des rechteckigen Hauptplatzes. Wir lassen diesen vorerst „links liegen" und gehen nach rechts ein kurzes Stück die Erzherzog-Johann-Straße entlang. Auf Höhe der Steiermärkischen Sparkasse wird neben einer Erzherzog-Johann-Büste auf Schautafeln auf die Bedeutung des Erzherzogs für die Steiermark hingewiesen. Bei einer kleinen platzartigen Erweiterung biegen wir in die August-Hofer-Gasse ein, die wir aber schon nach etwa

50 Metern wieder in Richtung Engelweingartenweg bzw. Stainzer Warte verlassen. Nach knapp 400 Metern auf asphaltierter Wegstrecke, entlang gepflegter Gartenanlagen vor Siedlungs- und Einfamilienhäusern, überqueren wir die Engelweingartenstraße. Abwechselnd begleitet von landwirtschaftlichen Grün- oder Ackerflächen gehen wir weiter bis zur Ziegelstadelstraße im Ortsteil Stainzfeld, wo uns die gelben Wegweiser des Tourismusverbandes Schilcherland Stainz-Reinischkogel bis zu einem Waldweg leiten (Panoramaweg P1). Auf diesem geht es nun etwa einen Kilometer mehr oder weniger sanft ansteigend (ca. 110 Höhenmeter) hinauf nach Kothvogel, eine der 21 Katastralgemeinden von Stainz.

Eine kurze Verschnaufpause nach diesem Anstieg nützen wir, um hier einen ersten Blick weit über das weststeirische Hügelland hinaus in das Grazer und Weizer Bergland zu genießen. Danach halten wir uns rechts, gehen die sanft ansteigende „Hauptstraße" von Kothvogel (Max-Gschiel-Straße) bis zur Sallegger Straße entlang. Auf einem zu dieser Straße parallel verlaufenden Begleitpfad erreichen wir nach 100 Metern den rechts abbiegenden Wanderweg zur Stainzer Warte. 200 Meter weiter muss man scharf links „rückwärts" abbiegen; leider hat man an dieser Stelle auf einen Hinweis zur „Stainzer Warte" verzichtet. Aber schon kurz danach wird das vermeintliche Versäumnis ausgeglichen. Nun geht es die letzten 65 Höhenmeter auf einer Distanz von 300 Metern mit Geländer-Unterstützung auf den Lethkogel hinauf, wo 1902 in 608 Meter Seehöhe an der Stelle eines früheren Wehrturmes die Stainzer Warte ganz aus Holz (bis auf den fünf Meter hohen Steinsockel) erbaut wurde. Den Rundblick von der 17 Meter hohen Aussichtsplattform (Gesamthöhe 26 Meter) sollte man sich keinesfalls entgehen lassen. An einem Tag mit guter Fernsicht kann man u. a. den Bachern (Pohorje) in Slowenien, Kor- und Gleinalpe, den Schöckl im Grazer Bergland, die Teichalm im Weizer Bergland und sogar noch die südoststeirischen Vulkanberge sehen. In der Nähe der Warte konnte durch Ausgrabungen nachgewiesen werden, dass eine erste intensive Siedlungstätigkeit am Lethkogel bereits um etwa 4000 v. Chr. einsetzte. Diese kupferzeitliche Siedlung bestand wahrscheinlich kontinuierlich bis etwa 3600 v. Chr. An diesem herausragenden Panoramaplatz – gleichzeitig der Wendepunkt unserer Schilcherland-Rundwanderung – endet auch der Stainzer Panoramaweg 1.

Für den Rückweg durch das sogenannte Gamsgebirg benützen wir den Panoramaweg 2, der – anfangs als „Warteweg" bezeichnet – bis zu einem Parkplatz hinabführt. Hier folgen wir nach rechts dem Schild „Jägersteig", bis zur Ortschaft Neurath identisch mit dem Panoramaweg 2. Der schmale und bisweilen etwas steilere Waldweg mündet in den Steinbruchweg. Nach nur wenigen ebenen Metern nach rechts verläuft der Jägersteig-Pfad schon wieder links bis zum Gamsgebirgbach hinab, den er rechts ufernah Richtung Neurath begleitet. Bisweilen hat dieser Abschnitt leichten Schluchtcharakter, da sich der Bach doch einige Meter eingeschnitten und unterschiedlich breite Sohlenabschnitte geschaffen hat. An deren Rändern ragen mehrere Meter hohe Seitenwände auf. In Neurath endet der Jägersteig an seiner Einmündung in die Florian-Wippel-Straße. An deren Kreuzung mit der Neurather Dorfstraße biegt der Panoramaweg 2 auf einen Feldweg („Schulweg") ab, der als Verbindungsweg inmitten von landwirtschaftlichen Streuobst-, Grün- und Ackerflächen zum Sägeweg führt. 200 Meter weiter links biegen wir nach rechts auf den „Wiesenweg" ab. Nach

33

Schwierigkeit	mittel
Länge	8,5 km, 271 hm
Gehzeit	3 Stunden
Anreise	mit der Verbundlinie nach Stainz (www.verbundlinie.at, Tel. +43 (0)50 678910); mit dem Auto zu den Parkplätzen vor Schloss Stainz (N46°53'49.5" E15°15'47.1")
Kulinarik	Schilcherlandhof, Tel. +43 (0)3463 2357, www.schilcherlandhof.at
Infos	Tourismusverband Südsteiermark, Tel. +43 (0)3462 7520, www.suedsteiermark.com Jagdmuseum und Landwirtschaftsmuseum, Schloss Stainz, Schlossplatz 1, Tel. +43 (0)3463 2772-16

etwa 500 Metern werden wir von gut sichtbaren Markierungen durch ein landwirtschaftliches Anwesen zum Weg „Am Stainzbach" geleitet. Wir halten uns wie vorgegeben rechts und gehen anschließend durch die August-Hofer-Gasse und Erzherzog-Johann-Straße zurück zum Hauptplatz. Wer mit öffentlichem Verkehrsmittel angereist ist, kann ab hier mit dem Regionalbus nach Graz zurückfahren. Andernfalls schließt man den Rundweg über die Grazer Straße und Jakob-Rosolenz-Stiege hinauf zum Schlossplatz ab. Zur Stärkung und Erholung nach dieser „ge*h*mütlichen" Wanderung sei in Stainz ein Besuch im Restaurant Schilcherlandhof, Hauptplatz 15, empfohlen.

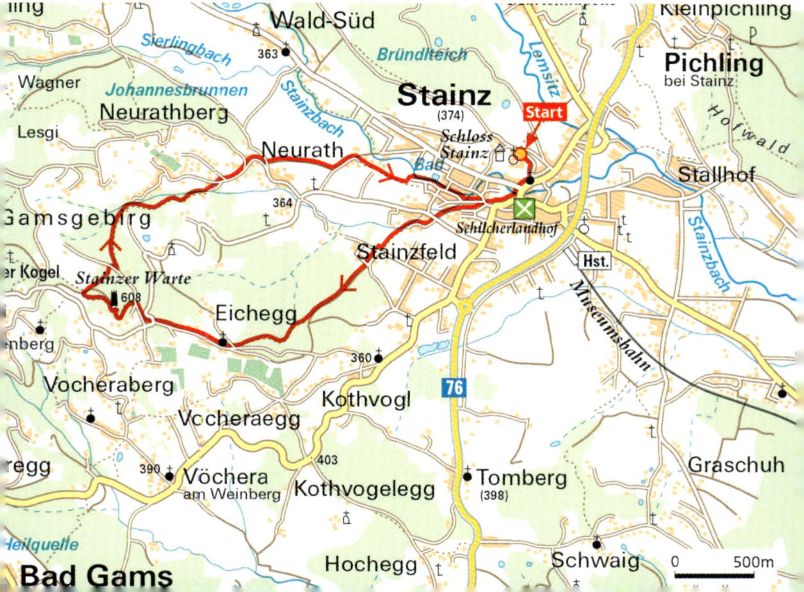

34

St. Stefan ob Stainz

Schmucke Häuser, malerische Weinberge, Schilcher und „Kästn"

Die Weingärten von Hochgrail zählten im Jahr 2019 zu den Siegern der großen ORF-Hauptabendshow „9 Plätze – 9 Schätze".

Der Ausgangspunkt der Wanderung liegt gegenüber dem ehemaligen Gemeindeamt bei der großen Wanderkarte in Greisdorf, wo man sich einen guten Überblick über Wandermöglichkeiten um St. Stefan verschaffen kann. Von hier aus nehmen wir schräg gegenüber den rot-weiß-rot markierten Weg zwischen dem ehemaligen Amtsgebäude und dem Fuchswirt. Zuerst geht es bergab, bei der ersten Weggabelung halten wir uns links und gehen bei der nächsten Kreuzung geradeaus. Wir befinden uns auf einem Teilabschnitt der Wanderwege „Genussschilchern" bzw. „Großer Hochgrail-Rundweg" Richtung St. Stefan. Unübersehbar ist auch der Wegweiser zum Weingut Klug-Voltl. In diesem Buschenschank kann man den einzigarten Charakter der Landschaft bei Köstlichkeiten mit Kürbiskernöl und weiteren regionalen Spezialitäten genießen – und eine erste Bekanntschaft mit dem Schilcher machen. Damit lernt man auch schon das Innere, die weststeirische Seele kennen,

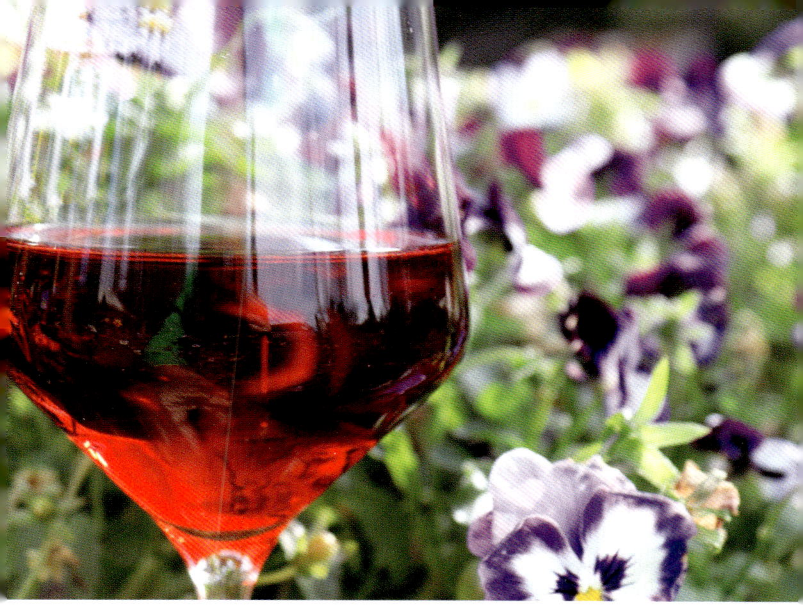

Der aus der Rebsorte Blauer Wildbacher gekelterte Schilcher – ein schillernder Trunk.

sagte doch schon der heimische Schriftsteller Reinhard P. Gruber: „Das Herz des Weststeirers ist ein Explosionsmotor, dessen Pleuelstange das Kürbiskernöl. Das Blut des Weststeirers ist trinkbar. Es heißt Schilcher."
Wir folgen der rot-weiß-roten Markierung bergab bis zur Kapelle von Niedergrail, wo wir links abbiegen und anschließend – zuerst durch einen Hof – den Pfad durch den Weinberg bergauf zum Weingut Hiden nehmen. Auf diesem Wanderabschnitt samt der umliegenden Steillagen kann man erahnen, wieviel Aufwand und Mühe für die Weinbauern nötig sind, um einen guten Tropfen in die Flaschen zu bringen.

Hinter dem Weingut biegen wir links in die Straße nach Greisdorf ein, gehen am Gehweg etwa 500 Meter bergauf und schwenken dann rechts Richtung Wein- und Kastanienhof Klug. Schon nach wenigen Metern sehen wir rechter Hand die ersten Kastanienbäume. Dieser Baum aus der Familie der Buchengewächse, heute typisch für die Region, kam ursprünglich aus Mittelasien und wurden schon von Griechen und Römern geschätzt. In wirtschaftlich schlechten Zeiten war die Kastanie ein Stärkelieferant und wurde auch als „Fleisch und Brot der Armen" bezeichnet. Wohlhabende Leute zauberten aus der Kastanie köstliche Desserts. Kastanien werden in der Region auch als „Kästn" – vom Mittelhochdeutschen „chesten" – bezeichnet, zu ihnen passt am besten der Schilcher, der eine hellrot schillernde (in steirischer Mundart: „schilchernde") Farbe hat, von der sich seine Bezeichnung ableitet. Die Rebsorte Blauer Wildbacher, die örtlichen Schiefer- und Gneisböden, die besondere Lage an den Ausläufern der Koralpe mit extremen Temperaturunterschieden zwischen Tag und Nacht sowie die Künste des Kellermeisters sind Grundlagen für die charakteristische Aromatik des Schilchers. Dieser Wein muss nach dem österreichischen Weingesetz zu 100 Prozent aus der Rebsorte Blauer Wildbacher bestehen und aus der Steiermark stammen. Heute ist der Schilcher DAC eine der gefragtesten Weinraritäten Österreichs. Will man die Weststeiermark in allen

Facetten kennenlernen, ist eine Verkostung des „steirischen Traumpaares“ Schilcher und „Kästn“ beim Wein- und Kastanienhof Klug ein Muss.
Vor dem Hof geht der Wanderweg nun geradeaus weiter (Wegweiser „Hochgrailweg groß“). Nach einem kurzen Abschnitt auf einer Asphaltstraße biegt man bei einer Rechtskurve links Richtung Greisdorf in einen Waldweg ab. Nun geht es durch den Wald bergauf und man erreicht den idyllischen Bergrücken knapp vor Hochgrail, wo wir uns links halten und nach Greisdorf kommen. Der Ortsname stammt übrigens nicht von der geometrischen Figur des Kreises, sondern wird aus dem Althochdeutschen abgeleitet – entweder vom Rufnamen C(h)rowil oder vom Begriff „chrouwil“ (= Werkzeug zum Kratzen). Im Ort schwenken wir zwischen dem Weingut Achatz und dem Gasthaus Fuchswirt nach links und kommen zum Ausgangspunkt der Wanderung zurück.
Der Hof Achatz ist ein schönes Beispiel für traditionelle weststeirische Baukultur. Das Bauernhaus, im Wesentlichen aus Holz gezimmert, der Sockelbereich aber meist gemauert, hat in der Regel ein weit vorkragendes Dach. Diese Dachkonstruktion schützt die Wand bei Regen und bietet bei Sonne Schatten und lässt Platz für ein „Genussbankerl“ an der Hauswand. Zur Baukultur der Weststeiermark gehört auch das Kellerstöckl mit steinernem, gewölbtem Keller, der für dieses Gebäude auch namensgebend ist. Der „erste Stock“ als Aufbau auf

dem Keller diente früher vor allem als Aufenthalts- und Schlafraum für die im Weinberg Beschäftigten.
Zum Abschluss der Wanderung empfiehlt es sich, im Gasthaus Zum Fuchswirt einzukehren. Hier kann man im stimmungsvollen Gastgarten oder in der gemütlichen Stube in Gedanken an die Wanderung durch die Weingärten in Greisdorf schwelgen.

34

Schwierigkeit	mittel
Länge	4,5 km, 200 hm
Gehzeit	1 ½ Stunden
Anreise	mit der Verbundlinie nach St. Stefan ob Stainz/ Greisdorf (www.verbundlinie.at, Tel. +43 (0)50 678910); mit dem Auto nach Greisdorf (N46°55'29" E15°13'15")
Kulinarik	Gasthaus Zum Fuchswirt, Tel.+43 (0)3463 6484, www.fuchswirt.eu Wein- und Kastanienhof Klug, Tel.+43 (0)3463 81719, www.klug-weingut.at
Infos	Das Stieglerhaus im nahen St. Stefan ist eine Stätte der Begegnung von Kunst, Kultur und Bildung. Auch kann man Gedichte aus dem Stieglerhaus, gelesen von August Schmölzer, im Internet abrufen: https://stieglerhaus.at/gedichte-aus-dem-stieglerhaus

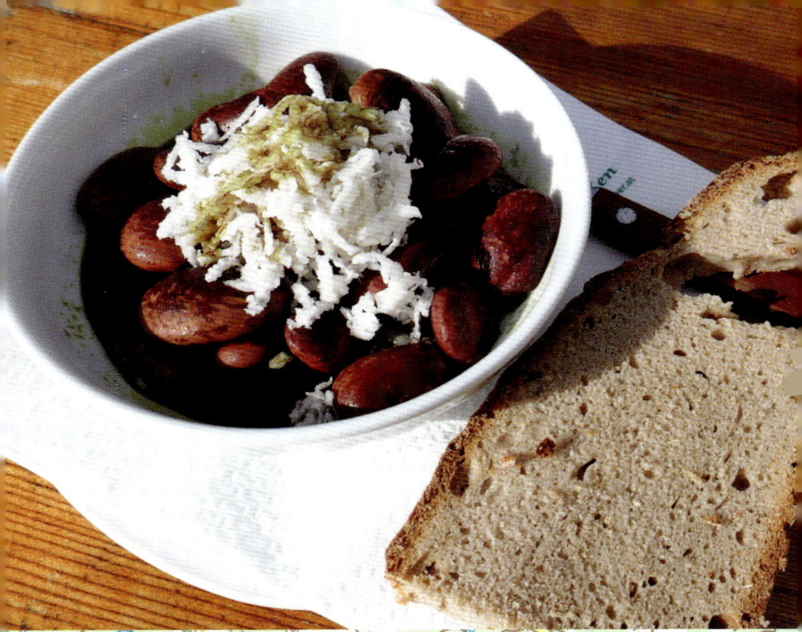

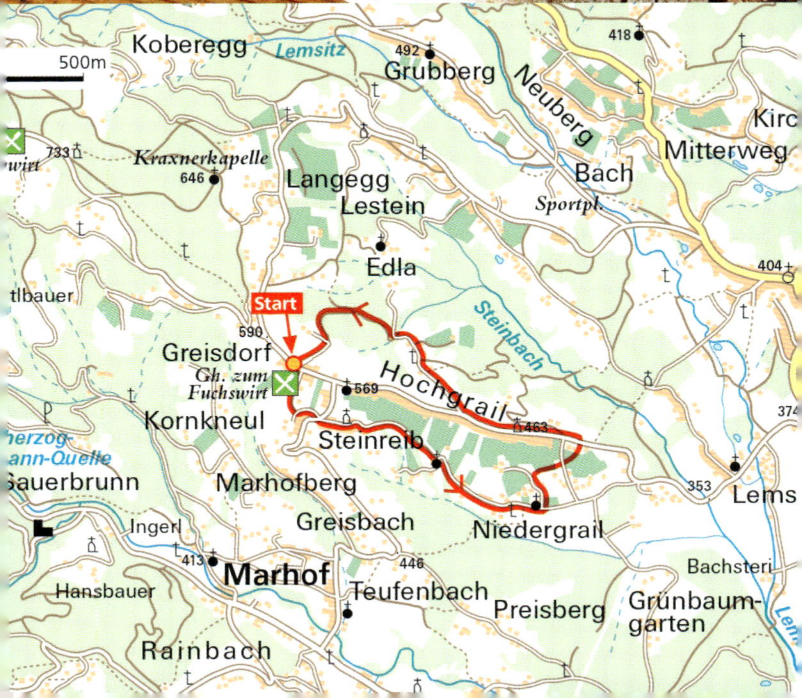

500m
Koberegg
Lemsitz
492
Grubberg
Neuberg
418
Mitterweg
Bach
733
Kraxnerkapelle
646
Langegg
Lestein
Sportpl.
Edla
Steinbach
404
tlbauer
Start
590
Greisdorf
Gh. zum
Fuchswirt
569
Hochgrail
463
Kornkneul
Steinreib
Sauerbrunn
Marhofberg
353
Niedergrail
Greisbach
Ingerl
413
Marhof
446
Hansbauer
Teufenbach
Preisberg
Bachsteri
Grünbaum-
garten
Rainbach

35

Rachling

Die gesunde Luft beim „Wunderdokta"

Der Ausgangspunkt der Route ist Rachling, der Heimatort des steirischen Bauerndoktors „Höllerhansl". Der Weiler besteht aus ein paar Häusern, einem ehemaligen Wirtshaus, einer Kirche – und sonst? Natur pur!

Der Waldreichtum und die saubere Luft abseits der Ballungsräume sind eine gute Voraussetzung für Erholungssuchende, Wanderer und Biker. Man begegnet ein paar Einheimischen, mit denen man ein „Tratscherl" führen kann, sonst ist hier heilige Ruhe.

Bevor wir uns mit dem „Wunderdokta" beschäftigen, machen wir uns ein Bild von der Landschaft, in der er lebte: Wir beginnen unsere Wanderung beim früheren Wirtshaus Höllerhansl, nehmen die Straße rechts an der Kirche vorbei Richtung Absetzwirt bis zu einer scharfen Rechtskurve auf der Höhe des Hauses Nr. 28 und biegen dann links in den Wanderweg 24 Richtung Bad Gams bzw. Stainz ein. Der Weg führt etwa 1,5 Kilometer durch den Wald bis zu einer Lichtung beim Hof Riegelbauer, wo man einen traumhaften Blick auf das Grazer Bergland und bis in das oststeirische Riedelland hat. Hier überqueren wir bei einem Rastplatz mit Bankerl

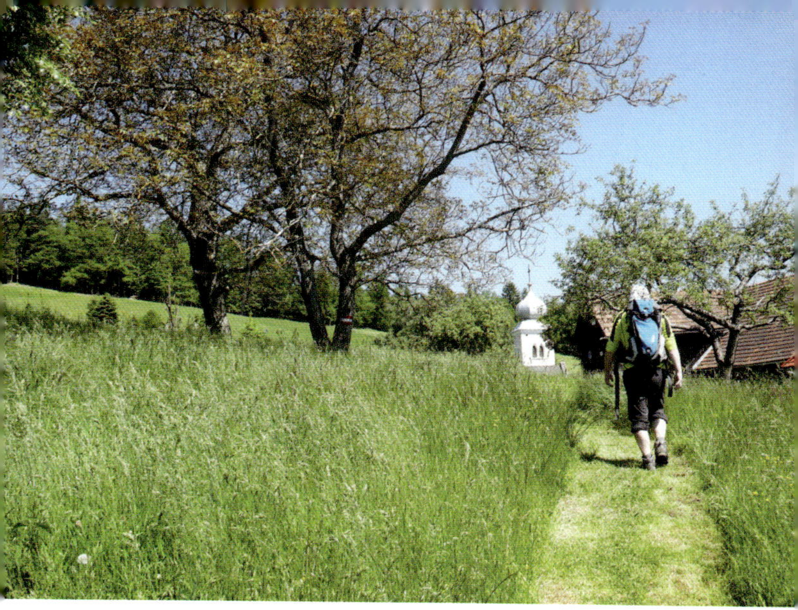

Auf dem Weg zum „Wunderdokta".

den Weg zum Gehöft und gehen Richtung Stainz auf einen unübersehbaren Baum im Feld zu. Den Wegweisern „Höllerhanslweg" (24) bzw. nach Stainz folgend, kommen wir über Feld- und Waldpfade bergab zur Steinbauerkapelle. Hier schwenken wir nach links und folgen der Beschilderung nach Angenofen bzw. dem Stainzer Panoramaweg. Dieser verläuft zwischen Feldern, Wiesen und einzelnen Waldabschnitten, bis wir den Ortsrand von Angenofen erreichen. Kurz nach der Ortstafel biegen wir links in den „Oberen Weg nach Rachling" ab. Eine rot-weiß-rote Markierung an den Bäumen führt uns sicher durch den Wald, wobei wir an einem

verlassenen Gebäude und einer romantischen Mühlenruine vorbeikommen.
Auf einem Feldpfad erreichen wir knapp oberhalb der Kirche wieder Rachling. Diese Kirche wurde vom „Höllerhansl“, der eigentlich Johann Reinbacher (1866–1935) hieß, erbaut. Unterhalb der Kirche befindet sich das ehemalige Wohnhaus und die „Ordination“ des „Wunderdoktors“. Das Gebäude ist heute in Privatbesitz und daher leider nicht zu besichtigen. Der „Höllerhansl“ war eine Art Naturheiler, dem die Behörden Kurpfuscherei vorwarfen. Bereits als Bub vertiefte er

Die ehemalige Ordination des Wunderdoktors.

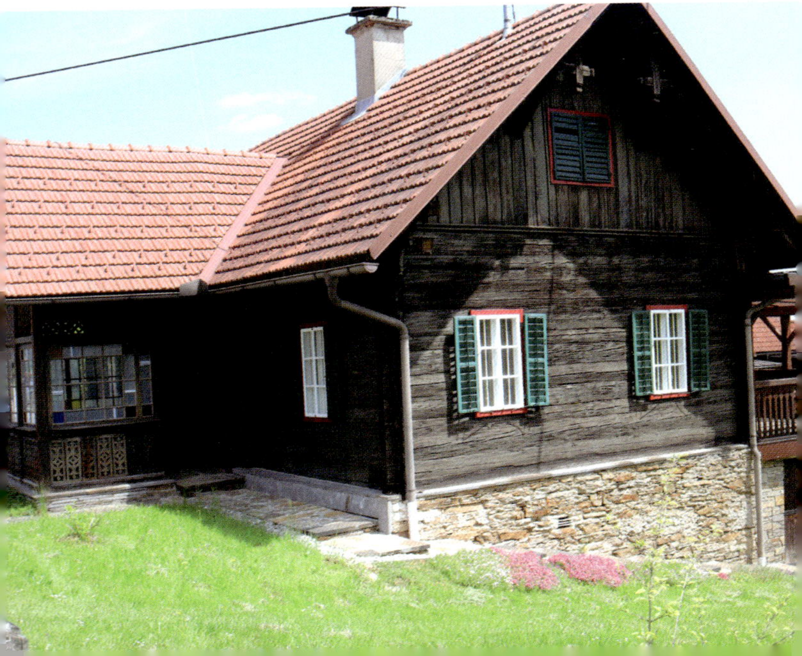

sich beim Viehhüten in Bücher der Naturheilkunde und entdeckte so seine „Berufung“ als Heiler. Er errichtete mit seiner Frau dieses Wohnhaus, wo er vor der Kellertür „ordinierte“. Seine Diagnosen bezog er vor allem aus dem in kleinen Flascherln mitgebrachten Urin der Patientinnen und Patienten, den er auf Geruch, Sedimente und Farbe überprüfte. Viele Menschen kamen mit ihren Urinflaschen mit der Stainzerbahn, die bald von den Einheimischen deshalb „Flascherlzug“ genannt wurde. So heißt es im *Höllerhansl-Lied* von Friedrich Moser: „Jeden Tog in'd Fruah, keman von weit und breit, mit dem Flascherlzug old und junge Leut. Trog'n in Säck und Tosch'n eahnri Brunzlflosch'n [= Urinflaschen] ...“ Von der Endstation in Stainz ging es für die Patienten also zu Fuß nach Rachling, wo der Höllerhansl nach der Urindiagnose vorwiegend mit Kräutertees therapierte. Die Zutaten wurden von Kräuterfrauen gesammelt, der Tee wurde im Keller in Bottichen zubereitet. Für die Behandlung verlangte Johann Reinbacher nie ein Honorar, er bat aber pro Flasche um eine „Spende“, die er auch versteuerte. Zusätzlich zu seiner Therapie empfahl er, für die Genesung zu beten. Das Vertrauen in die Fähigkeiten des „Doktors“ war letztlich so groß, dass manchmal bis zu 500 Hilfesuchende pro Tag zu ihm kamen. Seinen besonderen Ruf unterstreicht auch folgende Anekdote: Nachdem sich ein Holzknecht am Auge verletzt hatte, beschied er dem herbeigeilten Arzt Dr. Kloepfer: „Beim

Aug' derf ma si net spüln, da geh i scho zan Höllerhansl!" So wurde er auch zu einem Wirtschaftsfaktor in und um Stainz, mussten die Patienten doch auch transportiert, teilweise untergebracht und verköstigt werden. Spaziert man nun durch den Weiler, trifft man sicher Leute, von denen man bei einem Tratscherl so manche Geschichten über den ehemaligen außergewöhnlichen Bewohner des Ortes in Erfahrung bringen kann. Und hat man noch Lust etwas Gutes zu essen und zu trinken, so ist der Schilcherlandhof im nahen Stainz eine empfehlenswerte Adresse.

35

Schwierigkeit	mittel
Länge	7 km, 160 hm
Gehzeit	2 Stunden
Anreise	mit der Verbundlinie nach Stainz (www.verbundlinie.at, Tel. +43 (0)50 678910), von dort mit dem Taxi nach Rachling; mit dem Auto zum Parkplatz in Rachling (N46°54'15" E15°11'31")
Kulinarik	Kulinarik Schilcherlandhof, Tel. +43 (0)3463 2357, www.schilcherlandhof.at
Infos	Stainzer Flascherlzug, Tel. +43 (0)664 9615205, www.flascherlzug.at Tourismusverband Südsteiermark, Tel. +43 (0)3462 7520, www.suedsteiermark.com

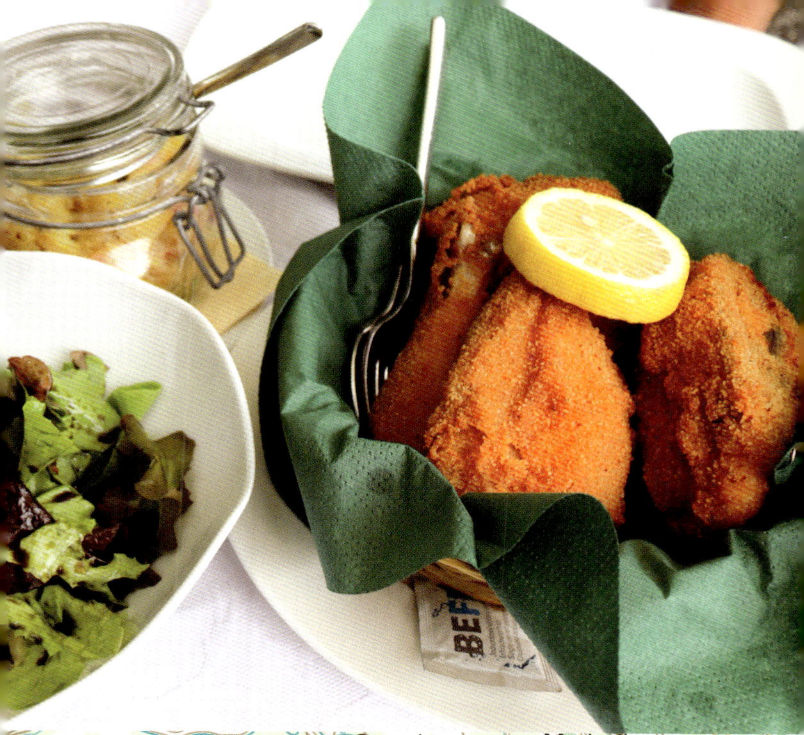

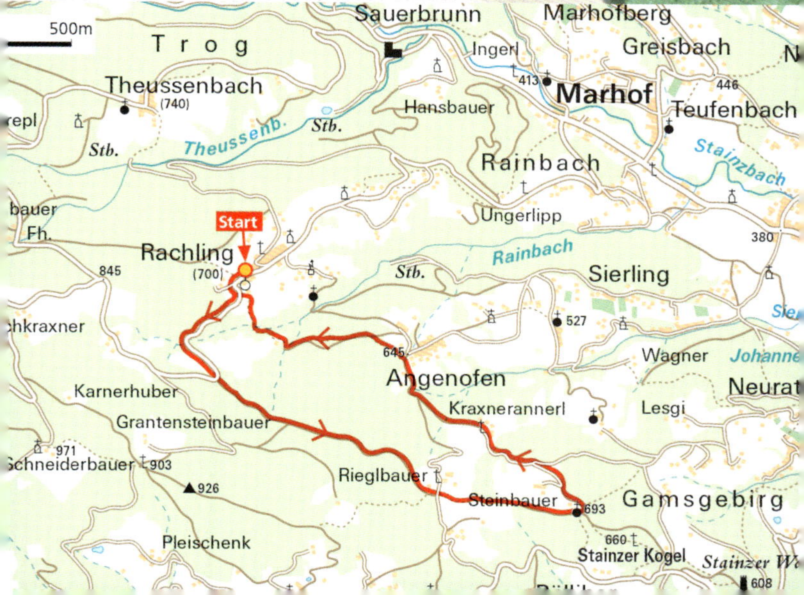
500m
Trog
Sauerbrunn
Marhofberg
Greisbach
Ingerl
413
Marhof
446
Teufenbach
Theussenbach
(740)
Hansbauer
Stb.
Theussenb.
Stb.
Stainzbach
Rainbach
Ungerlipp
Start
Rachling
(700)
845
380
Rainbach
Stb.
Sierling
527
645
Wagner
Angenofen
Neurat
Karnerhuber
Kraxnerannerl
Lesgi
Grantensteinbauer
971
903
Rieglbauer
Steinbauer
693
Gamsgebirg
926
660
Pleischenk
Stainzer Kogel
608

36

St. Josef in der Weststeiermark

Der Theaterweg im Theaterdorf

Im weststeirischen Hügelland, etwa 20 Kilometer südwestlich von Graz, liegt St. Josef. Seit 100 Jahren steht das Dorf im Zeichen von Schauspielen. 1922 wurde die Theaterrunde St. Josef, eine der ältesten Volkstheatergruppen der Steiermark, gegründet. Seit 1973 hat die Truppe im „Theater im Bauernhof“ ihre künstlerische Heimat. Das Theater gilt als gelungenes Beispiel für lebendige, ländliche Volkskultur. 2006 wurde das Projekt „Theaterdorf St. Josef“ ins Leben gerufen.

Ehe wir losgehen, verschaffen wir uns mittels der Panoramatafel am Parkplatz beim südlichen Ortsende (Friedhofweg) einen Überblick über die örtlichen Wandermöglichkeiten. Wir entscheiden uns für den kürzeren der beiden Theaterwege. Nur wenige Schritte oberhalb des Parkplatzes weisen uns Schilder mit auffallend gestalteten Theatermasken die Richtung zum Beginn des Theaterweges. Rechts von uns liegt das Schloss Rohrbach mit seinem weiträumigen Park, 1367 erstmals genannt, mit Baubestand aus dem 17. Jahrhundert.
Schon bald müssen wir den straßenartigen Weg verlassen und laut gelb markiertem Richtungspfeil nach rechts zur

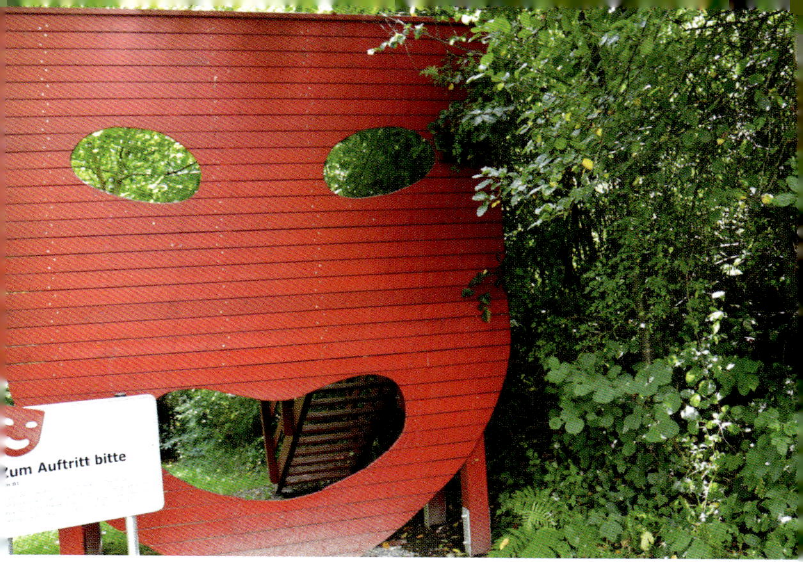

Der ideale Weg für Freunde des Sprechtheaters.

ersten Station des Theaterweges abbiegen. Auf einer Streckenlänge von einem Kilometer regen 18 Spielstationen zum aktiven Theaterspiel an. Für Gruppen werden Führungen angeboten, an deren Ende ein „Schauspieler-Diplom“ in Form einer Urkunde überreicht wird. Durch eine übergroße Theatermaske betritt man eine andere Welt. Ein Tunnel aus Weidenästen eröffnet danach eine Geräuschwelt, deren Zentrum ein Klangrad bildet. Weitere Stationen erfordern Gleichgewichtsgefühl oder Geschicklichkeit. Eine überdimensionierte Esstischgruppe relativiert die natürlichen Größenverhältnisse.
Nach Station 12 zweigen wir rechts ab (zu den Stationen 13–18 müsste man links weitergehen) und folgen

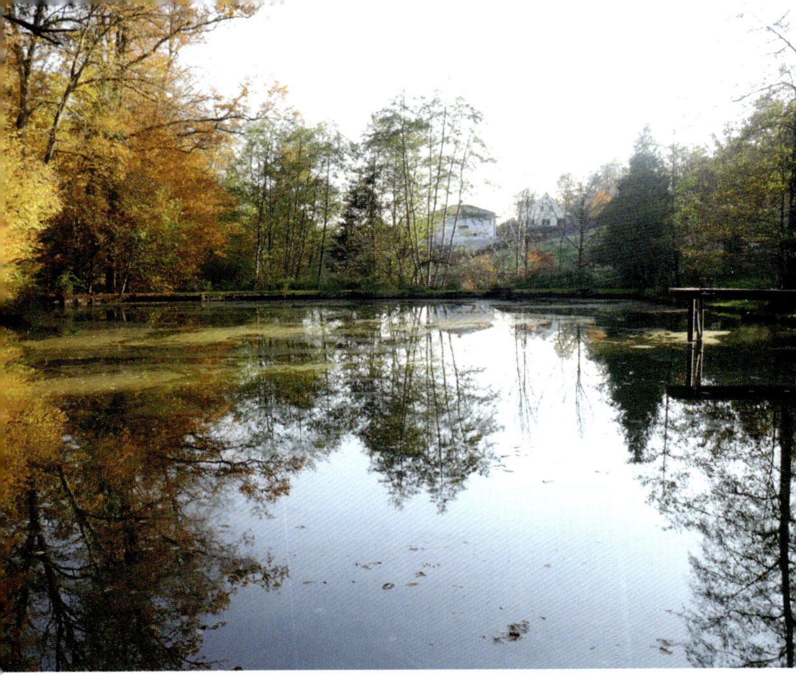

Symbiose von Natur und Kultur.

dem gelben Wegweiser Richtung Leitenbauerkapelle. Nun kommen wir an einem idyllischen Waldweiher vorbei, gefolgt von einem anscheinend aufgelassenen Teich, aus dessen zugewachsenem Areal nur noch ein schmales Rinnsal fließt. Darüber führt uns eine Brücke, unter der noch die frühere Abflussregulierung erkennbar ist. Jenseits der Brücke weist unser gelber Pfeil nach rechts, durch schattigen Mischwald geht es sanft bergauf bis zum Waldrand. Ab hier folgt der Theaterwanderweg einer Hofzufahrtsstraße bis zur Straßenkreuzung

„Trommelschlagerhöhe“, wo eine Bank vor einem Kruzifix zu einer Ruhepause einlädt. Wir werden in westlicher Richtung auf den Höllerkogel weitergewiesen. Nach etwa 500 Metern fällt uns links am Waldrand ein „Lost Place“ auf – ein eingestürztes weststeirisches Bauernhaus. Kurz danach müssen wir aufpassen, dass wir den überwachsenen Wegweiser auf einen links abzweigenden engen Waldpfad nicht übersehen. Er führt den Ostabhang des Höllerkogels entlang – mit 400 Metern der höchste Punkt unserer Wanderung – und endet schließlich an der immer wieder avisierten Leitenbauerkapelle

Theater als Spiegel und Brücke zum Leben.

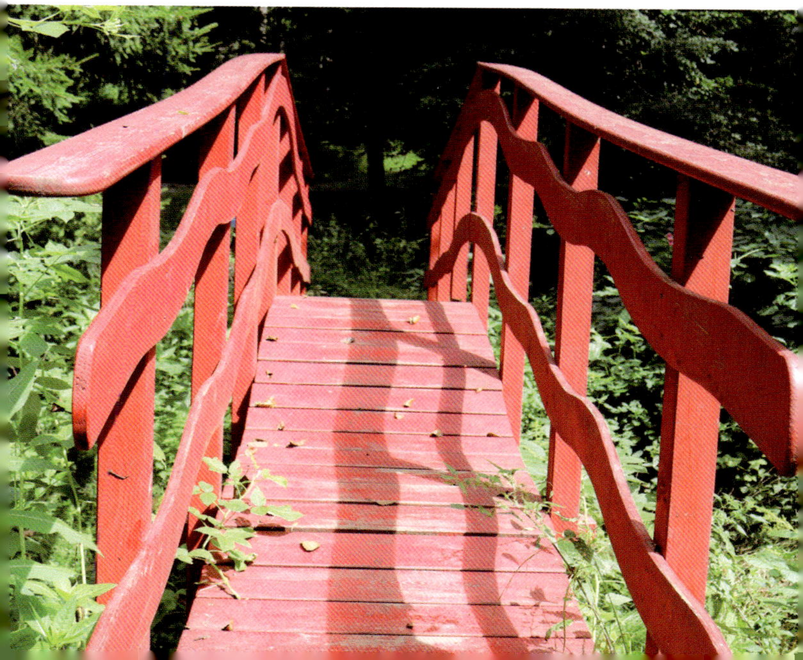

in Fuggaberg. Die von privater Hand zuletzt 2019 renovierte Kapelle wird im Volksmund auch „Oniwal-Kapelle“ genannt. In früheren Zeiten glaubte man hier übersinnliche Erscheinungen gesehen und rätselhafte Geräusche („Oniwal“) vernommen zu haben, zu deren Abwehr diese Kapelle 1864 errichtet worden sei. Heute soll die Kapelle eher ein Ort der Ruhe und der Begegnung sein. Wir folgen für einige Minuten dieser Einladung und gehen anschließend den Fugga-Bergweg hinunter. Auf der Höhe des ehemaligen Gasthauses Neumann zweigt der Theaterweg links in den Weidlgraben hinunter ab. Dort geht es nach rechts weiter, 200 Meter einen Wiesenpfad entlang. Nun führt ein Fahrweg nach rechts, den wir aber sofort wieder nach links verlassen müssen. Achtung! An dieser Stelle ist leider kein

36

Schwierigkeit	leicht
Länge	6 km, 86 hm
Gehzeit	2 Stunden
Anreise	mit der Verbundlinie nach St. Josef (www.verbundlinie.at, Tel. +43 (0)50 678910); mit dem Auto zum Parkplatz am Friedhofweg (N46°54'32.3" E15°20'07.9")
Kulinarik	Gasthof Josefiwirt, Tel. +43 (0)3136 81128; mobil: +43 (0)0676 4949781, www.josefiwirt.co.at
Infos	Tourismusverband Südsteiermark, Tel. +43 (0)3462 7520

Wegweiser zu sehen. Erst nach 100 Metern an einem Waldrand entlang gibt es wieder ein Theaterweg-Symbolschild. Wir überqueren sodann auf einem schmalen Brückensteg den Teiplbach und folgen dem Wiesenpfad bis zu dessen Einmündung in die L640. Diese Straße müssen wir 100 Meter nach rechts entlangspazieren und können dann links den Pimperlweg hinaufgehen. So erreichen wir – den Theaterweg-Symbolen folgend – nach wenigen Metern das Ortszentrum. Dort kehren wir im Gasthaus Josefiwirt auf schon dringend gewünschte Speisen und Getränke ein. Hierauf gehen wir in südlicher Richtung – vor der Pfarrkirche rechts zum Friedhof abbiegend – durch den Ort bis zum Parkplatz am Friedhofweg.

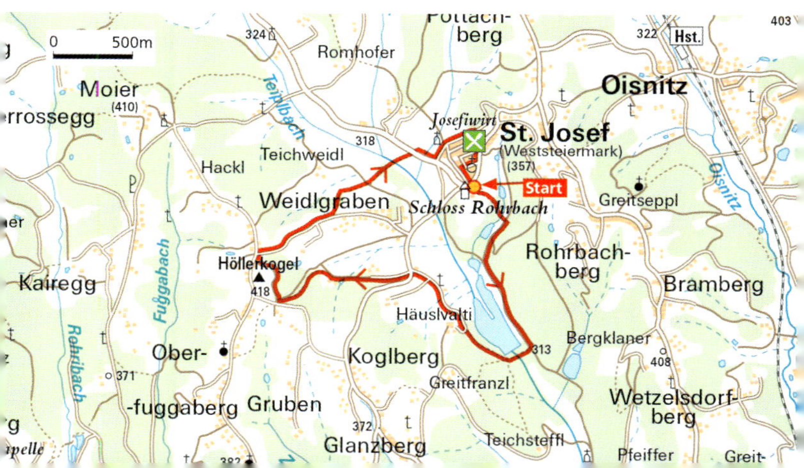

37

Ligist
Kulinarische Schmankerl und Vogelstimmen

Für eine Wanderung in und um Ligist haben wir zwei Rundwege ausgewählt: zuerst den vom Marktplatz Ligist nach Süden über Mitteregg angelegten Ligister Schmankerlweg, der seinem Namen entsprechend zu Orten führt, an denen besondere Leckerbissen angeboten werden. Daran anschließend wollen wir noch in nördlicher Richtung an den Ausläufern des Wartensteins den Vogelstimmen-Rundweg zur Ruine Ligist erwandern.

Wir starten am Marktplatz im Zentrum von Ligist. Zahlreiche Hinweise auf Wandermöglichkeiten in der Umgebung machen das Ortszentrum förmlich zu einer Wanderwege-Drehscheibe. Für uns gilt es nun, Weg Nr. 14 durch die Badstraße nach Süden zu folgen.

Nach wenigen Gehminuten sehen wir in einer Seitengasse einen noch erhaltenen Taubenkobel aus der ersten Hälfte des 19. Jahrhunderts, der früher häufig als Taubenhaus auf Ritter- oder Bauerngütern vorhanden war. Ein Stück weiter kommen wir am Museum Ligist vorbei. In diesem jahrhundertealten ehemaligen Schmiedegebäude werden 6000 Jahre Regionalgeschichte von der Jungsteinzeit bis zum Ende des 19. Jahrhunderts präsentiert.

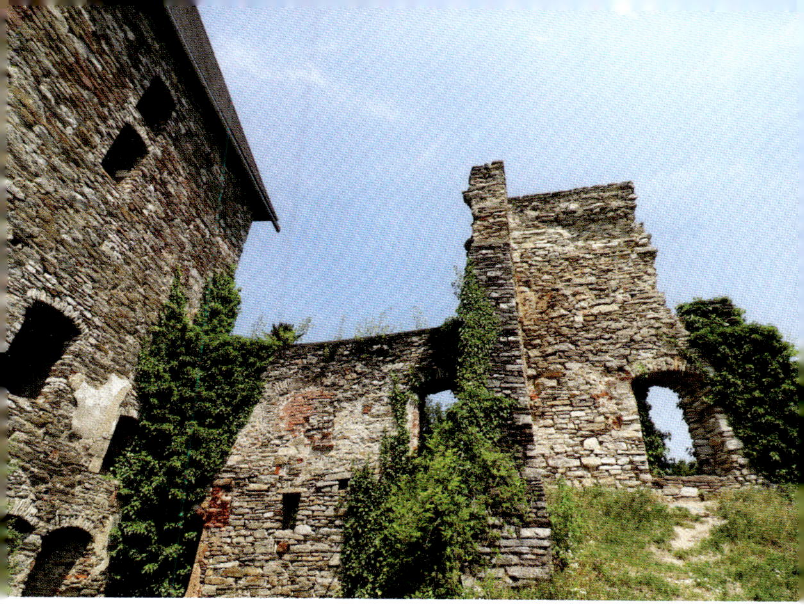

Die Burgruine mit ihrem Burgfried
auf einer Anhöhe des Marktes Ligist.

Etwa 500 Meter weiter verlassen wir das enger verbaute Ortsgebiet. Jenseits der Unterwalder Straße folgt der Schmankerlweg dem leicht ansteigenden Windischweg bis zu einer Abzweigung auf einen Verbindungsweg über eine Wiese. Der Schmankerlweg mündet bald darauf in ein kleines Waldstück, verläuft danach am Waldrand entlang und führt in einer langgezogenen S-Schleife zum Beginn eines interessanten Hohlweg-Abschnittes. Eine Infotafel gibt Auskunft, dass dieser Hohlweg eines der letzten Beispiele für die Geh- und Reitwege ist, die jahrhundertelang als Verbindung zwischen einzelnen Gehöften dienten. Da sie meist sehr geradlinig angelegt sind, haben sie sich im Laufe der Zeit tief in die Landschaft eingeschnitten. Steile Flanken mit bewachsener Oberkante (z. B. Salweide, Haselnuss, Birke oder Edelkastanie) bieten vielfältige Lebensräume für Insekten, Vögel und Kleinsäuger. Am Ende des Hohlweges öffnet sich vor uns der Ligister Ortsteil Mitteregg, wo wir über weitläufig angelegte Wein-, Obst- und Sonderkulturen (z. B. Schwarzer Holunder) blicken. Wir gehen dann rechts weiter und stehen bald an einer Wegkreuzung vor der 1873 erbauten Huberkapelle. Links davon befindet sich die Imkerei Rosenzopf, wo man nicht nur Honig kaufen kann, sondern auch aufschlussreiche Führungen durch den Betrieb mit anschließender Verkostung der Produkte geboten bekommt.

Wir gehen rechts von der Huberkapelle auf dem Knopperjörglweg weiter bis zur Buschenschank Zach. Danach wandern wir – rechts abbiegend – einen etwas steileren Verbindungsweg hinunter zur Buschenschank Dokter. Dort kehren wir auf eine typisch weststeirische Jause mit Schilcher oder Schilcher-Traubensaft ein. Hierauf gelangen wir auf dem alten Zufahrtsweg zwischen Wein- und Obstkulturen zur Unterwalderstraße, wo wir uns rechts halten. Alsbald zweigen wir links ab und folgen der Grabenstraße II wieder zurück ins Zentrum, beim Brunnen am Marktplatz schließt sich der Kreis des Schmankerlweges.

Nach einer kurzen Rast beschließen wir, den eineinhalb Kilometer langen Vogelstimmen-Rundweg auch noch anzuhängen. Vom Marktplatz folgen wir deshalb etwa 200 Meter der Bahnhofstraße nach Norden bis zum Gasthaus Langmann-Eckwirt. Von dort weist uns das Schild „Vogelstimmenweg" nach links auf einen schmalen Pfad, der sich zwischen dem Zaun einer Pferdekoppel und einer dicht wachsenden Sträucherreihe hindurchzwängt. Am Übergang dieses Pfades zu einem kleinen Laubwäldchen informiert eine Schautafel über die hier lebende Vogelwelt. Wenngleich wir die einzelnen Arten nur selten sehen können, hören wir sie dafür umso deutlicher, als wollten sie der Wegbezeichnung

Eine klassische steirische Schilcherjause.

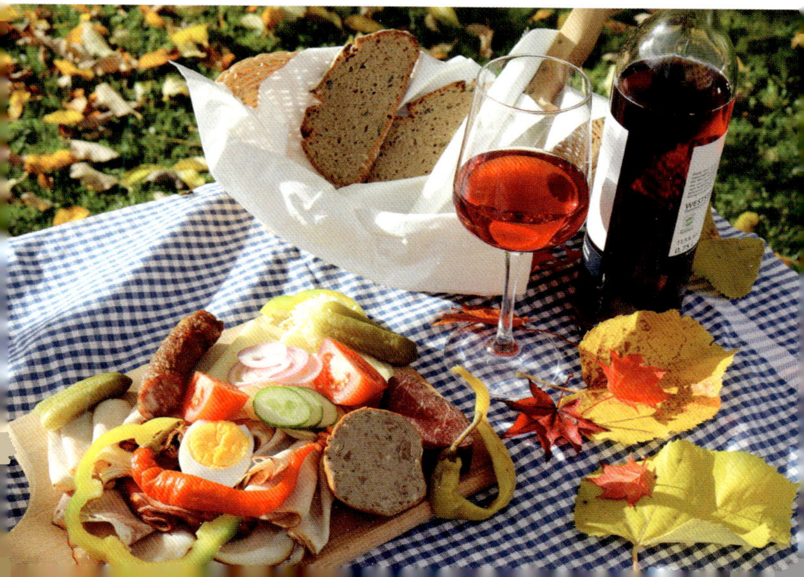

unbedingt gerecht werden. Nicht weit danach zweigt der Vogelstimmenweg auf eine Lichtung ab, von wo wir Ligist und seine Umgebung sehr gut überblicken können. Ein paar Schritte weiter erhebt sich über uns – auf einem Ausläufer des Wartensteins nordwestlich von Ligist – der Hügel mit der Burgruine Ligist, auch Alt-Ligist oder Lubgast genannt. Die Geschichte der Burg reicht bis zum Ende des 12. Jahrhunderts zurück, von den Lubgastern vermutlich zur Sicherung des Weinhandels nach Kärnten errichtet. Unter ihrem Schutz gedieh auch der Ort Ligist, 1173 erstmals urkundlich als Luibegast bzw. Lügast erwähnt, seit 1464 mit Marktrechten ausgestattet. Wir betreten die Burgruine beim nordwestlichen Zugang über eine steinerne Bogenbrücke (bis ins 17. Jahrhundert eine Zugbrücke), die über einen Ringgraben in das Innere der Anlage führt. Im

37

Schwierigkeit leicht
Länge 5,5 km, 134 hm
Gehzeit 2 Stunden
Anreise mit der Verbundlinie nach Ligist (www.verbundlinie.at, Tel. +43 (0)50 678910); mit dem Auto zu den Parkplätzen nahe dem Marktplatz (N46°59'37.2" E15°12'29.3")
Kulinarik Buschenschank Dokter, Tel. +43 (0)3143 3848, www.buschenschank-dokter.at
Infos www.ligist.info/de

östlichen Teil – dem ältesten – sehen wir den noch gut erhaltenen fünfgeschoßigen Bergfried, der aus dem späten 12. oder frühen 13. Jahrhundert stammt und auch als Wohnturm gedient hat. Seit 1928 ist die Burgruine im Besitz des Souveränen Malteserordens, ebenso das Schloss Ligist am Ostfuß des Burgberges, der ehemalige Gutshof der Burg.

Wir verlassen die Burgruine wieder in nordwestlicher Richtung und setzen unsere Wanderung auf dem Vogelstimmenweg fort. Nach einem kurzen Straßenstück biegen wir scharf rechts auf einen Waldweg ab und gehen nördlich der Burgruine zurück. Bei der erwähnten Vogel-Infotafel schließt sich der Rundweg um die Burgruine. Zum Marktplatz im Ortszentrum gehen wir auf dem gleichen Weg zurück.

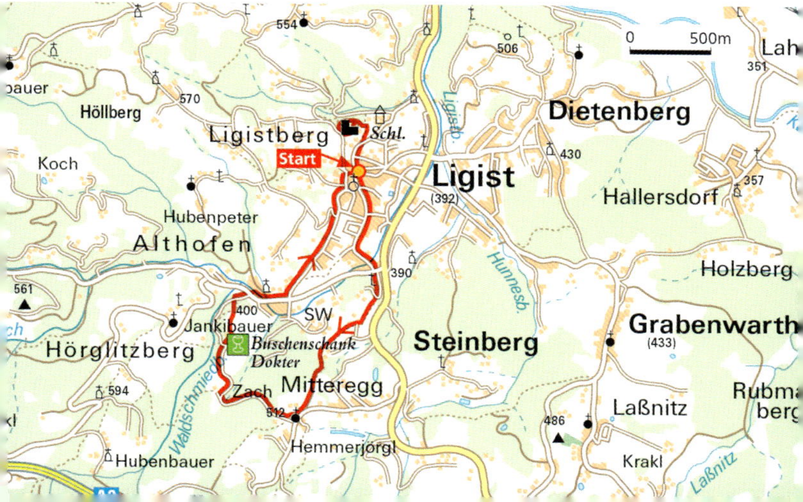

38

St. Martin am Wöllmißberg

Eine Inspiration für den österreichischen Dichter Anton Wildgans

Nur wenige Kilometer südlich der beiden weststeirischen Bezirkshauptstädte Voitsberg und Köflach befinden wir uns im Ortskern des malerisch gelegenen Dorfes St. Martin am Wöllmißberg. Von hier bietet sich ein großartiger Panoramablick in Richtung Westen zum Steirischen Randgebirge mit Hirschegger Alpe, Stubalpe und Gleinalpe (von Süden nach Norden).

Unsere Wanderung beginnt beim Gasthaus St. Martiner Hof im Dorfzentrum von St. Martin. Als doppelte Rundwanderung geplant, soll sie den auf Wegweisern auch als Dorfweg Nr. 11 bezeichneten Wanderweg mit dem Hans-Kloepfer-Rundwanderweg Nr. 91 und dem Anton-Wildgans-Rundwanderweg Nr. 13 verbinden.
Ab dem Gasthaus gehen wir wenige Meter bis zum Haus Nr. 10, überqueren die Straße und nehmen den Zufahrtsweg (Beginn des Dorfweges) halblinks Richtung Haus 62 (rot-weiß-rote Markierung). Anfangs etwas unterhalb der Landesstraße bergab auf einer Wiese gegen Westen verlaufend, wendet sich der Dorfweg nach Erreichen des Waldrandes gegen Süden. Sanft fällt der schattige Waldweg zum Rösslbach hin ab, den

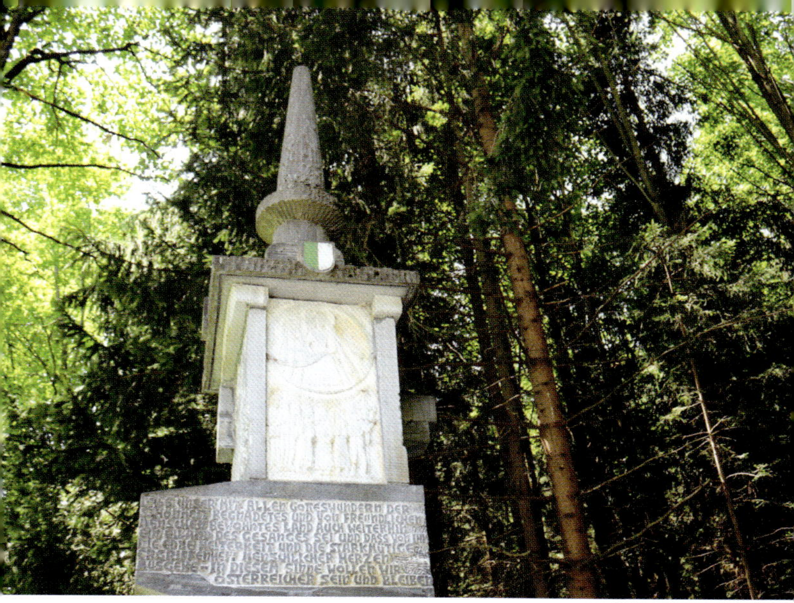

Gedenkstätte für den berühmten Dichter und Dramatiker Anton Wildgans.

wir auf einer schmalen Holzbrücke überqueren. Nun geht es rechts ein kurzes Stück steiler bergauf, auf einer flacheren Fortstraße halten wir uns links bis zu einer Haarnadelkurve, wo wir die Straße verlassen und dem markierten Pfad den Rösslbach entlang folgen. Nach wenigen Metern bergauf mündet der Pfad wieder in einen befestigten Forstweg, wo wir links bis zu einer kleinen Waldwegkreuzung gehen. Hier treffen wir auf den Hans-Kloepfer-Rundwanderweg.

Auf diesem spazieren wir nun rechts bis zum Zufahrtsweg zum Gehöft Gspurning, wo uns ein Hinweispfeil zeigt, dass wir nach rechts weitergehen müssen. Nach ca. 100 Metern biegen wir – wiederum einem Hinweisschild folgend – knapp vor dem Gehöft Gspurning nach links auf eine Wiese ab. Alsbald gelangen wir zu einem Waldrand, gehen diesen etwa 200 Meter entlang und biegen dann nach rechts in den Wald hinein. Bald überqueren wir den Schinderbach und kurz danach halten wir uns an einer Wegkreuzung links und wandern sanft ansteigend etwa 70 Höhenmeter hinan bis zur Landesstraße 346. Auf der anderen Straßenseite legen wir an der Anton-Wildgans-Gedenkstätte eine kurze Rast ein.

Der Hl. Rupert von Salzburg und die
Hl. Hemma von Gurk am Anton-Wildhans-Denkmal.

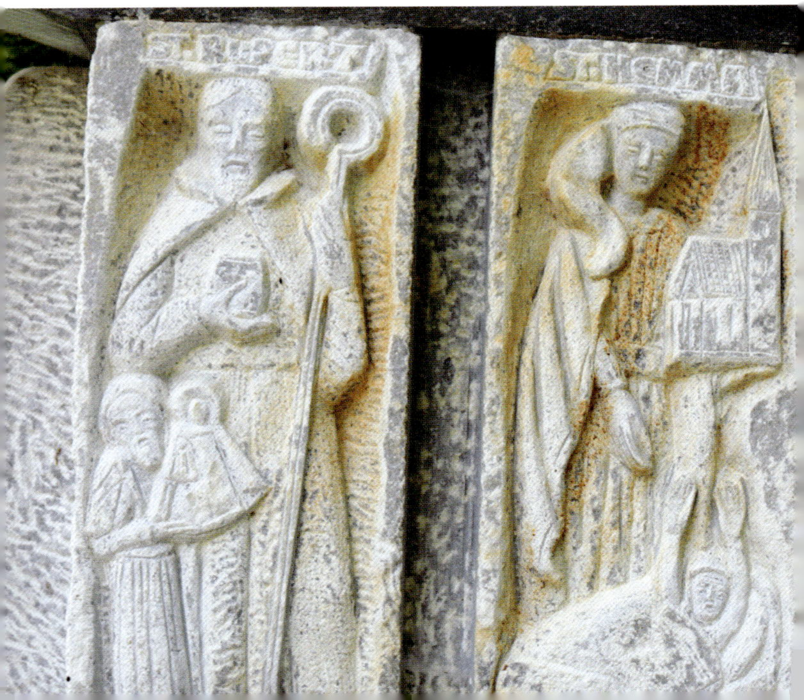

Dem bedeutenden, in der Zwischenkriegszeit wohl anerkanntesten österreichischen Dichter Anton Wildgans, der in den Jahren 1925 bis 1927 öfters in St. Martin zu Gast war und hier sein Hauptwerk *Kirbisch* begonnen hatte, wurde im Jahre 1996 diese Gedenkstätte gewidmet. Das Epos schildert in wohlwollend-satirischer Weise den Sittenverfall in einem österreichischen Dorf während des Ersten Weltkrieges. In den Naturstein eines monolithischen Pfeilers meißelte der Bildhauer Alfred Schlosser Textstellen aus Wildgans' *Rede über Österreich* (1930).

Vom Denkmal führt uns der wie üblich rot-weiß-rot markierte Weg zuerst an einem Waldrand entlang und sodann in mehreren Serpentinen relativ steil zu einem breiten Waldweg hinab, dem wir nach rechts folgen, bis wir die Staumauer der Hirzmannsperre sehen können. Man könnte hier nun einen Steig zum Stausee hinuntergehen und an dessen Nordufer entlangwandern. Wir nutzen diese Möglichkeit aber nicht, sondern folgen dem Anton-Wildgans-Weg aufwärts bis zum ehemaligen Gasthof Hirzmann an der Landesstraße 346. Auf dieser gehen wir etwa 100 Meter rechts und biegen sodann den Wanderschildern folgend links in den Wald ab, gehen am Elektrozaun einer Schafweide vorbei, bis wir einen Baum mit einem Heiligenbild erreichen, wo wir uns rechts halten. Nach wenigen Metern befinden wir uns wieder an jener Waldkreuzung, wo für

uns der Anton-Wildgans-Rundwanderweg seinen Anfang nahm.
Für die restliche Wanderung zurück nach St. Martin am Wöllmißberg benützen wir ab hier einen Abschnitt des Hans-Kloepfer-Rundwanderweges. Wir gehen den Weg links über das Brücklein über den Schinderbach zurück, wieder vorbei am Gehöft Gspurning bis zur Waldwegekreuzung am Rösslbach. Hierher waren wir auf dem ersten Abschnitt unserer Wanderung – dem Dorfweg – von Norden her gekommen. Nun aber gehen wir auf dem Hans-Kloepfer-Rundwanderweg nach Nordosten. Nach einem leichten Waldanstieg gelangen wir auf einem Wiesenweg zum Gehöft Leschak und danach auf überwiegend flachen Waldwegen zurück zur St.-Martiner-Straße. Auf den letzten 400 Metern nach links zurück ins Ortszentrum können wir entlang der Landesstraße

38

Schwierigkeit	mittel
Länge	9 km, 164 hm
Gehzeit	3 Stunden
Anreise	mit der Verbundlinie nach St. Martin (www.verbundlinie.at, Tel. +43 (0)50 678910); mit dem Auto zu den Parkplätzen im Zentrum von St. Martin am Wöllmißberg (N47°00'37.4" E15°06'15.0")
Kulinarik	St. Martiner Hof, Tel. +43 (0)680 20677268
Infos	www.rucksackdoerfer.at Wöllmißberger Museum, Tel. +43 (0)3140 2020

noch einmal die bevorzugte Lage des Ortes mit seinen beeindruckenden Ausblicken auf das Steirische Randgebirge genießen.

Im Landgasthaus St. Martiner Hof haben wir uns nach dieser neun Kilometer langen Wanderung eine Stärkung verdient.

Zum Abschluss wollen wir noch das Heimatmuseum besuchen, wo mehr als 800 Ausstellungsstücke die bäuerliche Haushalts- und Lebenswelt früherer Zeiten vorstellen sowie über die Gründungsgeschichte der Wasserkraftwerke dieser Region informieren (Besuch nach telefonischer Vereinbarung möglich).

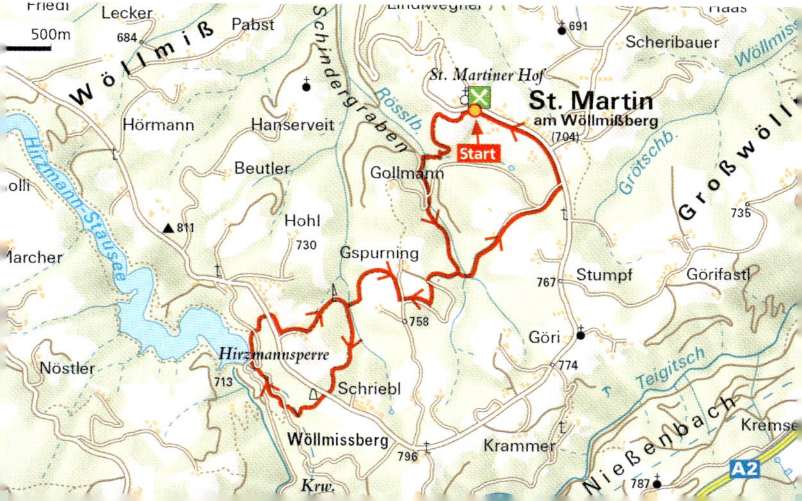

39

Bärnbach

Von der Kohle zur Kunst

Stand Bärnbach früher für Kohleabbau und Glaserzeugung, zeichnet es sich heute durch ein besonders reichhaltiges Angebot an Kunst und Kultur aus. Mit dem Heiligen Berg erhebt sich hier auch eine Oase der Stille.

Wir beginnen die Wanderung vor der Barbarakirche, die der Schutzpatronin der Bergleute geweiht ist. Von hier geht es die Piberstraße (Wegweiser Wanderwege 6, 7, 8; rot-weiß-rote Markierung) bis zur Ortsendetafel stadtauswärts Richtung Piber. An dieser Stelle biegt man nach links auf einen Feldweg ein (Wanderweg 8), überquert das Feld und nimmt dann eine schmale Brücke über den Langensackbach. Zuerst wandern wir dem Bach entlang, dann geht es zwischen Wiesen und Feldern bergauf bis zum Gestüt-Außenhof Grub, wo wir auf einem geschotterten Weg geradeaus weitergehen. Nun eröffnet sich Richtung Norden ein wunderschöner Blick auf Piber und das Lipizzanergestüt. Schließlich erreicht man bei einer Kapelle den Kreuzbergweg. Wir folgen dem Wanderweg 7 links bergauf und umrunden so den bewaldeten Krugkogel.

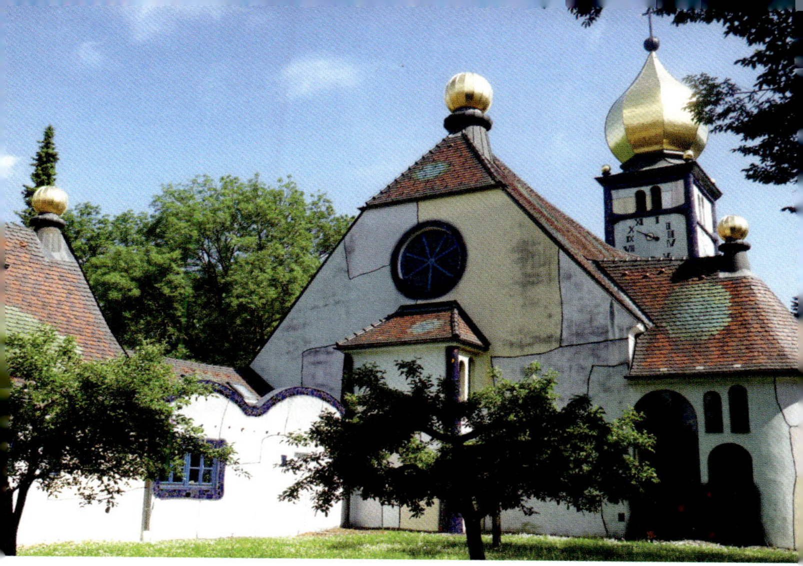

Eine auffällig gestaltete Kirche von Friedensreich Hundertwasser.

Ein schöner Waldweg führt uns letztlich zu einer Lichtung, wo wir dem Wegweiser zum Heiligen Berg folgen. Nach einem Hochbassin schwenken wir nach links und nehmen den Zufahrtsweg bergauf. Wahrscheinlich bestand auf dieser Höhe eine alte Kultstätte, wird doch in Dokumenten des Spätmittelalters der Berg schon als Mons sacer („Heiliger Berg") bezeichnet. Zweifelsohne stehen wir nun auf einem historischen Siedlungsplatz mit Funden aus der Urnenfelderzeit (wie z. B. Webstuhlgewichten) und aus der Hallstatt- und der Römerzeit (Münzen, Fibeln). Im 17. Jahrhundert stiftete Gräfin Eleonore Eusebia von Wagensperg eine Kalvarienberganlage mit Kreuzgruppe, Kapellen und Kirche auf dieser

Anhöhe. Das kirchliche Leben intensivierte sich in der Folge mit Wallfahrten und Prozessionen. Nach dem Zweiten Weltkrieg verfiel die Anlage, die Kirche diente als PKW-Garage, im Kirchhof weideten die Schweine. Auf Initiative eines rührigen Pfarrers wurde von Mariazell aus ein Karmelitenkloster gegründet, das diesen Berg wieder mit religiösem Leben erfüllte. Umgeben von lebhaften Kleinstädten, ist diese Oase der Stille heute noch ein Platz zum Besinnen und Auftanken.

Für den Abstieg nehmen wir wieder den Weg zurück vorbei am Hochbassin, schwenken dann aber anschließend nach rechts, dem Wegweiser nach Bärnbach folgend. Nach einer Waldstrecke kommen wir am Talboden zu einem Steg über den Gailbach. An einem Sport- und Eislaufplatz vorbei erreichen wir in der Karellystraße den Stadtrand von Bärnbach. Am Ende dieser Gasse biegt man nach rechts in die Piberstraße ein und gelangt so zum Ausgangspunkt der Wanderung bei der Barbarakirche zurück. Das ungewöhnliche Kirchengebäude präsentiert sich von außen als eine bunte Kirche, deren Vorgängerbau 1987/88 von Friedensreich Hundertwasser (1928–2000) umgestaltet wurde und daher bis heute landauf, landab auch als „Hundertwasserkirche" bekannt ist. Der „Gegner der geraden Linie" schuf eine farben- und lebensfrohe Kirche mit vielen für sein Kunstverständnis typischen Unregelmäßigkeiten und erzeugte so eine fantasievolle Lebendigkeit. Das

Ziegeldach weist „Flecken" auf, die Turmuhren sind unterschiedlich gestaltet, mehrere vergoldete Kugeln und der gleichfalls vergoldete Zwiebelturm sollen eine Ahnung vom Paradies geben. Um die Kirche führt ein Prozessionsweg mit Torbögen, auf denen Symbole der großen Weltreligionen zum Dialog und zur Toleranz anregen. Im Inneren der Barbarakirche gehen die Farbspiralen hinter dem Taufbecken und der Strahlenkranz um das Altarkreuz ebenso auf Hundertwasser zurück. Mehrere zeitgenössische Künstler wie z. B. Zvonka Požun (Engel beim Tabernakel), Kurt Ziesler (Symbole des Vaterunser-Gebetes an der Brüstung des Chores) und Rudolf Pointner (Kreuzwegbilder) schufen Meisterwerke, die zur Besinnung einladen. Der mit Erdschichten der Region aufgefüllte Volksaltar und der Ambo stammen von Erwin Talker, Evangeliar und Tabernakel von Franz Weiß. Dieser Künstler ist zudem Schöpfer einer im nahen Tregist befindlichen, sehr sehenswerten Kapelle, deren Außen- und Innenseiten mit Techniken der Secco- und Temperamalerei gestaltet sind und ein wenig an die Moldauklöster erinnert.

Mögliche Verlängerung der Route:

Die Stadtgemeinde Bärnbach hat einen Kunst- und Kulturpfad eingerichtet, zur Orientierung dient ein Plan (siehe Infos) bzw. in den Boden eingearbeitete Edelstahlkacheln. Dieser bringt uns z. B. von der Barbarakirche zum ca. 150 Meter nördlich gelegen Mosesbrunnen von Ernst Fuchs (1930–2015). Der Repräsentant der Wiener Schule des Phantastischen Realismus stellt hier Episoden aus der Moseserzählung dar, der Sockel ist mit 3 600 Glasprismen der Firma Swarovski verkleidet und die Mosesstatue mit 400 Blattgoldstücken überzogen. Werke von Gustav Troger oder Eilfried Huth sowie die Glashütte Stölzle Bärnbach liegen ebenso auf dieser Route. Ein paar Schritte vom Glasmuseum bergwärts beginnt zudem der 900 Meter lange „Montanhistorische

39

Schwierigkeit	leicht
Länge	5,5 km, 200 hm; Verlängerung: 2,5 km, 20 hm
Gehzeit	2 Stunden; Verlängerung: ¾ Stunde
Anreise	mit der Verbundlinie (www.verbundlinie.at, Tel. +43 (0)50 678910) nach Bärnbach; mit dem Auto zum Parkplatz Bärnbach vor der Barbara-Kirche (N47°04'12" E15°07'38")
Kulinarik	Gasthaus Tax, Tel. +43 (0)660 7775210, www.gasthaustax.at
Infos	Glashütte Stölzle Bärnbach, Tel. +43 (0)3142 62950, www.glasmuseum.at Plan Kunst- und Kulturpfad Bärnbach, www.baernbach.gv.at/index.php/tourismus/kunst-und-kulturpfad

Wanderweg“, der am Rande der ehemaligen Kohlengrube Oberdorf über den einstigen Kohlebergbau in dieser Region informiert.

Nach diesem Landschafts- und Kulturgenuss ist es wohl Zeit, in das nahe gelegene, heimelige Gasthaus Tax einzukehren, wo immer frisch gekocht und Regionalität und Saisonalität großgeschrieben wird.

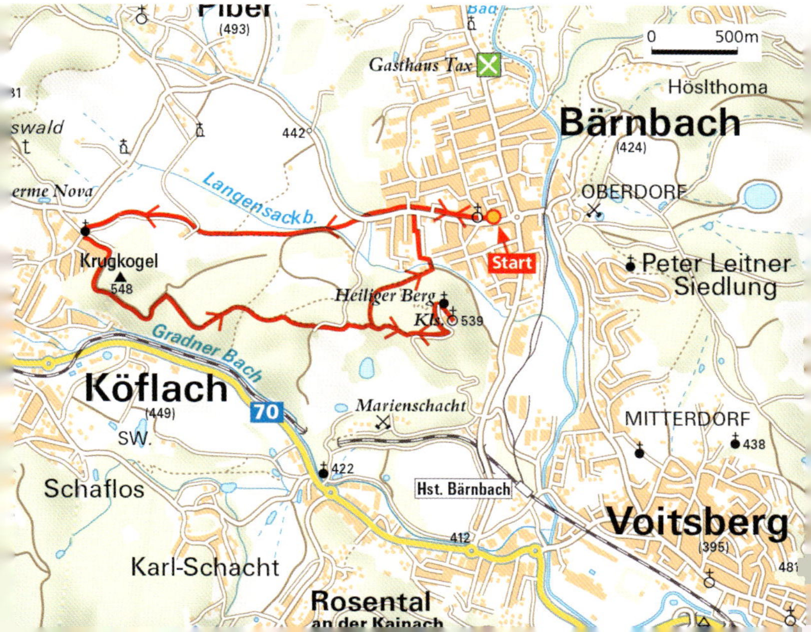

40

Piber

Lipizzaner – ein immaterielles Kulturerbe der UNESCO

Piber ist die Heimat der Lipizzaner, der ältesten Kulturpferderasse Europas. Der Ort liegt inmitten einer schönen, sanften Hügellandschaft am Rande des Weststeirischen Beckens.

Um von der Umgebung einen besseren Eindruck zu bekommen, begeben wir uns auf eine Runde, die herrliche Ausblicke auf das Becken und das Lipizzanergestüt ermöglicht. So spazieren wir in Piber vom PKW-Parkplatz Richtung Bus-Parkplatz, passieren ein Wirtschaftsgebäude und biegen dann links in den Rundwanderweg K1 ein. Dieser führt leicht bergauf in den Wald, bevor man auf einer Anhöhe den Waldrand erreicht. Von hier aus hat man eine prächtige Aussicht auf eine sanftwellige Landschaft mit den Weiden der Lipizzaner und weiter nach Osten bis zur Stadt Bärnbach. Dieses Panorama vor Augen, wandert man dem Waldrand entlang, bis wieder ein Waldstück, der Dechantswald, erreicht ist. Schließlich kommen wir zu einer schmalen Asphaltstraße (Schachnerweg) und schwenken hier nach links. Wenig später überqueren wir die Straße Bärnbach–Köflach, gehen geradeaus und folgen den Wegweisern des

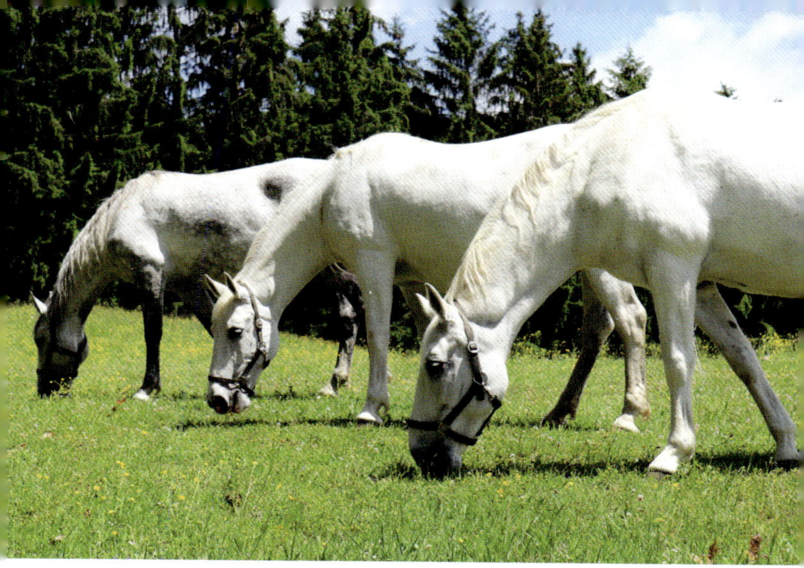

Die Lipizzaner auf „Sommerfrische“ in Piber.

Conversano-Rundwegs (Conversano ist ein Hengststamm der Lipizzanerzucht). Bei der Kapelle am Kreuzbergweg biegen wir links in einen Schotterweg ein und wandern nun am gegenüberliegenden Hang von Piber bis zum Gehöft Grub, immer das Schloss Piber im Blick. An der Stelle dieses Schlosses stand früher ein befestigter Hof, der im 12. Jahrhundert an das neugegründete Stift St. Lambrecht kam. Die geistlichen Herren errichteten sodann einen Propsteihof als Verwaltungszentrum der Güter des Klosters in der Weststeiermark. Der heutige Bau, zwischen 1696 und 1728 nach Entwürfen von Domenico Sciassia (1599–1679) errichtet, diente als Sommeraufenthaltsort für die Geistlichen von

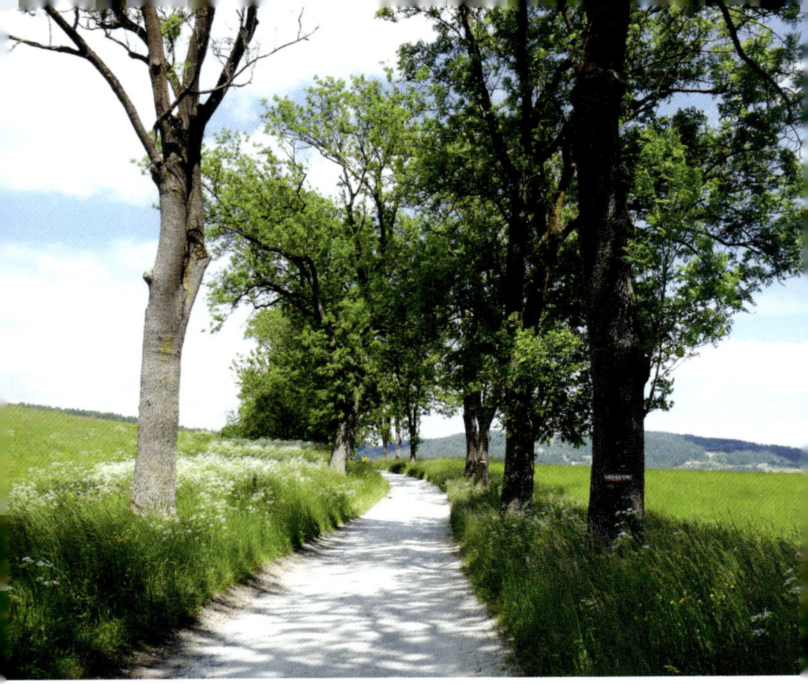

Gehmütlicher Wanderweg bei Piber.

St. Lambrecht. Die Herrschaft wurde zeitweise an Adelige übergeben, welche die ortsansässige Bevölkerung regelrecht auspressten. Knapp unterhalb des Gehöftes Grub, einem Außenhof des Lipizzanergestüts, nehmen wir nun den Conversano- bzw. K 1-Weg links bergab, der uns schließlich wieder zum Ausgangspunkt beim Schloss zurückbringt.
Nicht nur für Pferdeliebhaber ist ein Besuch des Gestütes ein besonderes Erlebnis. Es empfiehlt sich, zuerst einmal eine Außenrunde um das Schloss und um

die zentralen Gestütseinrichtungen mit den „Gemächern“ der Pferde zu machen. Ein Erlebnisweg vermittelt Jung und Alt auf unterhaltsame Art Wissenswertes allgemein über Pferde und speziell über die Lipizzaner. Ursprünglich war ja die Zucht dieser edlen Pferde im Gestüt Lipizza in der Krain (Slowenien) zu Hause, daher der Name Lipizzaner. Unmittelbar nach dem Ersten Weltkrieg kam diese Einrichtung nach Laxenburg südlich von Wien, bevor sie 1920 nach Piber übersiedelte. Während des Zweiten Weltkrieges hatten die Pferde

Die Anfänge der Pfarrkirche Piber reichen bis in das 11. Jahrhundert zurück.

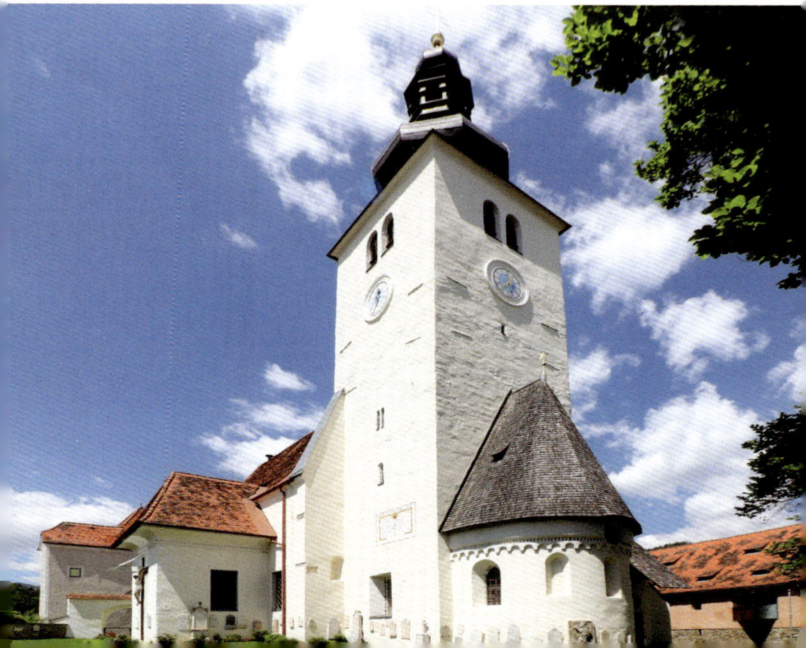

ihr Zuhause in Hostouň (heutiges Tschechien), kamen aber 1952 wieder nach Piber zurück. Im Rahmen von wirklich empfehlenswerten Führungen erfährt man Spannendes über die Geschichte sowie die Haltung und Zucht der edlen Pferderasse. Die zentrale Aufgabe des Gestütes ist die Zucht der Lipizzanerhengste, die in der weltberühmten Spanischen Hofreitschule in Wien die Besucherinnen und Besucher begeistern. Man trifft auch auf die braunen, schwarzen und mausgrauen Fohlen, die mit den Mutterstuten hier ihre Jugend verbringen. Lustwandelten früher hier einmal in den Sommermonaten die geistlichen Herren von St. Lambrecht, ist das Schloss mit dem Gestüt heute eine Art Sommerfrische für die Lipizzaner. Das barocke Schloss mit quadratischem Grundriss und schönem Arkadenhof kam 1789 in den Besitz des k. u. k. Landwirtschaftsministeriums,

40

Schwierigkeit	mittel
Länge	5 km, 200 hm
Gehzeit	1 ½ Stunden
Anreise	mit der Verbundlinie (www.verbundlinie.at, Tel. +43 (0)50 678910) nach Piber; mit dem Auto zum Parkplatz Lipizzanergestüt Piber (N46°55'50" E15°15'29")
Kulinarik	Gasthaus Reinisch, Tel. +43 (0)3144 2653, www.reinisch-gasthof.at
Infos	Lipizzanergestüt Piber, Tel. +43 (0)3144 3323, www.srs.at/piber

das ein Gestüt für Militärpferde errichtete. Im Schlossbereich befindet sich die Pfarrkirche St. Andreas, eine in den Ursprüngen romanische Wehrkirche. Sie ist eine der ältesten Kirchen der Weststeiermark und wurde später mit Netz- und Kreuzrippengewölben ausgestattet. Fresken aus dem 15. Jahrhundert, Altäre aus dem 18. Jahrhundert oder ein gläserner Hängeleuchter aus der Mitte des 19. Jahrhunderts machen die Kirche zu einem stilistisch vielfältigen Gotteshaus.

Natürlich darf nach diesem Natur- und Kulturerlebnis die Kulinarik nicht fehlen. Im Gasthaus Reinisch im nahen Köflach gibt es Gebackenes, Gegrilltes, Steaks, eine reiche Fischkarte und erlesene Weine. Will man im Nahraum weitere Wanderungen unternehmen, kann man hier auch gut nächtigen.

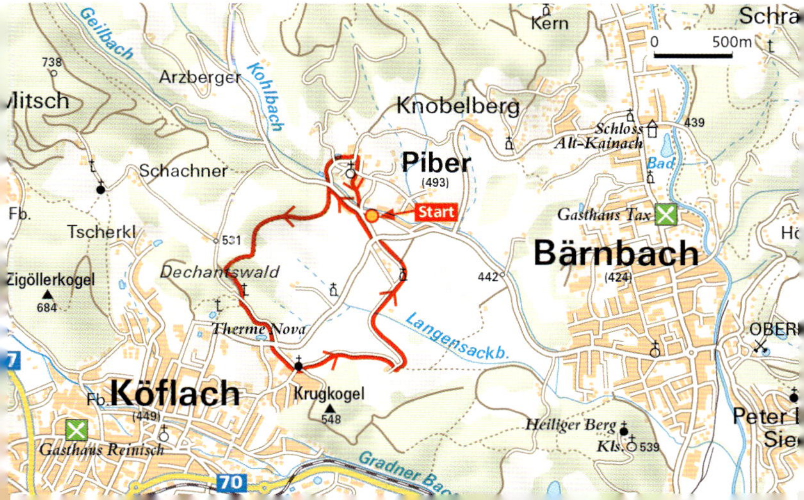

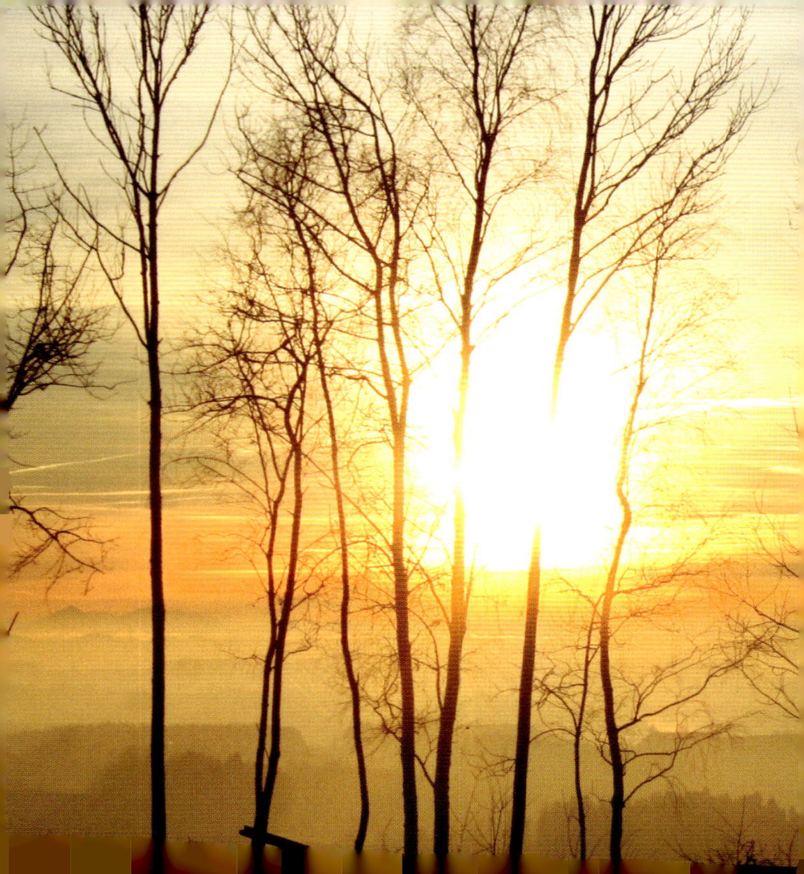

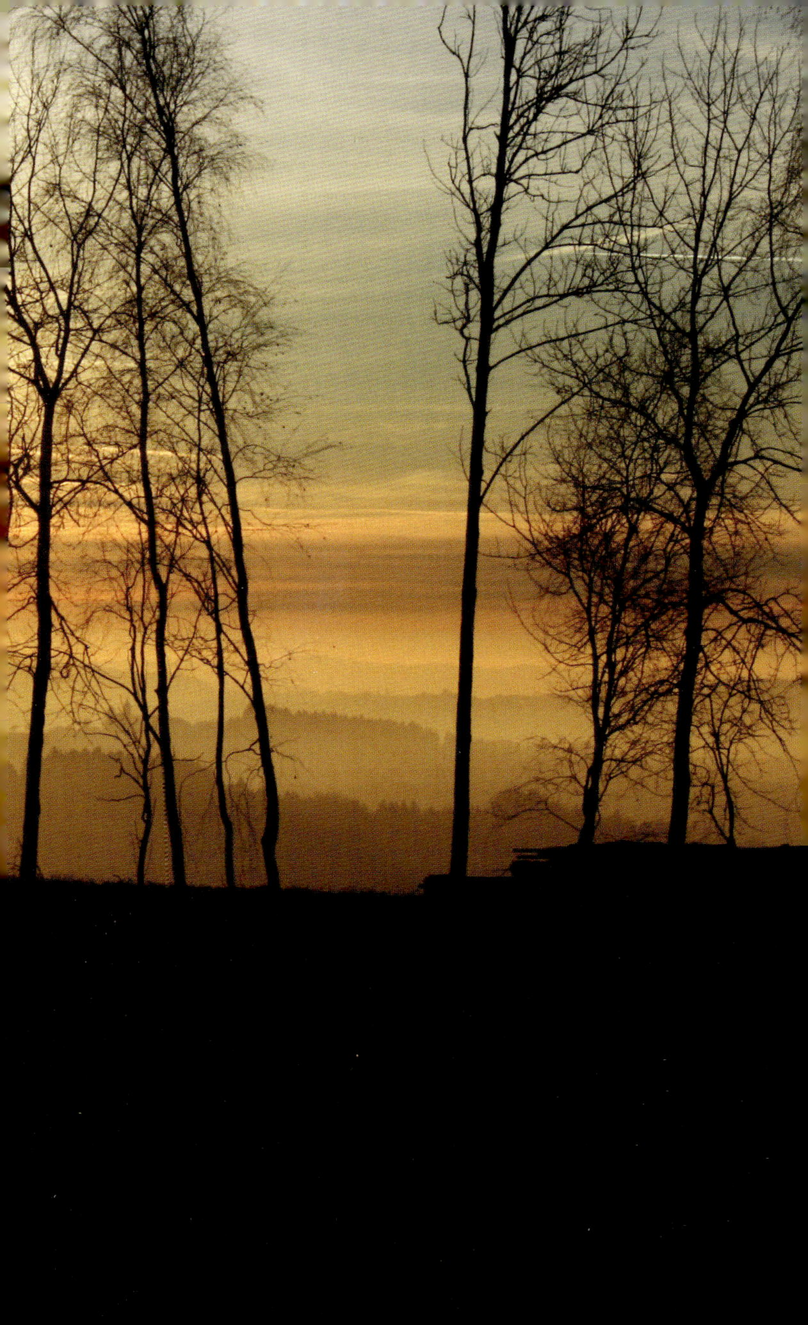

Index

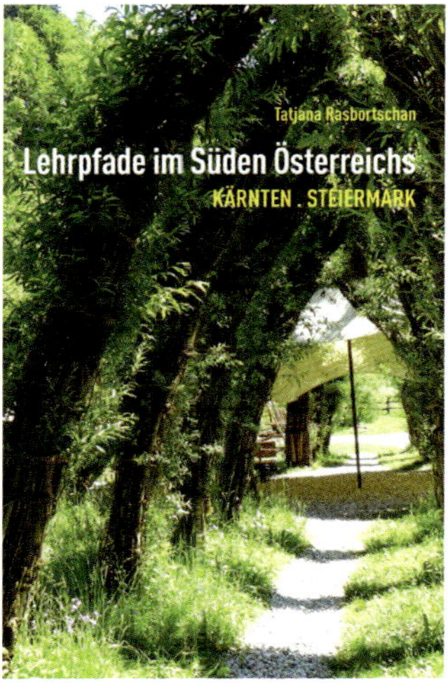

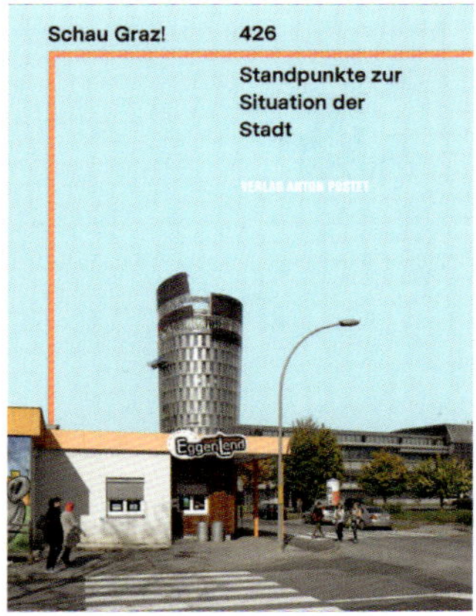

Tatjana Rasbortschan
Lehrpfade im Süden Österreichs
Kärnten – Steiermark

60 Lehrpfade und Erlebniswege zu Mooren, Seen, Gletschern, und in einsame Naturschutzgebiete – inklusive Angaben zu Wintertauglichkeit, Eignung für Kinderwagen, besonders schöne Aussichten, Einkehrtipps und mehr!

208 Seiten
durchgehend farbig bebildert
ISBN 978-3-7025-0818-0, € 22,–

Sibylle Dienesch, Otto Hochreiter, Franziska Schurig (Hg.)
Schau Graz!
426 Standpunkte zur Situation der Stadt

Bus- und Straßenbahnhaltestellen als Zeugen für den Ist-Zustand eines städtischen Raums: Dieses einzigartige urbanistische und fotografische Projekt schafft die Basis für einen neuen Blick auf den Stadtraum.

408 Seiten
durchgehend farbig bebildert
Schweizer Freirückenbroschur
ISBN 978-3-7025-0910-1, € 27,–

Gutscheine

Mit dem Kauf dieses Wanderführers erhalten Sie bei mehreren Gasthöfen bei Konsumation eines Hauptgerichtes einmalig eine kleine Vergünstigung, bei Museen eine Ermäßigung auf den Eintrittspreis, bei Buschenschänken, Heurigen und sonstigen Betrieben eine kleine Aufmerksamkeit. Einfach Wanderführer vorweisen, Vergünstigung erhalten und Bon entwerten lassen.

Gasthof Orthofer

1 Stamperl Schnaps

St. Jakob im Walde

1

Kräftereich

10% Eintrittsermäßigung

St. Jakob im Walde

1

Jogllandhotel Prettenhofer

1 Stück Jogllandtorte

Wenigzell

2

SANDICCA

1 Seifenprobe

Wenigzell

2

Mönichwalderhof

1 Stamperl Schnaps

Mönichwald

3

Gasthof Vorauerhof

1 Kaffee nach Wahl

Vorau

4

Freilichtmuseum Vorau
20 %
Eintrittsermäßigung
Vorau
4

Gasthof zum Brauhaus
Großschedl
1 Seidel Hausbier
Hartberg
5

Museum Hartberg
10%
Eintrittsermäßigung
Hartberg
5

Berggasthof König
1 Stamperl
Hirschbirnen-
schnaps
Pöllauberg
6

Gasthof Janits
1 Stamperl
Schnaps
Burgau
7

Biohof Labonca
1 kleines
alkoholfreies
Getränk
Burgau
7

Dorfwirt Adria
1 Stamperl Schnaps
Bad Blumau
8

Fürstenbräu Braugasthof
1 Pfiff Fürstenbräu
Fürstenfeld
9

Museum Pfeilburg

Eintrittsticket um € 4,50 (Erwachsene) bzw. € 2,50 (Senioren)

Fürstenfeld

9

Wirtshaus Meißl

1 Apfelbrand oder ¼ Apfelmost

Puch bei Weiz

10

Kirchenwirt Hofer

1 Stamperl Schnaps von der Apfelstraße

Puch bei Weiz

11

Kulmkeltendorf

1 Eintritt frei

Pischelsdorf am Kulm

11

Bachwirt Prettenhofer

1 Espresso

St. Johann bei Herberstein

12

Almgasthof Angerwirt

1 Stamperl Schnaps

Teichalm

13

Dorfwirt Bratl

1 Espresso

Heilbrunn

14

Landhotel Gasthof Spreitzhofer

1 hausgemachtes Lärcherl

St. Kathrein/Offenegg

15

Die Hängenden Gärten der Sulamith

1 Audioführung

St. Kathrein/Offenegg

15

Gasthaus zur Sonne

1 Stamperl Schnaps

Graz-Gösting

16

Erlebnisbrauerei Rudolf

1 Stamperl Hausschnaps

Graz-Eggenberg

17

Gasthaus St. Johann und Paul

1 kleines Getränk

Graz-Wetzelsdorf

18

Gasthaus Orthacker

1 Stamperl Schnaps

Graz-Straßgang

18

Landgasthof Häuserl im Wald

1 Stamperl Schnaps oder 1 Espresso

Graz-Mariatrost

19

Wirtshaus Stoffbauer

1 kleines Getränk

Graz-Mariatrost

20

Restaurant Tinos

1 Ouzo

Graz-St. Peter

21 22

Gasthof Sandwirt

1 Stamperl Schnaps

Semriach

23

Gasthaus Stiftstaverne

1 Strudel nach Wahl

Rein

24

Gasthof Thomahan

1 hausgemachte(r) Strudel/Torte

Friesach

25

Gasthaus Huberwirt

1 Stamperl Schnaps

Stattegg

26

Wirtshaus am Schöckl

1 Stamperl Schnaps oder 1 Kaffee

St. Radegund

27

Grillwirt

1 Stamperl hausgemachtes Zirberl

Haufenreith/Passail

28

Heuriger Schögler

1 kleines Getränk

Laßnitzhöhe

29

Gasthaus Kirchenwirt

1 kleines Bier oder 1 kleiner Radler

Fernitz

31

Gasthof Strohmaier

1 Getränk nach Wahl

Wildon

32

Schilcherlandhof

1/8 Schilcher

Stainz

33

Schilcherlandhof

1/8 Schilcher

Stainz

35

Gasthof Josefiwirt

1 Stamperl Schnaps oder 1 kleines Getränk

St. Josef

36

Buschenschank Dokter

1 Stamperl Schnaps

Ligist

37

St. Martiner Hof

1 kleines Getränk

St. Martin am Wöllmißberg

38

Gasthaus Tax

1 Seidel Tegernseer hell

Bärnbach

39

Hotel Restaurant Reinisch

1 Stamperl Schnaps

Köflach

40

Dank

Unser Dank geht vor allem an Dr. Markus Weiglein MMA für das umsichtige Lektorat und Mag.ª Nadine Kaschnig-Löbel für das kreative Layout. Beide haben von Anfang an fachkundig und mit großem Einsatz das Buchprojekt betreut. Besonders hilfreich war auch die Unterstützung von Renate Dormann bei verschiedenen Routenerkundungen. Maria Fank sowie Mag.ª Renate Scheiber gaben uns viele wertvolle Tipps und Hinweise. Frau Dr. Elisabeth Fiedler und Herr Mag. Peter Pataki vom Universalmuseum Joanneum (Abteilung Kunst im Außenraum) haben sich besonders für die Beschaffung von Fotomaterial für die Route 30 eingesetzt. Ein aufrichtiger Dank gilt auch den Gastronomiebetrieben und Museen, die sich ein Herz gefasst haben und Bons in Form von Herzerln zur Verfügung stellen. Wir ermuntern die Leserinnen und Leser, von den Bons auch ausgiebig Gebrauch zu machen.

Die Bons wurden im Zeitraum der Recherche (Herbst 2021 und Frühjahr 2022) vom Autor mit den Gasthöfen und Museen abgesprochen. Das Angebot ist nur auf die Besitzerin oder den Besitzer des Wanderführers beschränkt. Ein Rechtsanspruch auf Einlösung der Gutscheine besteht nicht. Keine Barablöse möglich.